国家社会科学基金一般项目（19BJY116)

政策性保险减贫理论与实践

刘汉成　夏亚华　著

中国经济出版社
CHINA ECONOMIC PUBLISHING HOUSE
·北京·

图书在版编目（CIP）数据

政策性保险减贫理论与实践 / 刘汉成，夏亚华著
. --北京：中国经济出版社，2022.8
ISBN 978-7-5136-7020-3

Ⅰ.①政… Ⅱ.①刘…②夏… Ⅲ.①保险业-作用
-扶贫-研究 Ⅳ.①F842.4②F126

中国版本图书馆 CIP 数据核字（2022）第 134182 号

责任编辑　郑　潇
责任印制　马小宾

出版发行　中国经济出版社
印 刷 者　北京富泰印刷有限责任公司
经 销 者　各地新华书店
开　　本　710mm×1000mm　1/16
印　　张　19.5
字　　数　300 千字
版　　次　2022 年 8 月第 1 版
印　　次　2022 年 8 月第 1 次
定　　价　78.00 元
广告经营许可证　京西工商广字第 8179 号

中国经济出版社　**网址** www.economyph.com　**社址** 北京市东城区安定门外大街 58 号　**邮编** 100011

目录 Contents

第一章

导　论

本章主要介绍研究背景和意义、相关文献综述、研究内容与研究方法、研究思路与可能的创新。

第一节　研究背景和意义

本节通过简要梳理中华人民共和国成立以来我国的减贫历程，揭示传统保险政策减贫的局限性，提出实施保险扶贫政策的必要性；分别从理论和实践两个方面说明本书的研究意义。

一、研究背景

中华人民共和国成立后，减贫事业被正式纳入政府的议事日程。党中央和地方政府结合各个时期经济发展的实际，制订并实施了相应的减贫计划。从计划经济时期的救济式扶贫到改革开放后的开发式扶贫，再到进入新时代的精准扶贫，经过长期持续深入推进，中国的减贫事业取得了伟大成就，对世界减贫事业作出了巨大贡献，也彰显了社会主义制度的优越性。

20 世纪 90 年代以来，我国相继实施了扶贫开发、精准扶贫、巩固拓展脱贫攻坚成果同乡村振兴有效衔接等战略。其中，实施扶贫开发战略，通过促进经济发展带动了绝大多数贫困人口成功摆脱贫困；实施精准扶贫战略，重点解决剩下贫困人口的脱贫问题，包括产业扶贫、教育扶贫、医疗扶贫等，通过综合施策确保贫困地区的贫困人群在生产发展、农业增收、教育、医疗卫生等方面得到保障；实施巩固拓展脱贫攻坚成果同乡村振兴有效衔接战略，强调要在巩固拓展脱贫攻坚成果的基础上，做好乡村振兴这篇大文章，继续推进脱贫地区发展和群众生活改善。

概括起来，农村致贫的原因有 3 个，分别是疾病、灾害和年老。传统扶贫方式在解决致贫问题时效果已不尽如人意，很难有效抵御或化解疾病、灾害、年老等致贫风险，急需新的治本之策加以解决。保险扶贫政策作为防范和化解风险的重要手段，能够有效帮助农村贫困人口应对疾病、灾害和年老造成的影响和冲击，弥补了传统扶贫方式的不足，在农村减贫事业中发挥了重要作用。

传统保险政策在执行过程中普遍存在投保规模小、保费标准偏高、保障水平偏低等问题，致使传统保险政策的减贫效果不理想，尤其在贫困地区表现十分明显。分析其原因，主要是传统保险政策的作用对象不精准。因此，如何提高低收入群体的保险意识、增强其保险购买意愿、降低保费支出、提高保障水平成为当前和今后重要的问题。

二、研究意义

（一）理论意义

第一，有助于构建保险扶贫理论体系。以农业保险扶贫、医疗保险扶贫和新型农村养老保险扶贫为代表的扶贫方式在我国减贫事业中的地位和作用日益凸显，已成为扶贫领域不可或缺的手段。在巩固拓展脱贫攻坚成果同乡村振兴有效衔接的背景下，保险扶贫理论是对传统扶贫理论的进一步深化和创新，有助于丰富和完善贫困治理理论体系。

第二，研究保险扶贫领域具有前沿性和创新性。实施保险扶贫政策，帮助低收入农户不返贫，已成为新时期我国巩固拓展脱贫攻坚成果的重大课题。

第三，研究保险扶贫新范式是对理论研究的新拓展。本书以降低农业保险费率、提高财政保费补贴比例、提高自缴保费减免比例、提高农业保险理赔金额为核心的“农业保险扶贫政策”等视角探索减贫机制和效应，既有助于提升减贫课题的学理解释力，又有利于拓展现有分析框架。

（二）实践意义

第一，有助于完善保险扶贫顶层设计。党的十八大以来，国家致力于保险扶贫的顶层设计，制定了保险扶贫制度体系并出台了多项政策，为我国减贫事业提供了坚强保障。从实践效果来看，制定并实施保险扶贫政策能够有效解决因病致（返）贫、因灾致（返）贫、因老致（返）贫等问题，为进一步完善顶层设计提供坚实支撑。

第二，提出的保险扶贫政策体系为保险政策调控提供新思路，在实践指导上具有针对性。把低收入群体纳入保险扶贫政策调控对象，并给予特殊照顾，是我国实施巩固拓展脱贫攻坚成果同乡村振兴有效衔接战略的具体举措。

第三，有助于提高保险扶贫绩效及发挥典型引领作用。保险扶贫政策重点针对农村低收入群体在农业保险、医疗保险和养老保险等方面给予更多的政策倾斜，帮助其及时化解和防范各类风险，有助于提高保险扶贫绩效。从全国层面来看，各地成功探索出保险扶贫的诸多先进经验和模式，例如，“保险＋期货”模式、“保险＋信贷”模式、“基本医疗保险＋大病保险＋医疗救助”模式等。总结、提炼并推广上述先进经验和模式，对于推动我国农村保险扶贫工作顺利开展起到引领作用。

第二节 相关文献综述

本节主要从农业保险扶贫政策减贫效应、医疗保险扶贫政策减贫效应、新型农村社会养老保险政策减贫效应 3 个方面梳理相关文献并作简要评述。

一、农业保险扶贫政策减贫效应研究

在农业保险研究方面，学界重点聚焦农业保险市场失灵领域。李玉勤（1996）认为农业保险需要国家给予政策支持，仅靠市场自发调节而缺乏政府强有力支持，农业保险是无法取得成功的。张跃华等（2005）认为农业保险并非私人物品，政府应当进行干预并给予补贴。冯文丽（2004）认为农业保险市场失灵的原因在于政府对保险公司和农户缺乏有效支持，导致农业保险陷入“供需双冷”的尴尬境地。

在农业保险政策研究方面，学术界主要聚焦保费补贴及保险保障水平对农户购买农业保险的影响及经济福利等领域。一部分学者认为，对农业保费实施财政补贴能够有效激发农户购买意愿。Chambers（1989）认为政府对保险公司提供经营性补贴，对农户提供直接保费补贴能够促进保险公司和农户参与保险的积极性；侯玲玲等（2010）认为，通过对农户实施保

费财政补贴，能够显著增强农户购买农业保险意愿。另一部分学者对政策性农业保险保费补贴提出了质疑。Hueth（2000）认为政府对保险公司提供保费补贴，推动了成本上升，造成社会福利损失增加；Just 等（1999）认为农户购买农业保险的目的是得到政府财政补贴，而非应对风险冲击；Goodwin 等（2013）认为，政府财政补贴过多，不仅会增加政府财政压力，还会助长农户“不道德行为”；Skees（2001）认为，由于农业保险属于准公共物品，若政府干预过多，会对私营保险产生“挤出效应”；罗向明等（2011）认为，由于农业保险具有典型的正外部性特征，必须通过政府补贴才可以正常运作，导致政府承受沉重的财政负担，最终不利于农业保险发展；黄琦等（2016）实证检验了实施农业保费补贴和风险补偿机制对农业生产和农户收入的影响；叶明华等（2014）认为，农户对农业保险的真实需求并不高，农业保险“不解渴、不顶用”；黄延信等（2013）主张通过提高单位面积保额来提升农业保险保障水平，并通过扩展保险责任、开发收入保险产品来提升农业保险保障水平；于洋等（2011）认为，保障水平实际上是多风险作物保险的保障产量水平，主要由农户参保时选择的保障比例决定；王克等（2018）认为，相对免赔率和分阶段赔付系数是影响中国农业保险保障水平的重要因素，取消或调整分阶段赔付规定是现阶段提升农业保险保障水平的有效方式。

农业保险减贫效应一直受到国内外学者的广泛关注。部分学者肯定了农业保险的减贫效应。Chambers（1989）认为，农业保险可以提高农户应对风险冲击能力，从而降低贫困发生率；邵全权等（2017）认为，农业保险可引导农户选择合理的生产方式来降低贫困发生率。农业保险减贫主要通过以下两个途径来实现。一是灾后赔付，有助于稳定农户收入。Wright 和 Hewitt（1994）对美国北达科他州农业保险的分析表明，农业保险赔付 1 美元，能使农户收入增长 1.03 美元。二是通过农业保险的乘数效应缓解贫困。张伟等（2017）认为，通过发挥农业保险的杠杆作用来撬动社会资金参与扶贫，可以提高农户农业生产的积极性和主动性，进而提高农业生产效率，有助于帮助贫困人口脱贫和防止返贫。

农业保险扶贫政策的减贫效应是当前金融扶贫研究的新领域，但相关文献还不多。黄渊基等（2018）以湖南省为例，利用 DEA 模型测算湖南省 14 个州（市）2008—2014 年的农业保险扶贫效率及其影响因素。结果发现，湖南省农业保险市场总体有效，农户参保数、农业风险保障水平、农户受益数、赔款额度及政府保费补贴具有显著的扶贫效应。朱蕊等（2019）利用 2010—2016 年全国各省级面板数据构建了面板门限模型，对我国农业保险的扶贫效果进行了实证分析。结果显示，农业保险财政补贴扶贫效果存在门限特征，这说明农业保险扶贫政策的扶贫效果受制于经济发展。郑军等（2019）利用 2007—2016 年全国各省级面板数据构建动态模型，对农业保险保障水平的反贫困效应进行了测度分析。结果表明，提高农业保险保障水平可以有效防止农户陷入贫困。

二、医疗保险扶贫政策减贫效应研究

相关文献肯定了医疗保险的减贫效应。Korenman 等（2016）认为可通过公共医疗保险给付和保险补助降低贫困发生率；Asfaw（2007）认为可通过提高医疗服务利用率降低贫困发生率；Finkelstein 等（2012）通过对俄勒冈医疗保险彩票实验进行分析，认为医疗保险能够显著降低家庭医疗费用支出；Gross 等（2012）认为，美国 26% 家庭的致贫原因是灾难性医疗支出，医疗保险覆盖率每提高 10%，因病致贫风险就下降 8%。此外，武拉平等（2012）认为，通过统筹等保障性公共服务能有效降低农村家庭的脆弱性，减贫效果明显。

部分文献认为医疗保险的减贫效应不太乐观。Rosenzweig 等（1993）认为，以效用和利润最大化为假设的保险理论无法解释医疗保险能给贫困户带来经济福利，原因是贫困户对于医疗保险的持有能力不足，在基本生活尚未得到满足的情况下，很难对医疗保险产生有效需求；Radermacher 等（2007）认为，对医疗保险产品的了解程度、投保人对医疗保险的信任感、保费的支付方式、个人开支及家庭规模等是影响贫困户医疗保险需求的主要因素；Knight 等（1997）认为，要解决医疗保险需求问题，需利用保险精算技术为不同健康程度的贫困户确定合理的医疗保险费率和医疗保障水平；黄薇（2017）认为，由于医疗保险出现偏差，贫困人口医疗实际支出仍然过高，这是影响医疗保险扶贫减贫效果的重要因素。

医疗保险扶贫政策的减贫效应是当前健康扶贫研究的新领域，但相关文献较少。黄薇（2019）利用相关调查数据构建了两期模型和 Probit 模型，实证检验了保险扶贫政策在减贫实践中的作用。结果发现，以适当财政补贴个人缴费和提升报销比例为核心的“保险扶贫政策”能够显著激发贫困户的医疗保险需求，对其收入和支出等福利具有显著正向影响，从而达到积极的减贫效果。鲍震宇等（2018）基于 2015 年中国健康与养老追踪调查（CHARLS）数据，从基本医疗保险、多重医疗保障、不同给付水平及保险扶贫减贫机理 4 个方面考察了医疗保险扶贫政策的减贫效果。结果表明，新农合的门诊统筹保险不具有减贫作用；由于住院统筹保险可使住院自付支出减少 57%，灾难性医疗支出发生率降低 11%，进而可在 5%~7% 的水平下显著降低贫困发生率；住院费用报销率每提高 5%，可使农村人口贫困率降低 7%；多重医疗保障虽然具有减贫效果，但结果尚不稳定。谢远涛等（2018）为考察医疗保险制度全覆盖能在多大程度上助力“精准扶贫”，基于中国健康与营养调查 1989—2011 年的数据，分析了家庭贫困的影响机理。结果表明，推行医疗保险全覆盖及对贫困家庭实施医疗保险扶贫政策，对于抑制“因病致（返）贫”具有良好的政策效应。

三、新型农村社会养老保险政策减贫效应研究

从现有文献来看，学术界对养老保险政策减贫效应的研究较多，主要集中在以下几个方面：一是养老保险的收入再分配效应。有学者认为，养老保险对居民收入差距的调节是社会保障再分配的重要组成部分，并通过基尼系数等指标对比市场收入和再分配收入的不平等程度的变化，以衡量养老保险等政策的再分配效应。Mahler 和 Jesuit（2017）研究发现，养老保险使 20 个发达国家市场收入基尼系数平均下降了 0.091；Lustig（2016）研究表明，25 个发展中国家的养老保险使基尼系数平均下降了 0.01，远低于发达国家；王延中等（2016）和王亚柯等（2019）研究发现，养老保险使得 2012 年和 2013 年我国收入基尼系数分别下降了 0.059 和 0.051，收入

再分配效果明显。二是养老保险的挤出效应。Feldstein（1974）研究发现，美国实行的现收现付养老金政策使得私人储蓄减少了50%，即养老保险制度对美国居民储蓄产生了明显的挤出效应；孟令国等（2019）认为，养老保险参保率与居民储蓄率呈显著的正相关关系，居民在参加养老保险的同时也增加了养老储蓄；Anette Reil－Held（2006）认为，现收现付的公共养老金制度对家庭养老行为产生了挤出效应；刘佩（2019）研究发现，参加社会养老保险会显著降低老年人收到子女的代际转移的概率。三是养老保险的逆向选择问题。Samwick（1995）认为，在不考虑个人风险差异的养老保险市场中，个人对养老保险的需求与个人可能面临的风险呈正向关系；张平等（2016）认为，由于个人面对的缴费条件和标准没有差异，而在领取养老金总额上存在差异，寿命长的个人领取的养老金总额更多，所以，这类人群更倾向于购买较高档位的养老保险。

目前，学术界对新型农村社会养老保险政策减贫效应的研究还比较有限。关于新型农村社会养老保险的研究主要集中在以下两个方面：一是新型农村社会养老保险参保行为及其影响因素。常芳等（2014）基于5个省、101个村的调查数据，分析了农民新农保参保行为的影响因素及作用；杨政怡（2016）基于5个省、1600位农村居民的问卷调查，考察了以新农保为代表的农村社会养老保险的推行给农村家庭养老带来的变化；边芳等（2018）利用5个省的农户调研数据，通过面板固定效应模型研究了农民参保行为变迁及其影响因素。二是新型农村社会养老保险对农村养老模式及消费支出的影响。张晔等（2016）利用中国老年健康影响因素跟踪调查数据，使用倍差法评估了新农保对农村居民养老质量的影响；杨志武等（2017）围绕新型农村社会养老保险制度对农村老年人的减贫效果进行了分析；徐志刚等（2018）从家庭人口结构和流动性约束的视角对制度性养老能否替代土地养老进行了探索；薛智韵等（2019）利用2013年中国健康与养老调查数据评估了新农保对农村老年人消费支出的影响。近年来，少数学者围绕新型农村社会养老保险的政策效应进行了探讨。沈毅（2014）基于新农保实践构建了净收益收入再分配模型，测算了代际内部、代际之间和城乡之间养老金收入再分配效果；焦克源等（2014）基于两期代际扩展模型分析了新农保的储蓄挤出效应及其影响因素；赵建国等（2013）从省域和不同收入组两个维度考察了新农保制度的逆向选择及其关键因素；周磊等（2015）基于中国健康与养老追踪调查数据论证了新型农村社会养老保险中存在逆向选择问题。

四、简要述评

从上述文献分析中可以发现，虽然部分文献已经提出"保险政策应向贫困户倾斜""开发梯度式保险扶贫系列产品"等观点，但专门针对保险扶贫政策减贫效应展开系统研究的文献较少。基于此，本书在前人研究的基础上做了如下研究：一是从理论上分析保险扶贫政策减贫的作用机理。二是采用固定效应模型等对参数进行估计，尝试将解释变量逐一引入回归方程，确保回归估计的稳健性，实证检验各项保险扶贫政策对农户收入和脱贫的影响。三是提出针对农户实施差异化保险扶贫的政策，以提高脱贫效果和防止返贫。

第三节　研究内容与研究方法

一、研究内容

（一）研究背景

第二章和第三章为研究背景。第二章主要梳理了我国农村减贫成效、困境及出路；第三章重点分析了农村保险政策的演进过程，演变特征是由"普惠性"向"倾斜性"转变。这两章着重探索医疗保险、农业保险和养老保险在减贫中的积极作用，揭示我国减贫面临因病致（返）贫、因灾致（返）贫、因老致（返）贫的巨大挑战，分析实施保险扶贫政策的必要性和紧迫性。

（二）理论分析

第四章为理论分析，主要对保险相关主体博弈、保险需求、农业保险扶贫政策减贫机理、医疗保险扶贫政策减贫机理进行理论阐述，为后文实证分析提供理论依据。

（三）实证分析

第五章、第六章、第七章、第八章和第九章为实证分析。其中，第五章主要对保险扶贫政策认知展开分析；第六章主要对保险需求特征及其影响因素展开分析；第七章主要对农业保险扶贫政策的减贫效应展开实证分析；第八章主要对农村医疗保险扶贫政策的减贫效应进行实证分析；第九章主要对新型农村社会养老保险的政策效应进行实证分析。

（四）经验借鉴及路径优化

第十章主要介绍国外经验；第十一章主要针对农业保险扶贫政策、农村医疗保险扶贫政策及农村养老保险扶贫政策等提出相应的路径优化建议。

二、研究方法

本书在文献梳理、逻辑推演和实地调研的基础上，根据具体的研究内容，重点采用如下研究方法。

（一）文献查阅与专家访谈相结合

通过文献查阅了解与保险扶贫政策减贫相关的已有研究成果、所达到的研究水平、主要采用的研究方法、研究过程中存在的问题，以及尚待解决的问题等，结合相关文献的整理，全面系统地厘清当前保险扶贫政策的研究现状和动态趋势，为本书的研究视角切入和内容创新奠定基础。为确保保险扶贫政策减贫效应研究的科学性，实际研究中将对相关领域专家进行访谈，听取并充分吸收其意见。

（二）宏观数据库与微观调查数据相结合

本课题用到的宏观数据库主要有国家统计局的“全国农村贫困监测调查”数据库及北京大学中国社会科学调查中心的“中国家庭追踪调查”（CFPS）数据库。实施问卷调查是获取农户微观数据的重要方法。依据保险扶贫发展状况，课题组选取大别山地区所属 10 个县（市、区）开展实地调查，每个县（市、区）随机抽取 2 个乡镇，每个乡镇随机抽取 2 个村，针对保险扶贫政策认知和保险需求及其影响因素进行深度访谈和问卷调查，整合项目组已有资料，建成课题研究的基础数据库和案例资料库，基于访谈材料及问卷调查资料揭示农户对保险扶贫政策的基本认知、参与意愿及对实施保险扶贫的政策需求。

（三）数理统计与计量模型分析相结合

基于研究目的的差异，本课题采用了不同的数理统计与计量模型分析方法。其中，数理统计分析法的应用主要体现在第二章、第三章，重点揭示了我国农村减贫绩效及农村保险扶贫政策的演进脉络。计量模型分析法的应用主要体现在第六章、第七章、第八章和第九章，分别对保险需求影响因素、农业保险扶贫政策的减贫效应、农村医疗保险扶贫政策的减贫效应及新型农村养老保险的政策效应进行测度及检验。具体包括以下计量模型分析方法：一是构建保险需求理论模型。通过将农户购买保险和农户没有购买保险的情况进行对比，分析农户遭受风险损失的差异。二是构建固定效应模型和 Probit 模型。采用固定效应模型对参数进行估计，尝试将解释变量逐一引入回归方程，确保回归估计的稳健性，实证检验各项保险扶贫政策对农户收入和脱贫的影响。以医疗保险扶贫政策为例，通过构建 Probit 回归模型实证检验医疗保险扶贫政策是否有助于提高农户收入水平，以及是否有助于脱贫。

第四节 研究思路与可能的创新

一、研究思路

（一）确定研究目标和研究问题

在梳理已有文献资料的基础上，本课题系统整理了国内外相关文献和最新研究成果。课题组通过参加学术交流活动动态更新研究计划，确定研究目标与研究问题。

（二）确立研究的理论分析框架

本课题通过对保险相关主体博弈、保险需求、农业保险扶贫政策减贫机理、医疗保险扶贫政策减贫机理开展理论分析，提出针对低收入群体采用保费补贴支付方式及保险补偿机制和举措的必要性。

（三）整理权威机构公布的统计数据

课题组整理了中国家庭健康与营养调查（CHNS）数据库，并根据研究问题设计调查问卷、开展田野调查、收集调查典型地区的数据资料，同时对数据资料进行挖掘和分析。

（四）掌握与应用计量分析工具

在掌握保险需求理论模型、固定效应模型、Probit 模型等的基础上，课题组考察了保险扶贫政策的需求及减贫效应，并进行了回归估计与检验分析。

（五）形成研究结论和提出路径优化建议

课题组就结合理论研究与实证分析所得到的初步结论与相关专家进行讨论和交流，形成最终结论，提出促进保险扶贫政策的路径优化建议。

二、可能的创新

（一）提出基于保险扶贫政策减贫效应的新视角

本书突出了保险政策在减贫效应中的重要性，提出了适当降低保险费率、提高财政保费补贴比例、提高自缴保费减免比例、提高保险理赔金额等“保险扶贫政策减贫效应”的研究视角。

（二）构建理论分析的新框架

在清晰界定保险扶贫政策、保险需求、农户收入与消费支出、减贫效果等关键概念和关联的基础上，探讨保险扶贫政策相关主体的利益关系、农户对保险需求及其影响因素以及保险扶贫政策的减贫效应，提出针对低收入群体采用保费补贴支付方式和保险补偿机制的建议。

（三）通过相关数据库及微观考察进行实证检验

在实证分析医疗保险扶贫政策的减贫效应中，本书数据源自国家统计局的“全国农村贫困监测调查”数据库。该调查对历年农村住户收支与生活状况进行追踪，得到了国务院扶贫领导小组各成员单位的大力支持。调查数据如实记录了减贫总体目标实现的进程，客观反映了农村减贫成效，较为全面地展现了中国农户及家庭的经济状况、人口特征、健康状况、医疗费用及医疗保险状况。在实证分析农业保险扶贫政策的减贫效应中，本书数据源自“中国家庭追踪调查”数据库。该数据库涵盖了中国家庭的经济活动、教育成果、家庭关系与家庭动态、人口迁移、健康等数据资料，样本具有较好的代表性。在实证分析保险扶贫政策认知中，本书数据源自对大别山区所属 10 个县（市、区）展开的问卷调研，每个县（市、区）随机抽取 2 个乡镇，每个乡镇随机抽取 2 个村。

第二章

我国农村减贫的成效、困境与出路

改革开放以来，我国农村减贫取得了举世瞩目的成就，但巩固脱贫攻坚成果的任务依然十分艰巨。本章在梳理我国农村减贫进程及成效的基础上，重点揭示了农村减贫面临的诸多困境及对应原因，提出了保险扶贫政策是促进农村减贫的有效途径。

第一节　我国农村减贫的历史进程与成效

我国农村减贫过程大概经历了 5 个阶段，分别是经济体制机制转换阶段、《国家八七扶贫攻坚计划》实施阶段、《中国农村扶贫开发纲要(2001—2010 年)》实施阶段、精准扶贫阶段及巩固拓展脱贫攻坚成果阶段。通过长期的实践探索，我国减贫事业取得了可喜的成效。

一、我国农村减贫的历史进程

(一) 经济体制机制转换阶段 (1978—1993 年)

1978 年 12 月，党的十一届三中全会确立了解放思想、实事求是的思想路线，决定将全党的工作重点转向“以经济建设为中心”，探索出一条先富带后富最终实现共同富裕的发展道路。此后，国家在农村实施家庭联产承包责任制，按照“交足国家的、留足集体的、剩下都是自己的”总方针，本着“多劳多得、少劳少得、不劳不得”的基本原则，彻底打破了原有的“平均分配”“干好干坏一个样”的分配格局，极大地调动了农民的生产积极性，绝大多数农民依靠自身劳动迅速解决了温饱问题，摆脱了绝对贫困。从 1980 年开始，我国扶贫模式进行了相应调整，从原来的无偿救济为主转变为生产扶持为主，克服了无偿救济的弊端，根据贫困户自身情况有针对性地开展帮扶，激发贫困户内在动力，使其通过发展生产来摆脱贫困，这在我国农村减贫史上具有里程碑意义。政府通过为贫困农户提供金融优惠支持等方式帮助农户扩大生产、增加收入。随后，政府相继出台系列文件支持贫困地区解决生产生活中面临的实际困难。为缩小欠发达地区与发达地区的差距，帮助欠发达地区尽快摆脱贫穷落后的面貌，国家向欠发达地区拨付大量扶贫专项资金用于开发建设，极大地推动了贫困地区经济社会与减贫事业的发展。

(二)《国家八七扶贫攻坚计划》实施阶段 (1994—2000 年)

1992 年，我国建立了社会主义市场经济体制，这对农村减贫而言既是机遇也是挑战。一方面，农村地区经济社会得到快速发展；另一方面，农村与城市的差距在扩大。在此背景下，加强农村扶贫开发工作意义重大。为进一步改变农村落后状况，实现全社会共同富裕的目标，国务院出台《国家八七扶贫攻坚计划》（以下简称《八七计划》），指出从 1994 年到 2000 年，用 7 年左右的时间，着力解决 8000 万农村贫困人口的脱贫问题。为实现上述目标，国家明确了开发式扶贫的方针和基本途径、资金的管理使用办法及政策保障等，以 592 个国定贫困县为重点，将国家扶贫开发资金重点向这些地区倾斜。通过实施《八七计划》，我国 592 个贫困县的贫困人口数大幅下降，减贫效果十分显著。

（三）《中国农村扶贫开发纲要（2001—2010 年）》实施阶段（2001—2012 年）

《八七计划》完成后，国家聚焦"老少边穷"地区，将扶贫资金主要用于这些地区重点贫困县的贫困农村，对其他非重点县也给予了适当支持。2001 年国务院正式发布《中国农村扶贫开发纲要（2001—2010 年）》，明确指出国家扶贫开发的对象进一步延伸至乡镇和村，实施"整体推进"，扶贫工作进一步向纵深推进。实践证明，国家在扶贫问题上始终坚持与时俱进，针对不同阶段农村经济发展形势对扶贫资源进行优化配置，取得了较好的减贫效果。

（四）精准扶贫阶段（2013—2020 年）

尽管我国扶贫开发取得了显著成效，但我国农村依然存在贫困人口底数不清、情况不明、针对性不强、扶贫资金和项目指向不准等突出问题。2013 年 11 月，习近平总书记首次提出"精准扶贫"概念。此后，国家相继出台《建立精准扶贫工作机制实施方案》《中共中央、国务院关于打赢脱贫攻坚战的决定》等，标志着我国扶贫开发路径由"大水漫灌"向"精准滴灌"转变，要求以贫困家庭为单位开展精准扶贫，并制定相应政策措施予以支持。为响应党中央号召，全国各省（自治区、直辖市）结合各自实际情况，相继出台了具体政策措施。通过实施精准扶贫政策措施，我国农村贫困问题得到了根本解决，农村居民收入水平大幅度提升，农民生活水平显著提高，农村基础设施和公共服务等得到极大改善，贫困人口规模和贫困发生率进一步下降。到2020年底，我国现行标准下农村贫困人口全部实现脱贫、贫困县全部“摘帽”、区域性整体贫困得到解决。

（五）巩固拓展脱贫攻坚成果阶段（2021年至今）

2020年脱贫攻坚目标任务完成后，国家设立了5年过渡期，并与“十四五”规划相衔接。巩固拓展脱贫攻坚成果阶段重点做好过渡期内领导体制、工作体系、发展规划、政策举措、考核机制等的有效衔接，从以实现建档立卡贫困人口“两不愁三保障”为重点转向实现乡村产业兴旺、生态宜居、乡风文明、治理有效、生活富裕，从集中资源支持脱贫攻坚转向巩固拓展脱贫攻坚成果和全面推进乡村振兴。

二、我国农村减贫取得的成效

（一）全国农村减贫情况

按照现行农村贫困标准衡量，1978年，我国农村贫困人口为7.7亿人，贫困发生率为97.5%；1985年，我国农村贫困人口为6.6亿人，贫困发生率为78.3%；1995年，我国农村贫困人口为5.5亿人，贫困发生率为60.5%；2005年，我国农村贫困人口为2.9亿人，贫困发生率为30.2%；2010年，我国农村贫困人口为1.7亿人，贫困发生率为17.2%。党的十八大以来，随着精准扶贫战略的深入推进，我国农村贫困人口总数快速下降。我国农村贫困规模从2013年的8249万人下降至2019年的551万人，减少7698万人，下降率为93.32%。2019年，有17个省（自治区、直辖市）贫困人口数为零，分别是北京、天津、河北、内蒙古、辽宁、黑龙江、上海、江苏、浙江、安徽、福建、江西、山东、湖北、广东、海南、重庆；有7个省（自治区）贫困人口规模超过40万人，分别是云南（66万人）、贵州（53万人）、四川（52万人）、广西（51万人）、河南（51万人）、甘肃（46万人）、湖南（42万人）；有7个省（自治区）贫困人口规模位于0～40万人，分别是新疆（20万人）、陕西（17万人）、山西（16万人）、吉林（9万人）、青海（5万人）、西藏（4万人）、宁夏（4万人）。到2020年底，现行标准下全国农村贫困人口全部脱贫（见表2-1）。

表2-1　2013—2020年全国农村贫困人口规模变动情况

单位：万人

地区	2013年	2014年	2015年	2016年	2017年	2018年	2019年	2020年
全国	8249	7017	5575	4335	3046	1660	551	—
北京	—	—	—	—	—	—	—	—
天津	—	—	—	—	—	—	—	—
河北	366	320	241	188	124	63	—	—
山西	299	269	223	186	133	74	16	—
内蒙古	114	98	76	53	37	14	—	—
辽宁	126	117	86	59	39	24	—	—
吉林	89	81	69	57	41	26	9	—
黑龙江	111	96	86	69	50	27	—	—
上海	—	—	—	—	—	—	—	—
江苏	95	61	—	—	—	—	—	—
浙江	72	45	—	—	—	—	—	—
安徽	440	371	309	237	158	67	—	—
福建	73	50	36	23	—	—	—	—
江西	328	276	208	155	107	63	—	—
山东	264	231	172	140	60	—	—	—
河南	639	565	463	371	277	168	51	—
湖北	323	271	216	176	114	67	—	—
湖南	640	532	434	343	232	105	42	—
广东	115	82	47	—	—	—	—	—
广西	634	540	452	341	246	140	51	—
海南	60	50	41	32	23	7	—	—
重庆	139	119	88	45	21	13	—	—
四川	602	509	400	306	212	98	52	—
贵州	745	623	507	402	295	173	53	—
云南	661	574	471	373	279	179	66	—
西藏	72	61	48	34	20	13	4	—
陕西	410	350	288	226	169	83	17	—

续表

地区	2013 年	2014 年	2015 年	2016 年	2017 年	2018 年	2019 年	2020 年
甘肃	496	417	325	262	200	121	46	—
青海	63	52	42	31	23	10	5	—
宁夏	51	45	37	30	19	9	4	—
新疆	222	212	180	147	113	64	20	—

注：“—”表示数值较小，统计上不显著。
资料来源：《中国脱贫攻坚统计监测报告（2021）》。

随着农村贫困人口规模的大幅度下降，我国农村贫困发生率迅速降低。2013 年，全国农村贫困发生率为 8.5%；2019 年，全国农村贫困发生率下降至 0.6%，下降 7.9 个百分点。2019 年，有 17 个省（自治区、直辖市）贫困发生率为零；有 14 个省（自治区）农村贫困发生率等于或高于全国水平，分别是甘肃（2.2%）、云南（1.8%）、新疆（1.7%）、贵州（1.5%）、西藏（1.4%）、广西（1.2%）、青海（1.2%）、宁夏（1.0%）、湖南（0.7%）、四川（0.7%）、山西（0.6%）、吉林（0.6%）、河南（0.6%）、陕西（0.6%）。到 2020 年底，我国农村贫困发生率下降至零（见表 2-2）。

表 2-2　2013—2020 年全国农村贫困发生率变动情况

地区	2013 年（%）	2014 年（%）	2015 年（%）	2016 年（%）	2017 年（%）	2018 年（%）	2019 年（%）	2020 年（%）
全国	8.5	7.2	5.7	4.5	3.1	1.7	0.6	—
北京	—	—	—	—	—	—	—	—
天津	—	—	—	—	—	—	—	—
河北	6.5	5.6	4.3	3.3	2.2	1.1	—	—
山西	12.4	11.1	9.2	7.7	5.5	3.0	0.6	—
内蒙古	8.5	7.3	5.6	3.9	2.7	1.0	—	—
辽宁	5.4	5.1	3.8	2.6	1.7	1.1	—	—
吉林	5.9	5.4	4.6	3.8	2.7	1.8	0.6	—
黑龙江	5.9	5.1	4.6	3.7	2.7	1.4	—	—
上海	—	—	—	—	—	—	—	—
江苏	2.0	1.3	—	—	—	—	—	—

续表

地区	2013年（%）	2014年（%）	2015年（%）	2016年（%）	2017年（%）	2018年（%）	2019年（%）	2020年（%）
浙江	1.9	1.1	—	—	—	—	—	—
安徽	8.2	6.9	5.8	4.4	3.0	1.3	—	—
福建	2.6	1.8	1.3	0.8	—	—	—	—
江西	9.2	7.7	5.8	4.3	3.0	1.8	—	—
山东	3.7	3.2	2.4	1.9	0.8	—	—	—
河南	7.9	7.0	5.8	4.6	3.4	2.1	0.6	—
湖北	8.0	6.6	5.3	4.3	2.8	1.6	—	—
湖南	11.2	9.3	7.6	6.0	4.1	1.8	0.7	—
广东	1.7	1.2	0.7	—	—	—	—	—
广西	14.9	12.6	10.5	7.9	5.7	3.3	1.2	—
海南	10.3	8.5	6.9	5.5	3.9	1.3	—	—
重庆	6.0	5.3	3.9	2.0	0.9	0.6	—	—
四川	8.6	7.3	5.7	4.4	3.1	1.4	0.7	—
贵州	21.3	18.0	14.7	11.6	8.5	5.0	1.5	—
云南	17.8	15.5	12.7	10.1	7.5	4.8	1.8	—
西藏	28.8	23.7	18.6	13.2	7.9	5.1	1.4	—
陕西	15.1	13.0	10.7	8.4	6.3	3.1	0.6	—
甘肃	23.8	20.1	15.7	12.6	9.7	5.8	2.2	—
青海	16.4	13.4	10.9	8.1	6.0	2.6	1.2	—
宁夏	12.5	10.8	8.9	7.1	4.5	2.2	1.0	—
新疆	19.8	18.6	15.8	12.8	9.9	5.7	1.7	—

注："—"表示数值较小，统计上不显著。

资料来源：《中国脱贫攻坚统计监测报告（2021）》。

全国农村居民人均可支配收入快速上升。2013年，全国农村居民人均可支配收入为9430元；2020年，上升至17131元，增加7701元，增长率为81.66%。2020年，有9个省（直辖市）农村居民人均可支配收入高于全国平均水平，分别是上海（34911元）、浙江（31930元）、北京（30126元）、天津（25691元）、江苏（24198元）、福建（20880元）、广东（20143元）、山东（18753元）、辽宁（17450元）；有22个省（自治区、直辖市）低于全国平均水平，分别是江西（16981 元）、安徽（16620 元）、湖南（16585 元）、内蒙古（16567 元）、河北（16467 元）、重庆（16361 元）、湖北（16306 元）、海南（16279 元）、黑龙江（16168 元）、河南（16108 元）、吉林（16067 元）、四川（15929 元）、广西（14815 元）、西藏（14598 元）、新疆（14056 元）、宁夏（13889 元）、山西（13878 元）、陕西（13316 元）、云南（12842 元）、青海（12342 元）、贵州（11642 元）、甘肃（10344 元）（见表 2－3）。由此可见，全国农村居民人均可支配收入区域差异明显，人均可支配收入较高的地区主要集中在东部，人均可支配收入较低的地区主要集中在西部。

表 2－3　2013—2020 年全国农村居民人均可支配收入变动情况

单位：元

地区	2013 年	2014 年	2015 年	2016 年	2017 年	2018 年	2019 年	2020 年
全国	9430	10489	11422	12363	12432	14617	16021	17131
北京	17101	18867	20569	22310	24240	26490	28928	30126
天津	15353	17014	18482	20076	21754	23065	24804	25691
河北	9188	10186	11051	11919	12881	14031	15373	16467
山西	7949	8809	9454	10082	10788	11750	12902	13878
内蒙古	8985	9976	10776	11609	12584	13803	15283	16567
辽宁	10161	11191	12057	12881	13747	14656	16108	17450
吉林	9781	10780	11326	12123	12950	13748	14936	16067
黑龙江	9369	10453	11095	11832	12665	13804	14982	16168
上海	19208	21192	23205	25520	27825	30375	33195	34911
江苏	13521	14958	16257	17606	19158	20845	22675	24198
浙江	17494	19373	21125	22866	24956	27302	29876	31930
安徽	8850	9916	10821	11720	12758	13996	15416	16620
福建	11405	12650	13793	14999	16335	17821	19568	20880
江西	9089	10117	11139	12138	13242	14460	15796	16981
山东	10687	11882	12930	13954	15118	16297	17775	18753
河南	8969	9966	10853	11697	12719	13831	15164	16108
湖北	9692	10849	11844	12725	13812	14978	16391	16306
湖南	9029	10060	10993	11930	12936	14093	15395	16585

续表

地区	2013 年	2014 年	2015 年	2016 年	2017 年	2018 年	2019 年	2020 年
广东	11068	12246	13360	14512	15780	17168	18818	20143
广西	7793	8683	9467	10359	11325	12435	13676	14815
海南	8802	9913	10858	11843	12902	13989	15113	16279
重庆	8493	9490	10505	11549	12638	13781	15133	16361
四川	8381	9348	10247	11203	12227	13331	14670	15929
贵州	5898	6671	7387	8090	8869	9716	10756	11642
云南	6724	7456	8242	9020	9862	10768	11902	12842
西藏	6553	7359	8244	9094	10330	11450	12951	14598
陕西	7092	7932	8689	9396	10265	11213	12326	13316
甘肃	5589	6277	6936	7457	8076	8804	9629	10344
青海	6462	7283	7933	8664	9462	10393	11499	12342
宁夏	7599	8410	9119	9852	10738	11708	12858	13889
新疆	7847	8724	9425	10183	11045	11975	13122	14056

资料来源：《中国脱贫攻坚统计监测报告（2021）》。

全国农村居民人均消费支出呈快速上升态势。2013 年，全国农村居民人均消费支出为 7485 元；2020 年，为 13713 元，比 2013 年增加 6228 元，增长 83.21%。2020 年，全国 31 个省（自治区、直辖市）中有 12 个省（直辖市）农村居民人均消费支出高于全国平均水平，分别是上海（22095 元）、浙江（21555 元）、北京（20913 元）、广东（17132 元）、江苏（17022 元）、天津（16844 元）、福建（16339 元）、安徽（15024 元）、湖南（14974 元）、四川（14953 元）、湖北（14472 元）、重庆（14140 元）；有 19 个省（自治区）低于全国平均水平，分别是内蒙古（13594 元）、江西（13579 元）、海南（13169 元）、山东（12660 元）、河北（12644 元）、广西（12431 元）、黑龙江（12360 元）、辽宁（12311 元）、河南（12201 元）、青海（12134 元）、吉林（11864 元）、宁夏（11724 元）、陕西（11376 元）、云南（11069 元）、贵州（10818 元）、新疆（10778 元）、山西（10290 元）、甘肃（9923 元）、西藏（8917 元）（见表 2－4）。总体上看，全国各地区农村居民人均消费支出与其人均可支配收入呈正相关，但各地区间人均消费支出差距明显低于人均可支配收入差距。

表 2-4　2013—2020 年全国农村居民人均消费支出变动情况

单位：元

地区	2013 年	2014 年	2015 年	2016 年	2017 年	2018 年	2019 年	2020 年
全国	7485	8383	9223	10130	10955	12124	13328	13713
北京	13564	14535	15811	17329	18810	20195	21881	20913
天津	12491	13739	14739	15912	16386	16863	17843	16844
河北	7377	8248	9023	9798	10536	11383	12372	12644
山西	6458	6992	7421	8029	8424	9172	9728	10290
内蒙古	9080	9972	10637	11463	12184	12661	13816	13594
辽宁	7032	7801	8873	9953	10787	11455	12030	12311
吉林	7523	8140	8783	9521	10279	10826	11457	11864
黑龙江	7192	7830	8391	9424	10524	11417	12495	12360
上海	13016	14820	16152	17071	18090	19965	22449	22095
江苏	10759	11820	12883	14428	15612	16567	17716	17022
浙江	12803	14498	16108	17359	18093	19707	21352	21555
安徽	7200	7981	8975	10287	11106	12748	14546	15024
福建	9986	11056	11961	12911	14003	14943	16281	16339
江西	6807	7548	8486	9128	9870	10885	12497	13579
山东	6877	7962	8748	9519	10342	11270	12309	12660
河南	6359	7277	7887	8587	9212	10392	11546	12201
湖北	7850	8681	9803	10938	11633	13946	15328	14472
湖南	7833	9025	9691	10630	11534	12721	13969	14974
广东	8938	10043	11103	12415	13200	15411	16949	17132
广西	6035	6675	7582	8351	9437	10617	12045	12431
海南	6376	7029	8210	8921	9599	10956	12418	13169
重庆	6971	7983	8938	9954	10936	11977	13112	14140
四川	7365	8301	9251	10192	11397	12723	14056	14953
贵州	5291	5970	6645	7533	8299	9170	10222	10818
云南	5247	6030	6830	7331	8027	9123	10260	11069
西藏	4102	4822	5580	6070	6691	7452	8418	8917
陕西	6488	7252	7901	8568	9306	10071	10935	11376
甘肃	5654	6148	6830	7487	8030	9065	9694	9923
青海	7506	8235	8566	9222	9903	10352	11343	12134

续表

地区	2013 年	2014 年	2015 年	2016 年	2017 年	2018 年	2019 年	2020 年
宁夏	6740	7676	8415	9138	9982	10790	11465	11724
新疆	7103	7365	7698	8277	8713	9421	10318	10778

资料来源：《中国脱贫攻坚统计监测报告（2021）》。

（二）贫困地区农村减贫情况

党的十八大以来，我国贫困地区农村贫困人口规模快速下降。2013年，贫困地区农村贫困人口规模为5070万人；2019年，下降至362万人，减少4708万人，下降率为92.86%。2019年，贫困地区农村贫困人口规模占全国农村贫困人口规模的比重为65.70%。2019年，在22个贫困地区中，云南、贵州、甘肃、河南、湖南等省贫困人口相对较多，分别为56万人、46万人、41万人、38万人、33万人；有8个省（自治区）贫困人口规模为1~10万人；有2个省（直辖市）贫困人口规模降至零，分别是海南、重庆。到2020年底，贫困地区农村贫困人口全部脱贫（见表2-5）。

表2-5　2013—2020年22个贫困地区农村贫困人口规模变动情况

单位：万人

地区	2013 年	2014 年	2015 年	2016 年	2017 年	2018 年	2019 年	2020 年
贫困地区	5070	4317	3490	2654	1900	1115	362	—
河北	304	265	197	147	97	56	10	—
山西	126	107	83	67	49	28	7	—
内蒙古	110	95	66	46	34	13	6	—
吉林	15	14	12	10	8	4	2	—
黑龙江	89	82	68	53	38	22	3	—
安徽	301	252	209	155	108	57	16	—
江西	215	176	141	103	71	38	11	—
河南	370	328	287	221	158	96	38	—
湖北	216	180	148	117	79	48	14	—
湖南	423	343	279	205	139	82	33	—
广西	196	164	135	100	77	46	17	—
海南	9	12	11	9	6	3	—	—

续表

地区	2013 年	2014 年	2015 年	2016 年	2017 年	2018 年	2019 年	2020 年
重庆	97	83	68	35	17	11	—	—
四川	331	273	203	150	103	56	25	—
贵州	654	545	444	346	252	155	46	—
云南	607	536	448	352	264	166	56	—
西藏	72	61	48	34	20	13	4	—
陕西	271	227	180	140	102	56	14	—
甘肃	451	381	296	235	175	106	41	—
青海	63	52	42	31	23	10	5	—
宁夏	33	30	23	18	13	7	3	—
新疆	117	111	101	80	67	43	12	—

注："—"表示数值较小，统计上不显著。
资料来源：《中国脱贫攻坚统计监测报告（2021）》。

较全国而言，贫困地区农村贫困发生率下降更快。2013 年，贫困地区农村贫困发生率为 19.3%；2019 年，下降至 1.4%，下降 17.9 个百分点，下降幅度高于全国 10 个百分点。2019 年，在 22 个贫困地区中，有 8 个省（自治区）农村贫困发生率高于贫困地区平均水平，分别是甘肃（2.5%）、云南（2.2%）、新疆（1.7%）、湖南（1.6%）、广西（1.6%）、贵州（1.6%）、吉林（1.6%）、四川（1.5%），其他省（自治区、直辖市）农村贫困发生率等于或低于平均值。到 2020 年底，贫困地区农村贫困发生率全部下降至零（见表 2－6）。

表 2－6　2013—2020 年 22 个贫困地区农村贫困发生率变动情况

单位：%

地区	2013 年	2014 年	2015 年	2016 年	2017 年	2018 年	2019 年	2020 年
贫困地区	19.3	16.6	13.3	10.1	7.2	4.2	1.4	—
河北	20.4	19.0	14.2	10.6	7.0	4.0	0.7	—
山西	21.7	18.9	14.6	11.9	8.6	5.0	1.3	—
内蒙古	16.1	13.4	9.3	6.6	4.8	1.9	0.8	—
吉林	13.6	12.9	10.8	9.0	6.8	4.1	1.6	—
黑龙江	17.3	15.5	12.7	10.0	7.0	4.1	0.6	—

续表

地区	2013 年	2014 年	2015 年	2016 年	2017 年	2018 年	2019 年	2020 年
安徽	15.6	12.9	10.7	7.9	5.5	2.9	0.8	—
江西	18.1	14.9	11.6	8.5	5.9	3.1	0.9	—
河南	13.3	11.3	9.5	7.3	5.2	3.2	1.3	—
湖北	17.7	14.9	12.2	9.6	6.5	4.0	1.2	—
湖南	20.8	18.3	14.0	10.3	7.0	4.1	1.6	—
广西	19.1	15.7	13.1	9.7	7.5	4.4	1.6	—
海南	12.5	15.9	14.4	11.2	8.1	3.7	—	—
重庆	10.3	9.7	7.9	4.0	2.0	1.3	—	—
四川	19.7	16.3	12.1	9.0	6.1	3.3	1.5	—
贵州	23.6	19.0	15.3	11.9	8.7	5.4	1.6	—
云南	21.9	20.3	17.4	13.7	10.2	6.4	2.2	—
西藏	28.8	23.7	18.6	13.2	7.9	5.1	1.4	—
陕西	19.4	17.2	13.6	10.6	7.7	4.2	1.1	—
甘肃	27.5	23.4	18.3	14.5	10.8	6.5	2.5	—
青海	16.4	13.4	10.9	8.1	6.0	2.6	1.2	—
宁夏	16.1	14.4	11.1	8.7	6.5	3.4	1.4	—
新疆	20.0	18.7	15.8	12.8	8.7	5.8	1.7	—

注："—"表示数值较小，统计上不显著。
资料来源：《中国脱贫攻坚统计监测报告（2021）》。

贫困地区覆盖全国 22 个省（自治区、直辖市）、832 个县，户籍人口占全国总户籍人口的 22.1%。2013 年，贫困地区农村居民人均可支配收入为 6079 元；2020 年，上升至 12588 元，增长 107.07%（见表 2－7）。2020 年，贫困地区农村居民人均可支配收入占全国农村居民人均可支配收入的比重为 73.48%，比 2013 年上升 7.0 个百分点。可见，贫困地区农村居民收入与全国农村的差距在不断缩小。

表 2－7　2013—2020 年贫困地区农村居民人均可支配收入变动情况

单位：元

地区	2013 年	2014 年	2015 年	2016 年	2017 年	2018 年	2019 年	2020 年
贫困地区	6079	6852	7653	8452	9377	10371	11567	12588
河北	6150	6886	7575	8382	9331	10393	11684	12712

续表

地区	2013 年	2014 年	2015 年	2016 年	2017 年	2018 年	2019 年	2020 年
山西	4875	5430	6078	6623	7330	8250	9379	10352
内蒙古	6545	7375	8201	9005	9852	10965	12272	13458
吉林	5798	6414	7045	7669	8361	9330	10494	11490
黑龙江	5896	6450	7174	7828	8572	9621	10815	11933
安徽	7009	8062	8952	9890	10931	12078	13485	14763
江西	6053	6830	7759	8643	9602	10635	11767	12877
河南	7070	7983	8865	9735	10789	11911	13252	14366
湖北	6971	7831	8682	9502	10471	11552	12874	13075
湖南	5715	6461	7222	8029	8908	9875	10938	12023
广西	6252	7044	7927	8800	9719	10761	11958	13141
海南	7145	7449	8284	9163	10312	11545	12789	13917
重庆	7131	8044	9120	10244	11273	12470	13832	15019
四川	6282	7091	7966	8799	9759	10837	12127	13240
贵州	5557	6381	7171	7894	8677	9528	10580	11478
云南	5616	6314	7070	7847	8695	9595	10771	11740
西藏	6553	7359	8244	9094	10330	11450	12951	14598
陕西	6162	6963	7692	8424	9297	10267	11421	12491
甘肃	4487	5106	5782	6323	6968	7687	8592	9385
青海	6462	7283	7933	8664	9462	10393	11499	12342
宁夏	5840	6555	7255	7937	8809	9744	10804	11858
新疆	5986	6635	7341	8055	9985	10907	12035	13052

资料来源：《中国脱贫攻坚统计监测报告（2021）》。

2020 年，贫困地区农村居民人均消费支出为 10758 元，比 2013 年增加 5354 元，增长 99.07%。2020 年，贫困地区农村居民人均消费支出占全国农村居民人均消费支出的比重为 78.45%，比 2013 年上升 6.25 个百分点，贫困地区农村居民消费与全国农村的差距逐步缩小（见表 2－8）。

表 2－8　2013—2020 年 22 个贫困地区农村居民人均消费支出变动情况

单位：元

地区	2013 年	2014 年	2015 年	2016 年	2017 年	2018 年	2019 年	2020 年
贫困地区	5404	6007	6656	7331	7998	8956	10011	10758
河北	5767	6210	6738	7171	7846	8913	10053	10534

续表

地区	2013 年	2014 年	2015 年	2016 年	2017 年	2018 年	2019 年	2020 年
山西	4630	5080	5455	5841	6274	7006	8000	8536
内蒙古	6467	7232	7886	8377	9112	10206	11376	12045
吉林	5344	5948	6607	7272	7647	8652	9878	10775
黑龙江	5005	5612	5930	6471	7283	8132	9409	10133
安徽	6375	7159	8227	9178	10092	11210	12797	13732
江西	5443	6035	6763	7330	8074	8984	10254	11299
河南	5296	5845	6529	7157	7782	8669	9572	10412
湖北	6507	7249	7798	8499	9457	10647	12029	12817
湖南	5633	6355	7054	7825	8735	9644	10686	11641
广西	5764	6517	6991	7755	8279	9352	10368	11066
海南	6319	6626	7091	7697	7951	9159	10407	11075
重庆	6442	7345	8170	9119	10098	11058	12145	13158
四川	5527	6100	6903	7757	8746	9652	10760	11660
贵州	5327	5897	6498	7327	7852	8895	9509	9967
云南	4413	4958	5686	6275	6809	7677	8844	9715
西藏	4102	4822	5580	6070	6691	7452	8418	8917
陕西	5840	6406	6934	7615	8200	9250	10033	10531
甘肃	4313	4912	5452	5857	6365	7241	8184	8701
青海	7506	8235	8566	9222	9903	10352	11343	12134
宁夏	5616	6132	7060	7728	8079	8904	9580	10213
新疆	4925	5203	5434	5633	6222	7056	8162	9007

资料来源：《中国脱贫攻坚统计监测报告（2021）》。

（三）连片特困区农村减贫情况

2013—2020 年，我国连片特困区农村贫困人口规模快速下降。2013 年，连片特困区农村贫困人口规模为 4141 万人，到 2019 年下降至 313 万人，减少 3828 万人，下降率为 92.44%。2019 年，连片特困区农村贫困人口规模占全国农村贫困人口规模的比重为 56.81%。2019 年，在 14 个连片特困区中，有 5 个连片特困区农村贫困人口规模高于 30 万人，分别是武陵山区（49 万人）、六盘山区（45 万人）、乌蒙山区（41 万人）、滇黔桂石漠化区（36 万人）、大别山区（32 万人）；有 5 个连片特困区农村贫困人口规模为 10 万~30 万人，分别是滇西边境山区（28 万人）、秦巴山区（27 万人）、南疆四地州（12 万人）、燕山—太行山区（11 万人）、四省藏区（10 万人）；有 4 个连片特困区农村贫困人口规模低于 10 万人，分别是罗霄山区（9 万人）、吕梁山区（5 万人）、大兴安岭南麓山区（4 万人）、西藏（4 万人）。到 2020 年底，连片特困区农村贫困人口全部脱贫（见表 2－9）。

表 2－9　2013—2020 年 14 个连片特困区农村贫困人口规模变动情况

单位：万人

地区	2013 年	2014 年	2015 年	2016 年	2017 年	2018 年	2019 年	2020 年
连片特困区	4141	3518	2875	2182	1540	935	313	—
六盘山区	439	349	280	215	152	96	45	—
秦巴山区	559	444	346	256	172	101	27	—
武陵山区	543	475	379	285	188	111	49	—
乌蒙山区	507	442	373	272	199	124	41	—
滇黔桂石漠化区	574	488	398	312	221	140	36	—
滇西边境山区	274	240	192	152	115	72	28	—
大兴安岭南麓山区	85	74	59	46	35	19	4	—
燕山—太行山区	165	150	122	99	71	40	11	—
吕梁山区	76	67	57	47	29	16	5	—
大别山区	477	392	341	252	173	99	32	—
罗霄山区	149	134	102	73	49	31	9	—
西藏	72	61	48	34	20	13	4	—
四省藏区	117	103	88	68	51	30	10	—
南疆四地州	104	99	90	73	64	42	12	—

注：“—”表示数值较小，统计上不显著。

资料来源：《中国脱贫攻坚统计监测报告（2021）》。

与贫困地区类似，连片特困区农村贫困发生率迅速下降。2013 年，连片特困区农村贫困发生率为 20.0%，到 2019 年下降至 1.5%，下降了 18.5 个百分点，下降幅度高于全国 10.6 个百分点。2019 年，在 14 个连片特困区中，有 6 个连片特困区农村贫困发生率高于连片特困区平均水平，分别是六盘山区（2.6%）、滇西边境山区（2.3%）、乌蒙山区（2.0%）、四省藏区（1.8%）、南疆四地州（1.7%）、武陵山区（1.7%）。到2020年底，连片特困区农村贫困发生率下降至零（见表2－10）。

表2－10　2013—2020年14个连片特困区农村贫困发生率变动情况

地区	2013年（%）	2014年（%）	2015年（%）	2016年（%）	2017年（%）	2018年（%）	2019年（%）	2020年（%）
连片特困区	20.0	17.1	13.9	10.5	7.4	4.5	1.5	—
六盘山区	24.1	19.2	16.2	12.4	8.8	5.6	2.6	—
秦巴山区	19.5	16.4	12.3	9.1	6.1	3.6	1.0	—
武陵山区	18.0	16.9	12.9	9.7	6.4	3.8	1.7	—
乌蒙山区	25.2	21.5	18.5	13.5	9.9	6.2	2.0	—
滇黔桂石漠化区	21.9	18.5	15.1	11.9	8.4	5.3	1.4	—
滇西边境山区	20.5	19.1	15.5	12.2	9.3	5.8	2.3	—
大兴安岭南麓山区	16.6	14.0	11.1	8.7	6.6	3.5	0.7	—
燕山—太行山区	17.9	16.8	13.5	11.0	7.9	4.5	1.2	—
吕梁山区	21.7	19.5	16.4	13.4	8.4	4.6	1.4	—
大别山区	15.2	12.0	10.4	7.6	5.3	3.0	1.0	—
罗霄山区	15.6	14.3	10.4	7.5	5.0	3.2	1.0	—
西藏	28.8	23.7	18.6	13.2	7.9	5.1	1.4	—
四省藏区	27.6	24.2	16.5	12.7	9.5	5.6	1.8	—
南疆四地州	20.0	18.8	15.7	12.7	9.1	5.9	1.7	—

注：“—”表示数值较小，统计上不显著。
资料来源：《中国脱贫攻坚统计监测报告（2021）》。

连片特困区包括14个片区，覆盖全国21个省（自治区、直辖市），行政区划面积389万平方千米，约占全国行政区划总面积的40.5%，户籍人口数24503万人，占全国总人口的17.6%。2020年，连片特困区农村居民人均可支配收入达到12420元，比2013年增加6464元，增长108.53%（见表2－11）。2020年，连片特困区农村居民人均可支配收入占全国农村居民人均可支配收入的比重为72.50%，比2013年上升9.3个百分点。由此可见，连片特困区农村居民收入与全国农村的差距逐渐缩小。

表 2－11　2013—2020 年连片特困区农村居民人均可支配收入变动情况

单位：元

地区	2013 年	2014 年	2015 年	2016 年	2017 年	2018 年	2019 年	2020 年
连片特困区	5956	6724	7525	8348	9264	10260	11443	12420
六盘山区	4930	5616	6371	6915	7593	8429	9370	10222
秦巴山区	6219	7055	7967	8769	9721	10751	11934	12869
武陵山区	6084	6743	7579	8504	9384	10397	11544	12324
乌蒙山区	5238	6114	6992	7994	8776	9650	10684	11593
滇黔桂石漠化区	5907	6640	7485	8212	9109	10073	11262	12339
滇西边境山区	5775	6471	6943	7754	8629	9560	10931	11890
大兴安岭南麓山区	6244	6801	7484	8399	9346	10721	11976	12966
燕山—太行山区	5680	6260	7164	7906	8593	9701	10797	11814
吕梁山区	5259	5589	6317	6884	7782	8890	10229	11474
大别山区	7201	8241	9029	9804	10776	11974	13341	14331
罗霄山区	5987	6776	7700	8579	9598	10637	11746	13107
西藏	6553	7359	8244	9094	10330	11450	12951	14598
四省藏区	4962	5726	6457	7288	8018	9160	10458	11884
南疆四地州	5692	6403	7053	7868	9845	10762	12009	12897

资料来源：《中国脱贫攻坚统计监测报告（2021）》。

2020 年，连片特困区农村居民人均消费支出为 10620 元，比 2013 年增加 5293 元，增长 99.36%（见表 2－12）。2020 年，连片特困区农村居民人均消费支出占全国农村人均消费支出的比重为 77.44%，比 2013 年上升 6.3 个百分点。分析可知，连片特困区农村居民消费支出与全国农村的差距也在逐步缩小。

表 2－12　2013—2020 年 14 个连片特困区农村居民人均消费支出变动情况

单位：元

地区	2013 年	2014 年	2015 年	2016 年	2017 年	2018 年	2019 年	2020 年
连片特困区	5327	5898	6573	7273	7915	8854	9898	10620
六盘山区	4677	5362	5875	6395	6884	7623	8446	9016
秦巴山区	5739	6229	7057	7678	8450	9421	10568	11293
武陵山区	5701	6353	6994	7832	8721	10192	11079	11910

续表

地区	2013年	2014年	2015年	2016年	2017年	2018年	2019年	2020年
乌蒙山区	4718	5298	6077	6795	7659	8053	8987	9784
滇黔桂石漠化区	5186	5788	6508	7284	7730	8712	9657	10435
滇西边境山区	4547	5131	5848	6385	6706	7844	8936	9561
大兴安岭南麓山区	5191	5958	6373	7208	7492	8396	10096	10747
燕山—太行山区	5895	6181	6538	6875	7572	8540	9696	9810
吕梁山区	5537	5315	5800	6178	6637	7528	8401	8993
大别山区	6107	6799	7631	8518	9309	10169	11393	12212
罗霄山区	5510	6140	6909	7642	8470	9087	10123	11047
西藏	4102	4822	5580	6070	6691	7452	8418	8917
四省藏区	4691	5010	5437	6186	6586	8246	9309	10385
南疆四地州	4803	5033	5207	5512	5999	6942	8138	8853

资料来源：《中国脱贫攻坚统计监测报告（2021）》。

三、我国农村减贫的经验

（一）经济高速增长带动农村减贫——市场力量

在计划经济时期，由于体制机制的束缚，资源要素无法得到有效配置，激励作用不能得到充分发挥，造成经济增长缓慢，农村存在大量贫困人口，人民生活水平普遍较低。改革开放后，国家实施了自下而上和自上而下的经济体制改革，打破了原有体制机制的束缚，实施按劳分配原则，大大激发了劳动者生产和经营的积极性，促进了我国经济持续高速增长。改革促进经济高速增长带动了农村减贫。一方面，由于提高了农村生产效率，农民农业经营收入水平提高；另一方面，由于农村剩余劳动力转移，农民非农收入水平提高。农村居民家庭收入结构和收入水平因经济快速发展得到极大改善和提高，从而带动了农村减贫。我国是农业大国，由于农业生产效率、水平低，加之城乡二元经济结构特征，农业劳动力数量明显高于实际需要量，农村剩余劳动力大量存在。原有集体生产和平均分配的体制导致农业生产缺乏效率，这成为当时农村贫困的主要原因之一。党的十一届三中全会召开后，由于体制机制的转变，我国农业生产水平大幅提高，农民生产生活水平明显改善，广大农村的极端贫困迅速得到缓解。据统计，1971—1977 年，我国农村居民消费水平几乎保持不变，但 1977—1985 年，我国农村居民消费水平大幅提高，同时，农村恩格尔系数持续快速下降，由 1978 年的 67.7%下降到 1985 年的 57.8%，农村贫困发生率从 1978 年的 97.5%迅速下降到 1985 年的 78.3%，农村普遍贫困状况得到极大改善。1984 年，国家逐步放宽了农民进城务工的限制。1992 年，社会主义市场经济体制确立后，国家鼓励农村剩余劳动力向城市转移流动。2001 年，我国正式加入 WTO，城乡二元经济结构被彻底打破，大量农村剩余劳动力向城市转移，一方面，农民务工收入显著增加；另一方面，大量剩余劳动力转移到非农领域就业，促进了农业生产效率的提高，增加了农民的整体收入。

从经济社会发展规律来看，当一国处于经济发展的起飞阶段，经济快速发展必然带动该国居民收入显著提高，贫困人口规模也随之大幅度下降，学术界把这类减贫称为经济发展的“涓滴效益”，换言之，多数人因搭上了经济发展的“便车”成功摆脱了贫困。我国真正意义上的减贫是从改革开放开始的。首先，中央在全国推行家庭联产承包责任制改革，遵循“多劳多得、少劳少得、不劳不得”的原则，大大促进了农业的发展，农民收入和生活水平得到明显提高和改善。此后，改革扩大到城市，我国工业化进程进一步加快，农民收入来源朝着多元化方向发展，非农收入水平显著上升，部分农村贫困人口脱离贫困。可以说，1978—1993 年，我国农村减贫主要是通过实施体制机制改革有效促进国民经济快速发展实现的，在此期间，国家还没有形成完整的扶贫体系，财政上也并没有投入大量的扶贫资金，有限的扶贫行为仅针对贫困地区的经济发展，没有专门针对贫困人口制定明确的扶贫政策。也就是说，在此阶段，政府制定刺激经济发展的政策，通过“涓滴效应”带动贫困人口脱贫增收。

（二）政府强有力参与扶贫开发推动农村减贫——政府力量

以经济快速发展带动减贫虽有成效但也有弊端，主要表现为弱势群体的贫困问题不能得到有效解决。东南沿海地区凭借区位优势及国家政策优势在商品经济和市场经济的推动下取得了良好的减贫效果，但中西部地区，特别是“老少边穷”地区的弱势群体仅凭市场力量不能脱贫，需要政府进行强有力的干预，通过国家实施强有力的转移支付等形式帮助贫困地区及贫困人口摆脱贫困，以弥补市场减贫的不足，这不仅具有较强的经济意义，而且具有十分重要的社会意义和政治意义。纵观我国扶贫发展历史进程，大概有如下特点。

1. 从“普遍扶贫”向“精准扶贫”转变

改革开放以来，我国扶贫经历了整体扶贫、贫困县扶贫、贫困村扶贫、贫困人口扶贫 4 个阶段。上述 4 个阶段体现了我国扶贫对象和范围从面到点、从大到小的发展趋势，也体现了我国政府根据贫困发生的实际情况和经济社会发展水平的变化，适时调整扶贫政策的作风。改革开放之初，国家主要通过体制机制改革提高粮食产量和农民收入，使农村的整体性贫困得到根本扭转。随后，国家开始把扶贫对象定为县级单位，并进行总体谋划和系统推进。在系统推进的过程中，国家进一步把扶贫对象定为贫困村，实施整村推进。党的十八大后，考虑到传统的扶贫方式效果不明显，中央开始实施精准扶贫政策，建档立卡、因户施策，彻底解决农村贫困人口脱贫问题。

2. 从“输血式”扶贫向“造血式”扶贫转变

中华人民共和国成立后，确定了走工业化发展的道路。由于家底薄，国家需要牺牲农业优先发展工业，通过工农价格剪刀差将农业剩余源源不断地输送给工业，农村经济长期发展缓慢，农村整体贫困现象突出，在此背景下，国家只能用有限的财政收入对农村极度贫困群体实施救济式扶贫，确保其基本生活需要。改革开放后，随着国家一系列经济体制改革的推行，农村和城市经济快速发展，此时，国家制定并实施了相应的扶贫开发政策支持农民大力发展种养殖业、农产品加工业，带动了大量贫困户脱贫增收。1992 年，我国正式建立市场经济体制，我国工业化、城市化加快推进，农村剩余劳动力逐步向城市转移，农民就业渠道日趋多元化，非农收入显著上升。2001 年，我国加入了 WTO，随后推出了建设社会主义新农村、推进城乡一体化、促进城乡融合发展，以及乡村振兴等战略，并在不同阶段实施相应的扶贫开发计划，支持农业产业化龙头企业和农业专业合作社大力发展农业产业，将贫困农户纳入农业产业化体系，促进贫困农户脱贫增收。

3. 从“单一”扶贫向“多元”扶贫转变

从中华人民共和国成立到改革开放，由于行业力量和社会力量薄弱，我国扶贫主要通过政府专项扶贫方式来实现，这种单一的扶贫方式在减贫中发挥了一定作用，但效果不明显。改革开放后，随着社会和行业的快速发展，在政府专项扶贫的带动下，社会扶贫与行业扶贫也纷纷加入扶贫体系，形成了全社会总动员“三位一体”的大扶贫格局。党的十八大以来，中央坚持把“三农”问题作为全党工作的重中之重，举全国之力实施精准扶贫战略，从中央到地方“五级书记”抓扶贫，要求国家、省、市、县制定脱贫攻坚规划，确立扶贫项目清单，配套专项资金支持，并制定严格考核体系确保任务完成。此外，国家还制定了东西方对口支援、政府机构及国有企事业单位定点支持、扶贫工作队驻村帮扶等政策措施。国家财政扶贫资金的投入起到了“四两拨千斤”的作用，社会和民间资本也纷纷投入扶贫领域，共同推动了我国减贫事业取得显著成效。

（三）微观主体推动农村减贫——农户力量

贫困农户是农村减贫的微观主体，其自身作用发挥好不好会直接影响我国农村减贫的成效。

1. 从“集体生产”向“家庭承包”转变促进了农户收入提高

农村实行家庭联产承包责任制，消除了原有集体生产、平均分配的弊端。包产到户后，农户以家庭为单位进行生产，按照“交足国家的、留足集体的、剩下都是自己的”方针，体现“多劳多得、少劳少得、不劳不得”的收入分配原则。在此生产体制与分配原则的调动下，农户的劳动积极性空前高涨，农业生产和经营的效率大大提高，农户家庭农业经营收入大幅度增长。

2. 从“单一就业”向“多元就业”转变促进了农户收入快速上升

从20世纪80年代开始，我国农村第三产业发展迅猛，农民非农收入显著增加。据统计，1980 年在乡镇企业就业的农村劳动力为 3000 万人，1993 年达到 1.2 亿人。与此相对应，农民从乡镇企业获取的劳动报酬占农民总收入比重从 1980 年的约 5% 上升至 1993 年的约 34%。20 世纪 90 年代后，特别是 2000 年后，随着工业化和城镇化的快速推进，农村剩余劳动力快速向城市转移。据统计，2008—2017 年，我国农民工数量从 2.25 亿人上升至 2.86 亿人，这表明我国农村剩余劳动力转向城市就业增长态势明显。随着大量农村剩余劳动力向城市转移就业，农户收入结构得到优化，收入水平得到极大提升。

第二节　我国农村减贫面临的困境及原因分析

我国农村减贫面临的困境主要表现为：贫困识别出现偏差、扶贫政策产生“悬崖效应”、农村减贫面临新的挑战等。制约因素主要有经济与文化双重制约、政策主体面临双重压力、公共物品供给“不平衡”与利益联结机制“不健全”并存、保障性扶贫措施不到位等。

一、我国农村减贫面临的困境

（一）贫困识别出现偏差

贫困对象精准识别是实现农村减贫的前提和基础，但在实际操作过程中还存在以下问题：一是贫困户指标分配不科学。按照精准扶贫政策要求，贫困瞄准应以农户实际贫困程度为依据，但现行贫困瞄准只是根据国家贫困监测统计信息将贫困户指标数量按照重点贫困村和非重点贫困村分解到村，通常贫困户指标大量向重点贫困村倾斜，而非重点贫困村贫困户指标有限。由于重点贫困村贫困户名额较多，家庭条件较好的农户也能评上贫困户，而非重点贫困村贫困户名额较少，家庭条件较差的农户却评不上贫困户。二是贫困识别缺乏客观依据。村两委根据分配的指标将全村所有农户家庭按照贫困程度高低排序并筛选，直至指标用完为止。由于农户家庭缺乏明确的收入证明材料，只能通过入户调查和民主评议识别贫困户，在农村人情社会中，入户调查和民主评议很容易变成“走过场”，极易产生“道德风险”。由于存在“数量指标控制”现象，很多贫困边缘户未被列为建档立卡贫困户。

（二）扶贫政策产生“悬崖效应”

在当前扶贫政策体系框架下，只有被评为贫困村和建档立卡贫困户才能享受国家扶贫政策的帮助与支持。调研发现，评上贫困村的村庄能够得到国家更多的扶贫项目和扶贫资金，如道路建设、农田水利建设、村级公共娱乐设施建设、易地扶贫搬迁等，而未评上贫困村的村庄则只能获得道路建设项目扶持。评上贫困户的农户可以获取国家产业扶贫、教育扶贫、医疗扶贫、易地扶贫搬迁等倾斜支持，未评上贫困户的农户则只能获取常规政策支持。以医疗扶贫政策为例，当前，在执行城乡居民基本医疗保障政策的基础上，为顺利完成精准脱贫任务，国家医保局、财政部、国务院扶贫办于 2018 年 9 月联合制定了《医疗保障扶贫三年行动实施方案（2018—2020 年）》，针对贫困户进一步明确细化扶贫政策，旨在提高贫困户医疗保障水平，防范和化解贫困户因病致贫、因病返贫。2018 年 10 月，湖北省人民政府办公厅印发了《关于完善农村贫困人口基本医疗有保障有关政策的通知》，对贫困人口医疗保险政策设计、政策执行、财政资金投入、医疗过程管控等方面进行了详细规定。

以湖北省为例，贫困边缘户与贫困户“待遇悬崖”主要表现：在财政保费补贴方面，2018 年，贫困户财政保费补贴为 610 元/人年，贫困边缘户为 490 元/人年，二者相差 120 元/人年；在个人缴费方面，贫困户个人缴费为 100 元/人年，贫困边缘户为 220 元/人年；在大病保险起付线方面，贫困户为 5000 元，贫困边缘户为 12000 元，相差 7000 元；在住院报销比例方面，贫困户医疗费用报销比例为 90%，贫困边缘户在县内住院，医疗费用报销比例为 85%；在大病保险报销比例方面，贫困户大病治疗费用在 0. 5 万~3 万元报销比例为 60%、3 万~10 万元报销比例为 70%、10 万元以上报销比例为 80%，贫困边缘户大病治疗费用在 1. 2 万~3 万元报销比例为 55%、3 万~10 万元报销比例为 65%、10 万元以上报销比例为 75%；在大病保险封顶线方面，对贫困户取消了大病保险封顶线，对贫困边缘户仍然设置封顶线；在年度个人负担医疗费用方面，贫困户为5000元以内，贫困边缘户无此待遇；在家庭签约医生方面，贫困户有家庭签约医生，贫困边缘户没有；在“先诊疗后付费”政策方面，贫困户享受“先诊疗后付费”政策，贫困边缘户不能享受。由此可见，倾斜性扶贫政策重点关注贫困户，忽视了贫困边缘户，从而形成了“悬崖效应”。

（三）农村减贫面临新的挑战

党的十八大以来，我国农村减贫事业取得了显著成效，但面临的挑战依然严峻，主要表现：一是减贫的“涓滴效应”逐渐下降。当一个国家经济发展到一定阶段时，农村人口的致贫原因也相应发生了变化，农户脱贫后，农村低收入群体由于自身原因无法适应经济发展形势，仍面临返贫风险。因此，通过发展产业带动经济发展和推进低收入群体增收已经行不通。二是恶劣自然条件的挑战。目前，脱贫地区大多处于边缘山区，地形复杂，气候条件恶劣，自然灾害频发。恶劣的自然条件不仅会严重影响脱贫地区居民的生存质量，而且会影响其基础条件的改善。例如，无法实施安全饮用水提升工程、村村不通公路、行政村不通宽带等。由于自然环境的制约，农民生计受到影响，部分地区农村凋敝，减贫难度大。三是低收入群体多面临因病致（返）贫和因灾致（返）贫的挑战。政府救助、直接补贴等转移支付方式带来的减贫效果是有限的。由于传统扶贫政策多为“输血式”，容易产生“等、靠、要”问题，农户内生动力不足。此外，对社会保障的重视不够，保障水平低、覆盖范围不广，城乡、区域及群体之间差距较大，不利于阻断贫困的代际传递，返贫风险依然突出。

二、我国农村减贫的制约因素

（一）经济与文化双重制约

由前文分析可知，深度贫困地区经济极端落后，贫困人口收入微薄，只能满足基本生活需求，更高层次需求根本无法得到满足。较发达地区而言，贫困地区产业结构单一，就业渠道有限，无力将本地资源优势转化为经济优势。因此，突破贫困人口收入“瓶颈”，探索增加贫困人口收入的体制机制及路径措施，客观上需要进行扶贫创新。从文化层面来看，很多贫困人口存在“懒、散、慢”“等、靠、要”等问题。由于深度贫困地区大多处于边远山区，长期与现代经济社会脱节，一直延续着较为原始简单的生产生活方式，对其开展扶贫宣传教育是一个长期的过程。

（二）政策主体面临双重压力

政策主体涉及政策执行者和扶贫对象，其中，政策执行者包括政府及社会各界，在所有政策执行者中，基层官员责任最大。目前，我国减贫战略采取的是自上而下的扶贫体制，且要求层层签订责任状，最终导致各项扶贫任务和指标落到基层官员身上，且任务及指标完成情况与基层官员职务晋升挂钩。因此，在减贫任务无法完成的情况下，基层官员会“选择性执行”或“变相执行”扶贫政策，通过“数字脱贫”“虚假脱贫”来应对上级部门的检查。此外，村干部作为政策执行的最末端，具有村民和政府兼职人员的双重角色，在政策执行过程中普遍存在矛盾心理，即按照要求必须完成任务，但面对繁重的任务发挥主观能动性的动力不足。扶贫对象由于能力欠缺，只能留守在日益“空心化”的农村社区。作为社会中的“弱势群体”，他们文化程度低、缺少资金、劳动技能不够、社会网络关系不足，因此在申请扶贫项目时很容易被排斥在外，失去稳定增收的机会。

（三）公共物品供给“不平衡”与利益联结机制“不健全”并存

在减贫实施过程中，尽管政府在人力、物力、财力方面大量投入，但仍存在诸多问题。主要表现：一是公共物品供给不平衡。较其他地区而言，深度贫困地区在非竞争性公共物品供给方面存在严重不足，这是导致深度贫困地区存在多维贫困的重要因素；在福利资源分配方面，相较其他地区，深度贫困地区群体之间福利差异较大；在非竞争性公共物品方面，弱势群体付出的成本较高，因此其收入水平大大降低。二是利益联结机制不健全。在产业扶贫中，通常采用“龙头企业＋合作社＋基地＋农户”的产业扶贫模式，政府通过对龙头企业提供资金支持或税收优惠，实现带动农户脱贫增收的目的，但实际情况是，龙头企业订单覆盖面有限，且多数订单较为零散，龙头企业与农户利益联结不强，多数合同仅限于口头约定，导致订单合约履行率不高；大部分龙头企业为农户提供的社会化服务有限，少数龙头企业给农户的土地流转租金不高，带动农民就业较少且开出的工资偏低，给出股金分红的则更少。由于政府监管缺失，在市场机制下，扶贫利益为龙头企业所得，农户仍处于不利地位。

（四）保障性扶贫措施不到位

保障性扶贫措施不到位的主要表现：一是农户缺乏相应保障性措施作为支撑。贫困地区位置偏远，自然条件恶劣，经济基础薄弱，抗风险能力不强，地方财政实力有限，仅靠地方政府扶贫不足以抵抗自然风险和市场风险冲击，解决贫困问题的难度较大。二是保险政策措施对低收入群体支持有限。以基本医疗保险为例，政府为低收入群体代缴保险费，且医疗报销比例相应提高，但部分检查项目及特殊药品不在报销范围内，导致医疗费用偏高。另外，还有相当一部分农户没有参保，一旦其家庭成员患上重大疾病，极易返贫。以农业保险政策为例，由于灾害勘查定损手续繁杂，赔付率不高，多数农户不愿意参保。由于农业生产具有不确定性，其所面临的自然灾害和市场波动冲击极易导致农业收入不稳定，农户也易陷入贫困状态。以养老保险为例，目前，农村多数青壮年不愿意缴纳养老保险，这不但会影响养老金的可持续性，而且会造成潜在的老年贫困。三是保险政策措施执行出现偏差。例如，扶贫对象识别不精准，产生错报、漏保等问题，造成扶贫资源分配不合理，群众产生不满。一些地方偏离扶贫政策规定随意发放扶贫资金，导致本该扶持的项目无法得到有效落实，同时助长了农户“等、靠、要”的风气。

第三节 保险扶贫政策是促进农村减贫的有效途径

由于保险扶贫政策主要针对低收入群体，可进一步提高财政保费补贴、提高补偿和给付标准，这有助于增强其抗风险能力和提高其收入水平，最终改善其生活水平。

一、保险扶贫政策服务农村减贫的必要性

近年来，政府相继出台了一系列有关保险政策的意见，包括农业保险、医疗保险等。根据保险相关理论分析保险扶贫政策服务农村减贫的必要性是保险扶贫政策服务农村减贫的前提条件。

（一）保险扶贫政策助力农村减贫符合现实需要

2020 年，现行标准下的农村贫困人口已全部脱贫。因此，扶贫政策应由普惠式扶贫向特惠式扶贫转变，重点针对低收入群体实施倾斜性政策。其中，保险作为金融支持的重要组成部分和支持手段，在服务“三农”的过程中发挥着重要作用，尤其是农业保险和医疗保险作为分散风险的重要工具，为农户减贫增收、保障健康提供了坚实的保障。就农业保险而言，目前，我国农业保险规模位居全球第二，主要农作物农业保险发展迅猛，其中，水稻、小麦、玉米等粮食作物农业保险覆盖率已超过 70%。2018 年，农业保险保费收入为 572.65 亿元，增幅约 20%。农业保险的快速发展不仅促进了农业农村经济的发展，而且在农户增收方面发挥了重要作用。就医疗保险而言，截至 2018 年底，我国农村居民医疗保险参合率达到 100%，直接医疗救助人次及救助支出也稳步上升。医疗保险的全覆盖让贫困农户看病难、看病贵的问题得到了有效解决。

（二）供给侧结构性改革要求保险扶贫政策服务农村减贫

供给侧结构性改革是研究保险扶贫政策服务农村减贫必要性的重要一环。就农业保险扶贫而言，不同类型（打工型、兼业型、专业型等）的农

户对农业保险扶贫政策的要求不同，客观上需要创新农业保险形式，以满足多样化农业保险市场的需求，提高农业保险应对灾害风险及经济风险的能力，促进农村减贫战略的实施。目前，我国农业保险产品供需不匹配是制约农业保险发展的重要因素。从事产业不同、经营性收入占家庭收入比重不同的农户对农业保险需求存在明显差异。因此，建立针对不同农业生产经营主体的多样化农业保险产品体系尤为必要，对保障程度不同的农业保险产品可以给予差异化保费补贴，如可以给予经营规模较小的农户更高比例保费补贴，给予经营规模较大的农户相对较低的补贴和更高保障水平。此外，对相同经营规模农户也要根据不同风险偏好设计不同保障水平和保费补贴比例相结合的农业保险组合产品。对风险规避型农户，可以让农户承担较高保费，享受较高农业保险保障水平；对风险偏好型农户，可以给予较高保费补贴，享受较低农业保险保障水平。各种不同的保障水平与保费补贴比例的组合可以为农户提供丰富的保险方案。上述建议可以确保在不增加财政负担的情况下，不同农业经营主体可以根据自身风险承受能力和经济实力选择满意的农业保险服务。

（三）保险扶贫政策服务农村减贫具有独特优势

保险扶贫政策是国家支持政策体系中的重要支柱。减贫的深入推进对保险扶贫政策提出了更高要求。目前，保险扶贫政策服务农村减贫的优势可以概括为 3 个方面：一是降低贫困发生率。制定并实施保险扶贫政策，一方面能够有效降低农户的收入波动，防止返贫，降低贫困发生率；另一方面对农户实施差异化政策，可以进行国民收入再分配，促进社会公平。二是促进农业生产。可扶持农户发展产业，帮助农户增强应对各种风险冲击的能力。实施农业保险扶贫政策可以有效降低农户农业经营成本，充分发挥灾后赔付的风险保障功效，促进农户扩大农业再生产。由此可见，农业保险扶贫政策是推动产业扶贫的重要手段。三是增加融资方式。保险扶贫作为金融扶贫的重要组成部分，可以直接为农户提供融资保障。例如，因农业保险扶贫政策能够有效确保农户生产收益的稳定性，金融机构为农户提供融资贷款的积极性大幅增强，可以解决农户在生产中面临的资金问题。

二、保险扶贫政策服务农村减贫的制度创新

在当前背景下，原有保险政策已越来越不适应形势发展的需要，所以必须进行创新。可以通过制度创新，发挥保险扶贫政策在农村减贫事业中的独特优势，而准确把握保险扶贫政策服务农村减贫事业的制度创新理论非常重要。保险扶贫政策的制度创新在农村减贫过程中是不可或缺的，越是到了攻坚克难的时期，越是需要进行制度创新。制度创新是在原有制度结构的基础上，通过不断优化要素组合创造出新的制度结构的过程。

（一）管理制度创新

保险扶贫政策管理指对有限扶贫资源进行合理配置，使保险达到精准扶贫效益最大化目标。为优化农村减贫效果，进行管理制度创新势在必行，其中，加强农业保险扶贫政策管理创新是当前保险扶贫领域需要研究的关键问题。保险扶贫政策的制度创新可以从产品管理、技术管理、服务管理等方面进行。

1. 产品管理创新

以农业保险为例，产品管理创新主要体现：一是保险标的管理创新。按照保险标的可以将农产品分为种植业产品、养殖业产品和林业产品，政府针对不同类型农产品为农户提供不同比例的财政保费补贴或赔付标准。二是保险险种管理创新。由于农业生产主要面临自然风险和市场风险两大类风险，农业保险险种可以分为成本保险、天气指数保险、产量保险、收入保险、目标价格保险等。三是保险产品区域化管理创新。不同地区自然环境各异，风险类型和受灾程度不同，因此，针对不同区域制定差异化的保险产品尤为重要。

2. 技术管理创新

保险扶贫政策的技术管理创新是提高保险扶贫政策经营管理水平的重要方面。保险扶贫政策技术管理创新的重点是加强科技在保费率测算、保费补贴的科学设定、农业保险定损理赔、疾病诊断治疗等方面的应用。技术管理创新主要表现：一是保险精算技术管理创新。要解决农业保险需

求问题，需要利用保险精算技术为不同风险程度的农户厘定合理的保险费率、实施灵活的保费支付方式、选择合理的收费频次和时机及确定有效的保险补偿机制等。二是高科技管理创新。利用遥感测绘技术和无人机技术，发挥其在承保验标和理赔定损方面的作用，提高勘察定损的效率；推广远程定损系统。三是医疗技术管理创新。医疗技术管理包括提高医院设备检测和诊断技术水平、提升医生自身技能水平、提高国产药品质量水平等。通过提高医疗技术管理水平，为病人提供优质高效的医疗服务。

3. 服务管理创新

服务管理创新在保险扶贫政策服务农村减贫中占据重要地位。要增强保险扶贫政策在农村减贫中的作用，加强服务管理创新至关重要。服务管理创新主要表现：一是服务手段创新。保险服务人员要针对农户的需求特点进行研究，为农户设计个性化保险产品，提供最优保险方案。二是服务方式创新。政府不仅要为农户提供保费补贴，而且要为保险公司提供经营性补贴，确保保险公司和农户都有积极性参与保险扶贫。三是提高服务质量。保险公司要加强公司管理，提高运行效率，开展一站式服务，确保服务高效优质。

（二）财政机制创新

财政是国家干预经济的重要手段，财政机制由财政分配方式和财政组织形式等构成。

1. 财政分配方式创新

财政分配方式创新主要体现在：一是财政保费补贴方式创新。财政保费补贴方式创新包含 3 个方面。第一，保费补贴条款制定。政府在制定保费补贴条款时，主要考虑各地情况，为农户的农业保险及医疗保险制定相应的支持政策。第二，保费补贴比例设定。在农户保费补贴比例设定上，各地政府根据财力大小确定相应财政保费补贴比例。第三，保费补贴对象选定。根据农户类型制定相应的补贴标准，确保保险扶贫取得较好效果。二是税收创新。由于农业保险具有准公共产品性质，政府需对其进行强有力的支持才能确保农业保险持续运行。从参与主体来看，除了保险公司，还有产业化龙头企业、专业合作社、种养殖大户、家庭农场等市场主体，这些都要纳入政府财政补贴范畴，免收营业税和印花税。应针对区域和产品类别采取差别化的保险税率。

2. 财政组织形式创新

财政组织形式创新体现在中央与地方对实施保险扶贫政策权限与责任的划分上。其中，中央政府的责任主要集中在财政转移支付上。例如，在财政保费补贴比例上，中央财政可按照经济发达程度、地方财政实力等情况对各地实施不同保费补贴比例支持，重点针对不同类型的农户实施差异化的保费补贴制度。地方政府责任主要体现在省级和市县级政府上，其中，省级政府应该对保险扶贫政策承担主要责任，市县级政府则承担次要责任。地方政府在保险扶贫当中起基础性作用，包括承担保费补贴及经营性补贴、加强乡镇保险办公室网点建设、增强乡镇保险人员队伍建设。只有地方政府承担了相应责任，中央政府才能承担起相应的配套责任。

（三）风险管理机制创新

风险管理是采取相应手段将风险降到最低程度的管理活动。

1. 价格风险管理创新

价格风险是农业市场风险的重要组成部分，农产品价格波动会导致农户收益不稳定，极易使农户陷入贫困。因此，对农产品价格风险进行管理至关重要。价格风险管理创新包括目标价格保险和收入保险。其中，目标价格保险是以农产品价格为标的，当市场价格大幅波动导致农产品市场价格低于目标价格时，保险公司对投保人的价格损失给予补偿。鉴于我国农产品价格形成机制还不够健全，农产品价格频繁波动所引发的市场风险已成为制约农业可持续发展的重要因素，构建农产品价格保险已刻不容缓。收入保险以农户收入为标的，当农产品价格、产量波动等导致农户整体收入水平低于常年，保险公司根据约定的保障水平对损失部分进行赔付，充分化解了自然灾害、市场价格波动等风险。收入保险降低了农户返贫的概率，对农村减贫目标的实现发挥了重要作用。

2. 气象风险管理创新

在农业自然风险中，气象灾害影响最大。气象风险管理创新以气象指数保险最具代表性。2007 年，上海推出西甜瓜梅雨天气强度指数保险，成为中国最早开展天气指数保险试点的区域；2011 年，江西推出南丰蜜橘低温冻害指数保险；2014 年，黑龙江推出农作物种植霜冻、洪涝、干旱等气象指数保险；2015 年，海南推出橡胶树风灾指数保险，新疆推出棉花低温气象指数保险。截至 2018 年 12 月，中国有天气指数保险试点产品 40 多种，涉及 10 多个地区。实践证明，气象指数保险对农业风险管理意义重大。由于气象指数保险标准化程度较高，降低了保险纠纷发生概率，促进了农村减贫，深受农户欢迎。

3. 巨灾风险管理创新

通常情况下，巨灾的破坏力极强，会造成巨大的经济财产损失，包括直接经济损失和间接经济损失。因此，进行巨灾风险管理创新意义重大。巨灾风险管理创新以巨灾债券产品为代表。巨灾债券产品具有 3 个方面的特征：一是抗风险能力强。巨灾债券可有效提高承保能力，避免保险公司遭受巨额赔偿损失的打击。二是拓宽融资渠道。发行巨灾债券意味着将资本市场的资金拓展到农业保险市场。三是有效移植风险。通过与资本市场对接，将巨额风险损失移植到资本市场，增强抗击风险冲击能力，规避了传统农业风险的单一管理方式，提高了巨灾风险管理水平。因此，巨灾债券有效提高了农户农业生产的积极性，使农村减贫目标更易实现。

三、保险扶贫政策服务农村减贫的思路

（一）强化对实施保险扶贫政策重要性的认识

针对新情况和新问题，各级政府应当充分认识实施保险扶贫政策的重要性和紧迫性。首先，实施保险扶贫政策有助于推动农业生产。农业是弱质产业，离不开包括农业保险在内的各项政策的支持。实施农业保险扶贫政策能够有效规避农业面临的自然风险和市场风险，确保农业生产效益。

其次，实施保险扶贫政策有助于增加农民收入。农民是否有积极性从事农业生产，关键看其农业经营收入是否能得到保障。实施保险扶贫政策能确保农户在农业生产过程中无论遭遇何种风险冲击，收入都能稳定增长。最后，实施保险扶贫政策有助于稳定脱贫。低收入农户家庭经济基础薄弱，抗风险能力不强，因此应实施倾斜性保险扶贫政策，如降低农业保费支出、提高灾害损失赔付率，将农户面临的农业风险降至最低，确保其稳定脱贫。

（二）实施好现有保险扶贫政策措施，使之制度化、长效化

尽管各级政府针对低收入农户制定了保险扶贫政策措施，但在执行过程中，很多都偏离了政策制定的初衷，导致农户本该享受的政策福利并没有落实到位。究其原因，主要是现有保险扶贫政策并没有做到制度化和长期化，一些基层干部的急功近利思想和短期化行为严重干扰了政策的有效落实。因此，要进一步强化政策执行的制度约束、过程监管及绩效评估考核。例如，在农业保险方面，在现有保费补贴不变的情况下，要进一步提高农户保障水平；在医疗保险方面，低收入农户医疗报销费用只要在政策范围内，要应报尽报，杜绝各种人为因素的干扰和限制。

（三）开发多样化的保险扶贫产品，强化风险预防

由于会对农户产生影响的自然灾害种类较多，且不同类型自然灾害的影响程度不同，因此，政府和保险公司可根据自然灾害类型确定相应的保险产品，并制定详细方案和操作流程。考虑到农户不仅会遭受自然风险，而且会面临市场风险冲击，因此，政府和保险公司可制定目标价格保险或收入保险，确保农户无论遇到何种市场风险冲击收入均能稳定。另外，考虑到各地面临的自然风险和市场风险具有较大差异性，各地可结合自身实际情况制定具有本地特色的保险扶贫产品，避免“一刀切”。

第三章

我国保险制度的演变历程及特征分析

本章分别对农业保险制度、农村医疗保险制度和农村养老保险制度的演变历程进行了系统梳理，并揭示了这三类保险制度变革的基本特征。

第一节　农业保险制度的演变历程及特征分析

我国农业保险制度的演变经历了4个阶段：政府经营农业保险阶段、政府与保险公司共同经营农业保险阶段、保险公司独立经营农业保险阶段及政府主导下多方共同经营农业保险阶段。主要特征：政府职能的回归、强有力的政策支持、农业保险从跌宕起伏到趋于稳定、农业保险产品日渐丰富、农业保险市场逐步放开、农业保险支持的力度和范围日益加强和扩大、农业保险制度由“普惠性”向“倾斜性”转变。

一、农业保险制度的演变历程

中华人民共和国成立以来，我国政策性农业保险制度几经变革，概括起来大概经历了4个阶段。

（一）政府经营农业保险阶段（1949—1981年）：从开办到停办

中华人民共和国成立后，我国陆续进行了土地改革及一系列社会主义改造，农业生产在全国范围内快速发展。与此相对应，中央政府制定了一系列农业保险制度及举措。1949年10月20日，中国人民保险公司正式成立并开办农业保险业务。此后，全国多地陆续开办了牲畜险，承保对象主要有牛、马、骡、驴、骆驼5种牲畜，采取个人投保与集体投保相结合，以集体投保为主的模式；此后又开办了农作物险，主要针对经济作物。中华人民共和国成立后，仅两年时间，全国有近10个地区开办了棉花、小麦、水稻、甘蔗、烟草、葡萄等农作物险，有效推动了农业保险的快速发展。

这一时期，农业保险名义上采取自愿投保形式，实则是政府强制推行。其脱离实际，再加上工作方式方法简单，导致农业保险不可持续。例如，在牲畜保险方面，由于保险顶层设计不合理，投保户可以不受约束任意投保，甚至给一些不符合要求的牲畜投保，导致保险公司出现亏损。据统计，这一时期综合防灾补助费和其他各种开支，保险公司实际赔款率在80%以上。1953年3月，鉴于我国农村经济力量较弱、生产技术水平较低、农民投保意识不强等，中国人民保险公司决定在全国范围内终止农业保险业务。随着全国范围内农业合作社成立步伐的加快，国家逐步掌握了农村土地集体产权，生产什么、生产多少、如何分配均由国家决定；农民失去了土地资源产权的责任主体、权力主体和利益主体的身份，被迫由公社或生产队统一指挥、统一调配和统一使用，农民对私有财产乃至自身劳动力的产权被否定。在此背景下，我国农业保险业务缺乏有效的体制机制支撑，1958年，随着人民公社化运动的全面展开，我国农业保险业务全面终止。

（二）政府与保险公司共同经营农业保险阶段（1982—1992年）：缓慢复苏

改革开放后，随着农村家庭联产承包责任制改革的深入推进，农民的生产积极性日渐高涨。但由于家庭联产承包责任制实施过程中，农民自主经营和自负盈亏，必须面临自然风险和市场风险带来的冲击，若国家和保险公司不能帮助农户有效规避风险，势必会影响农业生产和农民收入稳定，进而对我国家庭联产承包责任制改革造成严重制约。因此，农业保险又被提上议事日程。1982年，中共中央、国务院印发通知，要求各地充分论证，适时恢复农业保险业务，满足农户的农业保险需求。在国家的大力推动下，各地农业保险机构相继成立并开办相关业务，经营范围包括种植业和养殖业。1982—1992年，我国农业保费收入呈快速增长态势，赔付率也处于较高水平。在此阶段，国家对农业及农业保险行业依然没有太多的政策支持，最终导致保险公司“大干大赔、小干小赔”的局面。1982年，农业保险赔付额为22万元，赔付率为95.7%，亏损额为4万元；1986年，农业保险赔付额为1.06亿元，赔付率为136.3%，亏损额为4395万元（见表3－1）。为此，中国人民保险公司主动加强与地方政府合作，通过与地方政府合办、代办等方式经营农业保险，逐步扭转了保险公司亏损的局面。

表 3-1　1982—1992 年我国农业保险经营情况

年份	保费收入（万元）	赔付额（万元）	赔付率（%）
1982	23	22	95.7
1983	173	233	134.7
1984	1007	725	72.0
1985	4332	5266	121.6
1986	7803	10637	136.3
1987	10028	12604	125.7
1988	11534	9546	82.8
1989	12931	10721	82.9
1990	19248	16723	86.9
1991	45504	54194	119.1
1992	81690	81462	99.7

注：赔付率 = 赔付额 ÷ 保费收入 ×100%。
资料来源：1983—1993 卷《中国保险年鉴》。

（三）保险公司独立经营农业保险阶段（1993—2003 年）：萎缩徘徊

进入 20 世纪 90 年代，随着我国社会主义市场经济体制的建立和逐步推进，我国农业保险逐步被纳入商业化范畴，导致农业保险经营再次陷入困境。1993—2003 年，保费收入从 8.30 亿元下降至 4.64 亿元，下降率为 44.10%；赔付额由 9.68 亿元下降至 3.45 亿元，下降率为 64.36%；赔付率由 116.6% 下降至 74.4%，下降 42.2 个百分点（见表 3-2）。由此可见，受经济体制机制调整的影响，简单将农业保险纳入商业化范畴是农业保险陷入萎缩徘徊的主要原因。

表 3-2　1993—2003 年我国农业保险经营情况

年份	保费收入（亿元）	赔付额（亿元）	赔付率（%）
1993	8.30	9.68	116.6
1994	5.04	5.34	106.0
1995	4.96	3.65	73.6
1996	5.74	3.95	68.8
1997	5.76	4.19	72.7

续表

年份	保费收入（亿元）	赔付额（亿元）	赔付率（%）
1998	7.15	5.63	78.7
1999	6.32	4.86	76.9
2000	4.00	3.00	75.0
2001	3.00	3.00	100.0
2002	5.00	4.00	80.0
2003	4.64	3.45	74.4

注：赔付率 = 赔付额 ÷ 保费收入 ×100%。
资料来源：1994—2004 卷《中国保险年鉴》。

（四）政府主导下多方共同经营农业保险阶段（2004 年至今）：发展壮大

进入 21 世纪，国内外形势发生了深刻变化，随着中国加入世界贸易组织，我国农业发展面临全球化挑战，“三农”问题日渐突出，农民收入增长乏力，政策调整刻不容缓。世界贸易组织《农业协定》中明确指出，农业保险补贴属于“绿箱政策”范畴，无须受到限制或削减。在此背景下，国家逐步将农业保险纳入政策支持的范畴。2007 年，中央正式启动政策性农业保险保费补贴试点，首批试点省份 6 个，包括吉林、内蒙古、江苏、湖南、四川和新疆；2008 年新增 10 个，包括河北、辽宁、黑龙江、安徽、山东、河南、湖北、浙江、福建、海南；2009 年新增 1 个，即江西；2010 年新增 6 个，分别为山西、广东、云南、甘肃、青海、宁夏；2011 年新增 5 个，分别为广西、贵州、西藏、陕西、重庆；2012 年新增 3 个，分别为北京、上海、天津，至此全国 31 个省（自治区、直辖市）均纳入农业保险（见表 3－3）。2007 年，中央财政补贴试点品种仅限于种植业，包括小麦、水稻、玉米、棉花、大豆 5 种农作物。2016 年 12 月，《财政部关于印发〈中央财政农业保险保险费补贴管理办法〉的通知》明确指出财政部提供保险费补贴的农业保险标的为关系国计民生、粮食、生态安全的主要大宗农产品，以及根据党中央、国务院有关文件精神确定的其他农产品，涵盖种植业、养殖业、森林及其他品种，其中，种植业包括玉米、水稻、小麦、棉花、马铃薯、油料作物、糖料作物，养殖业包括能繁母猪、奶牛、育肥猪，森林包括已基本完成林权制度改革、产权明晰、生产和管理正常的公益林和商品林，其他品种包括青稞、牦牛、藏系羊、天然橡胶，还有财政部根据党中央、国务院要求确定的其他品种。

表3-3　2007—2012年政策性农业保险保费补贴试点省（自治区、直辖市）推进过程

年份	试点省（自治区、直辖市）
2007	吉林、内蒙古、江苏、湖南、四川、新疆
2008	河北、辽宁、黑龙江、安徽、山东、河南、湖北、浙江、福建、海南
2009	江西
2010	山西、广东、云南、甘肃、青海、宁夏
2011	广西、贵州、西藏、陕西、重庆
2012	北京、上海、天津

随着补贴力度的不断加大，中国农业保险保费收入稳步增加。2007年，农业保险保费收入达到53.33亿元；2012年，农业保险保费收入达到240.60亿元；2018年，农业保险保费收入达到572.74亿元；2019年，其进一步上升至672.48亿元。2007年农业保险赔付额仅为32.80亿元，2012年为148.50亿元，2018年为394.31亿元，2019年进一步上升至527.87亿元。我国农业保险赔付率基本上在高位运行且呈现波动状态，除2011年农险赔付率为51.1%，其他年份均在60%以上，2016年农业保险赔付率更是高达83.4%，这与当年全国气象灾害偏多、多数地区受灾较为严重导致农作物减产有关（见表3-4）。

表3-4　2004—2019年我国农业保险经营情况

年份	保费收入（亿元）	赔付额（亿元）	赔付率（%）
2004	4.00	3.00	75.0
2005	7.00	6.00	85.7
2006	8.48	5.91	69.7
2007	53.33	32.80	61.5
2008	110.68	70.70	63.9
2009	133.90	101.90	76.1

续表

年份	保费收入 （亿元）	赔付额 （亿元）	赔付率 （%）
2010	135.90	100.60	74.0
2011	174.03	89.00	51.1
2012	240.60	148.50	61.7
2013	306.59	208.60	68.0
2014	325.78	214.40	65.8
2015	374.90	236.90	63.2
2016	417.71	348.40	83.4
2017	478.90	368.90	77.0
2018	572.74	394.31	68.8
2019	672.48	527.87	78.5

注：赔付率＝赔付额÷保费收入×100%。
资料来源：2005—2020卷《中国保险年鉴》。

二、农业保险制度变革的基本特征

（一）政府职能的回归

为确保农业保险健康稳定发展，需要科学界定农业保险发展中政府与市场的行为边界。发展农业保险既要发挥政府的调控作用，又要依托市场机制在资源配置中的基础性作用（见图3－1）。

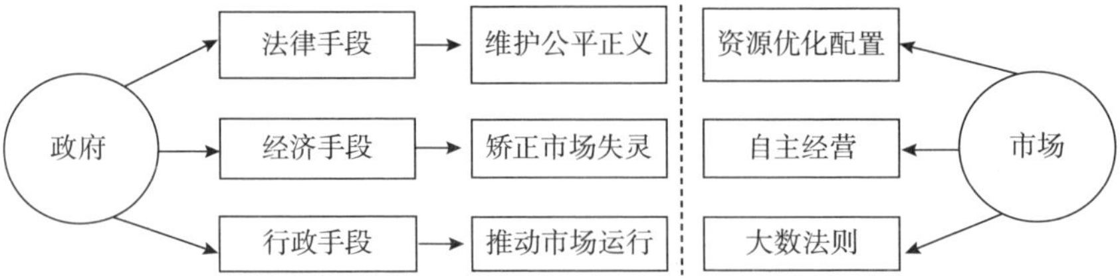

图3－1　政策性农业保险发展中政府与市场的行为边界

其中，政府的作用是为农业保险发展创造良好的法律、经济和行政环境。具体措施：一是法律手段。政府通过制定法律法规，明确保险公司开展农业保险业务的准入条件，严格开展保险公司资质认证，杜绝不具备资质的保险公司开展农业保险业务，进一步维护公平正义。二是经济手段。通过对投保农户实施财政保费补贴、对保险公司实施税收优惠等经济手段，激发农业保险的需求与供给，矫正农业保险市场失灵，并结合经济发展的不同阶段及农业保险市场供求状况的变化实时调整农业保费补贴和税收优惠规模，促进农业保险市场可持续发展。三是行政手段。加大农业保险宣传力度，引导农户积极投保，强化农业相关职能部门的协调配合，为农户开展农业生产、预防气象灾害等提供技术指导服务，协助保险公司开展灾害损失勘查、定损、理赔等，推动农业保险市场良性运行。在强化政府职能的同时，要充分发挥市场机制在资源配置中的作用，突出保险公司独立法人主体地位，确保保险公司能够在政府指导下，基于“大数法则”，自主经营农业保险业务。在农业保险政策演进的过程中，政府职能从“越位”到“缺位”再到“归位”。

从中华人民共和国成立到1958年，农业保险的政府职能体现出明显的“越位”特征。中华人民共和国成立后，农民对农业保险还不熟悉、不了解，也没有兴趣，甚至对农业保险还有误解。此时，政府在没有对农民开展农业保险知识宣讲和普及的情况下，通过行政手段强制推行农业保险，结果事与愿违。具体表现为工作中强迫命令，进而导致业务上盲目冒进。由于思想不统一，只注重布置任务，不明确具体操办流程和做法，工作方式方法简单粗暴，甚至出现违法行为。为完成任务，采取各种不正当手段强制推行农业保险，不但引起农民不满，同时导致保险公司业务混乱、不堪重负。产生上述现象和结果的根本原因是政府职能越位，对本不属于政府职能范围内的事项进行干预，最终导致农业保险停滞。

1992—2003年，农业保险的政府职能体现出“缺位”特征。1992年，我国正式建立社会主义市场经济体制，其目的是通过发挥市场配置资源的作用提高经济运行效率。由于农业保险具有准公共产品性质，通过市场自动调节农业保险市场往往会出现市场失灵。但政府出于各种主客观原因，将农业保险视为竞争性产业，全面推行商业化运营。家庭联产承包责任制的推行使得农民拥有了经营自主权，但考虑到农业是国民经济的基础，又面临自然风险和市场风险的双重冲击，仅由农民自身承担农业风险造成的损失对农民来说既不公平也不合理。于是，政府把农业保险全权交付保险公司，农业保险完全市场化。但保险公司是以盈利为目的的法人实体，保费居高不下，因此农民不愿意购买农业保险，保险公司没有保费收入，经营难以为继，最终导致农业保险再次陷入停滞。

2004 年至今，农业保险的政府职能体现出“归位”特征。2001 年，我国加入世界贸易组织，农业面临国际市场竞争的严峻挑战。在此背景下，政府职能开始由“缺位”向“归位”转变。政府关注的重点是如何根据世界贸易组织的协议规则加大对“三农”的支持力度，从而相应加大了对农业保险的政策支持，将农业保险作为准公共物品纳入国家专项扶持体系，逐步承担起农业保险的政府责任。具体表现：一是政府不从事农业保险具体业务。即农业保险业务由保险公司独立经营，从签约到定损、理赔，均由保险公司与农户来完成，政府不强制干预。任何政府强制农民投保、直接参与勘查定损、要求保险公司不按协议赔偿、直接规定保费费率等行为均被禁止。二是政府向农业保险提供财政支持。为避免农业保险市场出现“供需双冷”的局面，财政分别给予农户和保险公司相应的保费补贴和经营补贴。三是政府协助保险公司开展农业保险宣传和提供服务。通过宣传引导和专业知识培训，提高农业保险对农户的内在吸引力；遇到重大灾害损失，协助保险公司进行勘查定损，并对发生的纠纷进行调解。

（二）强有力的政策支持

一方面，农业是我国国民经济的基础，其重要性不言而喻；另一方面，农业相较工业而言，易受自然条件及其他因素影响，不稳定性明显。基于上述原因，各国均会对农业实施强有力的政策支持，包括直接支持和间接支持。其中，直接支持是为农业生产者提供价格补贴或收入补贴，主要通过财政转移支付来实现；间接支持是引导农户购买保险，并分别向农户和保险公司提供保费补贴和经营性补贴，一旦农业风险发生，由保险公司提供赔偿。从当前我国农业发展所处的阶段来看，政策支持需要采取直接支持与间接支持同步推进的方式。随着我国由传统农业向现代农业快速推进，政策支持方式将会逐步转向以间接支持为主、直接支持为辅。因此，对农户的保费补贴力度及对保险公司的经营性补贴力度是衡量政府对农业保险政策支持的关键指标。若向农户和保险公司提供的保费补贴和经营性补贴太少，则农户没有购买农业保险的积极性，保险公司也因为农业风险太大不愿意从事农业保险业务；若向农户和保险公司提供的保费补贴和经营性补贴太多，会导致政府财政压力过大，政策支持不可持续。为了找到平衡点，需要实事求是、量力而行。

中华人民共和国成立初期，我国农业保险制度主要依赖行政手段强制推行。采用这种方式，虽然推行速度快，但由于并没有充分尊重微观主体的实际需求，效果不尽如人意。1958 年，考虑到农业保险制度无法实施，政府强制终止农业保险，这表明，仅凭行政手段推行农业保险是行不通的。1992 年，建立社会主义市场经济体制后，政府又通过行政命令将农业保险推向市场，导致农业保险因市场失灵陷入困境。2004 年，政府将农业保险界定为公共物品，并给予政策支持。2007 年后，政府进一步明确中央财政和地方财政的职责，不断拓宽农业保险标的和险种，我国农业保险得以快速发展。

（三）农业保险从跌宕起伏到趋于稳定

从农业保险演进历程可以看出，我国农业保险可谓跌宕起伏，主要表现：一是 1949—1981 年从快速开办到陷入僵局。中华人民共和国成立后，我国实施高度集中的计划经济，政府垄断了包括农业保险在内的一切领域，在开办农业保险初期，由于各方积极性较高，农业保险工作快速推进，开办的区域和保险产品不断拓展。但随着农业保险的持续推进，其体制机制弊端逐步显现，保险公司亏损严重，农业保险业务日益萎缩。此外，人民公社制的创立和实施进一步加速了农业保险瓦解，致使农业保险陷入了漫长的停滞期。二是 1982—1992 年从停滞到逐步恢复。改革开放后，为满足日益扩大的农业保险需求，政府重新开办农业保险业务。这一时期，政府充分吸取了过去的教训，采取了诸多灵活的方式方法，进一步激发主体参与农业保险的积极性。然而，由于国家对农业保险的支持力度仍然有限，农业保险工作虽有一定程度的恢复，但效果并不理想。三是 1993—2003 年再次陷入萎缩。受市场化改革的影响，国家将农业保险纳入商业化保险范畴，形成农业保险的“供需双冷”局面，致使原本就脆弱的农业保险再次陷入萎缩。四是 2004 年至今从试点到不断发展壮大。加入世界贸易组织后，政府加大了对农业的支持和保护力度，农业保险迎来发展机遇。政府加大了对农业保险财政补贴的力度，并针对不同区域实施差异化政策，有效促进了农业保险的快速健康发展。

（四）农业保险产品日渐丰富

我国实施的粮食最低收购价格政策因干预粮食市场价格受到世界贸易组织协议的限制，而实施农业保险补贴属于“绿箱政策”范畴，不会受到限制。随着传统小农经营向新型农业经营转化，专业化、规模化、市场化经营特征明显，由于投入资金多，经营规模大，遭遇自然风险和市场风险冲击损失大，需要不断创新农业保险模式以分散风险，因此，成本保险、天气指数保险、目标价格保险、收入保险等一批保险产品应运而生。

一是成本保险。成本保险是以农作物生产成本为保险标的，按照农作物在不同时期、不同生长阶段投入的生产费用遭受损失为承保责任的保险。2007 年，财政部出台《中央财政农业保险保费补贴试点管理办法》，其中第六条规定，中央确定的补贴险种以“低保障、广覆盖”为原则确定保障水平。保障金额原则上为农作物生产期内所发生的直接物化成本，包括种子成本、化肥成本、农药成本、灌溉成本、机耕成本和地膜成本。2018 年 8 月，财政部、农业农村部、银保监会联合印发《关于开展三大粮食作物完全成本保险和种植收入保险试点工作的通知》，要求在物化成本和地租成本的基础上，进一步增加劳动力成本至覆盖全部农业生产成本或直接开展收入保险，切实促进农业保险转型升级，保障农户种粮积极性。二是天气指数保险。天气指数保险是将诸多天气条件对农作物的损害程度指数化，每个指数对应农作物产量和损益，保险合同以指数为基础，当指数达到一定水平，对农产品造成一定影响时，投保人就可以获得相应标准的补偿。中国国土面积大，地理环境复杂，气候多样，气象灾害频发，概括起来主要有台风、旱灾、雨涝、洪水、冰雹、低温霜冻等。其中，影响东部地区的气象灾害主要为台风、旱灾和雨涝，影响中部地区的主要为旱灾、雨涝；影响西部地区的主要为旱灾和洪水。2014 年和 2016 年中央一号文件相继提出要探索天气指数保险等新型保险产品与服务，积极开展天气指数保险试点。2007 年，上海推出了西甜瓜梅雨天气强度指数保险，成为中国最早开展天气指数保险试点的区域；2011 年，江西推出了南丰蜜橘低温冻害指数保险；2014 年，黑龙江推出了农作物种植霜冻、洪涝、干旱等气象指数保险；2015 年，海南推出了橡胶树风灾指数保险，新疆推出了棉花低温气象指数保险。截至 2018 年 12 月，中国有天气指数保险试点产品 40 多种，涉及 10 多个地区。三是目标价格保险。目标价格保险是以农产品价格为标的，当市场价格大幅波动导致农产品市场价格低于目标价格时，保险公司对投保人的价格损失给予补偿。鉴于中国农产品价格形成机制还不够健全，农产品价格频繁波动所引发的市场风险已成为制约农业可持续发展的重要影响因素，构建农产品价格保险体系刻不容缓。2014 年 1 月，中共中央、国务院出台了《关于全面深化农村改革 加快推进农业现代化的若干意见》，强调探索粮食、生猪等重要农产品目标价格保险试点；2014 年 8 月，国务院出台《国务院关于加快发展现代保险服务业的若干意见》，指出要将价格保险作为大力发展“三农”保险，创新支农惠农方式的重要内容之一；2015 年，中央一号文件进一步强调积极开展农产品价格保险试点。2014 年，东北三省、内蒙古启动了大豆目标价格补贴试点，新疆启动了棉花目标价格补贴试点。2014 年，阳光农业相互保险公司在黑龙江省庆阳农场启动了水稻目标价格保险试点；2015 年，增设二九〇农场、建三江农场管理局试点，以多种形式实施目标价格保险。四是收入保险。收入保险政策属于世界贸易组织“绿箱政策”范畴，能够在不扭曲市场的情况下缓解“黄箱政策”支持总量触顶的压力。可以预见，在今后一段时期内，收入保险将是我国农业保险业重点推行的险种。深化农产品收储制度和价格形成机制改革后，农业保险逐步发展成重要农业保护工具，其在新型农业支持保护制度中的地位进一步提高，逐步走到核心地位。在未来一段时间，国家将大力发展农业保险市场，而发展的方向是建立以农业保险为核心的现代农业支持保护制度。

（五）农业保险市场逐步放开

2003 年前，我国仅有人保财险、中华联合、法国安盟 3 家保险公司经营农业保险，2004 年后，先后有 4 家专业农险公司开始经营农业保险业务。到 2013 年，农业保险经营机构已发展到 29 家。2013 年，《农业保险条例》

开始实施，其中明确规定保险机构是保险公司以及依法设立的农业互助保险等保险组织；2016 年 2 月，修正版的《农业保险条例》中删除了保险机构“须经国务院保险监督管理机构依法批准”内容。到 2016 年，农业保险经营主体已经达到 34 家，还有一些财产险公司在争取进入农业保险市场。自 2013 年《农业保险条例》实施以来，监管部门逐步放开了农业保险市场。目前，农业保险经营主体数量较 2007 年增加明显。一方面，与 20 世纪 90 年代不同，原来不敢涉及农险的商业保险公司越来越多地参与农业保险经营，在市场上形成了一定程度的竞争，有利于促进农险市场向好的方向发展；另一方面，现有的农险市场竞争并没有促进效率提高，农业保险经营成本反倒增加了。当农险市场竞争加剧时，保险监管显得更为重要。保监会及地方农险主管部门在农业保险公司运营农险方面要制定严格的监管措施，农业保险公司制定的保险条款和保险费率须依法报保险监督管理机构审批或备案等。总体来说，当前农险监管方式比较粗放，在市场农险经营主体较多且竞争比较激烈的情况下，可能仍存在寻租行为。

（六）农业保险支持的力度和范围日益加强和扩大

自 1982 年以来我国开办农业保险的经验再次验证了政府在农业保险经营中起到主导作用时，农业保险才能保持生机和活力的经验事实。政府对农业保险给予财政补贴是关键的支持手段。从 2007 年起，国家财政开始对纳入政策性农业保险体系的农险保费进行财政补贴，中央和省级财政补贴比例各为 25%。随后，财政保费补贴比例有所增加，补贴范围逐步扩大，2014 年、2015 年、2017 年的中央一号文件更是明确提出加大财政补贴力度。与此同时，农业保险补贴的指向性逐步增强，如 2016 年为了缓解产粮大县农业保险补贴带来的财政压力、扩大农业保险覆盖面，国家专门出台文件针对产粮大县提高农业保险保费补贴比例。此外，地方政府农业保险补贴逐步体现出地方特色，开发出许多具有地方特色的政策性农业保险产品。具体表现：一是保险种类逐步增多。在以物化成本为保障对象的产量保险之外，全国各地一直在增设其他种类的农业保险试点，包括价格保险、指数保险、收入保险、“保险 + 期货”等。二是农业保险保额有所增加。因为以物化成本为基础的作物产量保险不能满足农户需求，加上近年来新型农业经营主体对高保额农业保险产品的需求更强烈，2014 年，中央一号文件提出不断提高三大粮食品种保险的覆盖面和风险保障水平；2016 年，中央一号文件中提出扩面、增品、提标的新目标，随之而来的农业保险实践中不少地区三大粮食作物的保额明显提高。2018 年，中央一号文件进一步提出“探索完全成本保险”。三是政策性农业保险所覆盖的农作物品种逐步增多。2016 年，我国农业保险承保的农作物品种达到 211 种。

（七）农业保险制度由“普惠性”向“倾斜性”转变

1. 对中西部地区实施倾斜性农业保险扶贫政策

在整体推进政策性农业保险的同时，国家还制定了中央财政对中西部地区实施倾斜性农业保险保费补贴的政策。2016 年 12 月，财政部对种植业、养殖业、森林及其他品种保费补贴做出明确规定，种植业补贴：省级财政补贴 25%，中央财政对中西部地区补贴 40%、对东部地区补贴 35%；养殖业补贴：地方财政补贴 30%，中央财政对中西部地区补贴 50%、对东部地区补贴 40%；森林补贴：地方财政补贴 40%，中央财政补贴 50%；藏区品种、天然橡胶补贴：省级财政补贴 25%，中央财政补贴 40%。

由此可见，尽管中央财政对东中西部实施了差异化农业保费补贴政策，但这种差异化并不明显。若将东中西部贫困地区进行对比，不难发现其中存在 3 种差异：一是产业结构差异。东中西部贫困地区农业产业占 GDP 比重依次上升、农户经营性收入占比也相应上升。二是地方政府财力差异。东部地区二、三产业发达，地方政府财政实力雄厚，对农业保险支持能力较强；而中西部地区属于传统农业、农牧和商品粮区域，二、三产业相对落后，地方政府财政实力有限，无论是保费补贴还是保障水平均与东部地区有较大差距。三是东中西贫困地区分布差异。东部贫困地区只有 2 个，中部地区有 8 个，西部地区有 12 个，由此可知，贫困地区主要集中在中西部地区。因此，我国政策性农业保险看起来体现了区域倾斜，但实际上还没有摆脱“撒胡椒面”“搞平均主义”倾向，未能真正体现因地制宜、因地施策的原则，致使中西部贫困地区精准脱贫效果大打折扣，因灾致（返）贫问题仍然没有得到较好的解决。

2. 对深度贫困地区实施倾斜性农业保险扶贫政策

为充分发挥农业保险政策减贫功能，中央及各省（自治区、直辖市）政府陆续出台倾斜性农业保险扶贫政策。2018 年 3 月，保监会下发通知，在深度贫困地区农业保险的保费率已降低 20% 的基础上再降低 10%～30%。以广西壮族自治区为例，2018 年 6 月 27 日，广西壮族自治区财政厅、中国保险监督管理委员会广西监管局印发《关于加大政策性农业保险扶持力度支持深度贫困地区脱贫攻坚的通知》，要求进一步加大政策性农业保险保费补贴力度，支持深度贫困地区脱贫攻坚。第一，确定深度贫困地区。由于深度贫困地区要如期完成脱贫攻坚任务具有艰巨性、重要性、紧迫性等特征，因此，按照中央关于农业保险支持深度贫困地区政策要求，进一步提高农业保险覆盖率和保障水平，加大农业保险支持深度贫困地区力度，为农民脱贫致富保驾护航。享受这一政策的深度贫困县是根据《自治区扶贫开发领导小组办公室关于印发全区深度贫困县深度贫困乡镇深度贫困村名单的通知》确定的 20 个深度贫困县，即都安、三江、乐业、大化、那坡、融水、隆林、凤山、东兰、德保、天等、罗城、昭平、靖西、巴马、凌云、马山、忻城、田林、环江。第二，调整深度贫困地区相关农业保险政策。主要表现：一是提高中央财政补贴险种保障水平。针对上述深度贫困县，将水稻险保险金额从 500 元/亩上调至 625 元/亩，糖料蔗险保险金额从 600 元/亩上调至 750 元/亩，马铃薯险保险金额从 500 元/亩上调至 625 元/亩，能繁母猪险保险金额从 1000 元/头上调至 1250 元/头，育肥猪险保险金额从 500 元/头上调至 625 元/头，奶牛险保险金额从 6000 元/头上调至 7500 元/头，公益林险保险金额从 500 元/亩上调至 625 元/亩，商品林险保险金额从 800 元/亩上调至 1000 元/亩。二是适度降低中央财政补贴险种保险费率。2018 年 7 月，广西保监局与财政厅联合印发通知，对深度贫困地区加大倾斜性农业保险扶贫支持力度，将中央财政支持险种费率下调 20%，免除建档立卡贫困户农业保险自缴保费，中央险种保障金额在原有基础上再提高 25%；同时积极推动贫困户应保尽保，贫困户既可以单独投保也可以集体投保，投保信息经贫困户签字确认方可出单，发生灾害后，严格按投保规定勘查定损，并公布对投保贫困户理赔信息，确保贫困户权益。具体来说，将水稻险保险费率从5%下调至4%，糖料蔗险保险费率从4%下调至3.2%，马铃薯险保险费率从6%下调至4.8%，能繁母猪险保险费率从6%下调至4.8%，育肥猪险保险费率从6%下调至4.8%，奶牛险保险费率从4%下调至3.2%，公益林险保险费率从0.3%下调至0.24%，商品林险保险费率从0.35%下调至0.28%。三是减轻县级财政及农户保费负担。对中央财政补贴险种及自治区目录险种，深度贫困县不再承担原县级财政配套补贴资金，转由自治区财政承担；深度贫困县农户不再承担自缴的保费，转由自治区财政承担；深度贫困县建档立卡贫困户保费免缴政策在脱贫后两年到期时，继续享受保费免缴至2022年底。进一步降低深度贫困地区财政压力，减轻农户负担，提高农户投保积极性。涉及的险种包括水稻、甘蔗、马铃薯、能繁母猪、育肥猪、奶牛、公益林、商品林8个中央财政补贴险种，以及水果种植、蔬菜种植、水稻制种、林木种苗、烟叶种植、桑蚕养殖、对虾养殖、牡蛎养殖和河池地区试点的核桃树种植、油茶树种植、肉牛养殖等自治区目录险种。

3. 对贫困人口实施倾斜性农业保险扶贫政策

2017年8月，贵州省财政厅印发通知，对家禽养殖和蔬菜种植给予企业、合作社和一般农户50%的省级财政保费补贴，给予建档立卡贫困户70%的省级财政保费补贴；2019年1月，贵州省财政厅印发通知，对2019年拟“摘帽”贫困县、20个深度贫困乡镇及2760个深度贫困村给予20%的费率优惠，并在全省范围内免除中央财政补贴险种中贫困户自缴部分保费。2017年10月，河南省财政厅印发通知，要求各县（市）财政统筹财政资金承担贫困人口种养殖业自缴保费，确保贫困人口农业生产不受影响；同时要求各保险公司严禁自行对能繁母猪、奶牛保险等设置参保限制，确保贫困人口应保尽保；此外，要求保险公司面向贫困人口开办农机具等财产保险、贫困人口短期意外伤害等涉农保险，并纳入省财政以奖代补范围。

第二节 农村医疗保险制度的演变历程及特征分析

我国农村医疗保险制度演变经历了5个阶段，分别是从探索到兴盛阶段、衰退解体阶段、恢复重构阶段、大力推进阶段及城乡整合阶段。主要特征：凸显医疗公共物品特性，体现政府主导、农民主体运行特征，强化医疗保险保障体系多层次、多元化特征，城乡基本医疗从分离到统筹、医疗保险制度由“普惠性”向“倾斜性”转变。

一、农村医疗保险制度的演变历程

（一）从探索到兴盛阶段（1949—1980年）

中华人民共和国成立初期，中央政府为解决农民看病问题，于1950年8月确立了医疗卫生工作要面向工农兵的基本方针，提出在3~5年健全和发展全国卫生基层组织的目标。据统计，1949年，全国有县级卫生机构1400多所，到1952年达到2123所；1950年，各类联合诊所、乡卫生所有803所，到1956年达到51000所。1955年，湖北省麻城县麻溪河、河南省登封县城关等地出现了农民自发组建的集体保健医疗站或合作医疗站。1955年5月，山西省高平县米山乡成立了联合保健站，该保健站由合作社、农民及医生集资，通过开展卫生防疫、巡回医疗、妇幼保健等工作达到了无病预防、有病早治、节省费用、方便可靠的目的，经验值得推广。1956年6月30日，全国人民代表大会通过《高级农业生产合作社示范章程》，规定因公负伤（致病）社员合作社应负责医治，首次指出集体具有承担农村社员疾病医疗的职责。1962年8月，卫生部发布《关于调整农村基层卫生组织问题的意见》，强调在广大农村设立基层卫生机构，确保农村群众能够看病就医，之后，在全国范围内基本形成了县、乡（公社）、村（生产大队）三级农村医疗卫生网络。

1965年6月，卫生部选取北京市通县、湖北省麻城县、江苏省句容县和湖南省湘阴县4个县作为农村医疗卫生工作试点，并强调“必须把卫生工作的重点放到农村，有计划有步骤解决农村医疗卫生问题”。此后，福建、广东、江苏、山西、新疆等10多个省（自治区）陆续实行合作医疗制度，其逐步成为农民享受医疗保障的基本形式。截至1976年底，全国近90%的行政村（生产大队）实行了合作医疗制度，卫生保健服务覆盖了85%以上的农村人口，初步形成了三级医疗保健网络，解决了农民看不起病、买不起药的问题。1979年12月，卫生部、农业部和财政部联合下发《农村合作医疗章程（试行草案）》，标志着我国农村合作医疗走上了制度化运行轨道。截至1980年底，我国农村已拥有51万名专业医生、146万名“赤脚医生”、236万名卫生员及63万名农村接生员，基本实现了“小病不出村、中病不出社、大病不出县”的目标。合作医疗制度、农村保健站及赤脚医生被称为我国农村医疗卫生的“三件法宝”。

（二）衰退解体阶段（1981—1992年）

改革开放后，人民公社被家庭联产承包责任制取代，农村合作医疗失去了集体经济的支撑，因此出现下滑甚至跌入低谷。据统计，全国实行农村合作医疗的行政村比例由1976年的90%迅速下降至1986年的4.8%。农村合作医疗制度不断衰退并解体，导致农民医疗保障又回到了自费式的家庭保障模式。但也有例外，在集体经济较为发达的东南沿海地区，农村合作医疗制度被保留了下来。例如，在苏南地区，1988年农民人均年收入为960元，农民人均合作医疗费达到36元，其中乡镇企业“以工补医”的投入占合作医疗总费用的50%以上。与此同时，中央政府正在考虑恢复农村合作医疗制度，认为市场化的自费医疗模式不仅不适合中国农村的实际情况，而且造成了严重的因病致（返）贫问题，恢复农村合作医疗制度势在必行。

（三）恢复重构阶段（1993—2002年）

由于农村合作医疗的衰退与解体给农村居民的医疗保障带来了严重影响，国家又开始着手恢复农村合作医疗制度，提出要在农村地区因地制宜发展和完善合作医疗制度。1996年7月，在全国选了19个省（自治区、直辖市）183 个县（市、区）开展合作医疗试点。1997 年 1 月，中共中央、国务院印发《关于卫生改革与发展的决定》，明确指出要稳妥发展和完善合作医疗制度。1999 年 1 月，国务院批准卫生部等部门《关于改革和加强农村医疗卫生工作的请示》，提出稳步推行合作医疗保健制度，为实现人人享有卫生保健提供社会保障。2002 年 10 月 19 日，中共中央、国务院联合印发《关于进一步加强农村卫生工作的决定》，提出 2010 年在全国范围内建立起以大病统筹为主的新农合制度和医疗救助制度，使农民享有初级卫生保健，主要健康指标达到发展中国家先进水平。

（四）大力推进阶段（2003—2015 年）

2003 年，我国正式启动新型农村合作医疗试点工作，2003 年 1 月 16 日，卫生部、财政部、农业部联合印发《关于建立新型农村合作医疗制度的意见》，提出从 2003 年起，各省（自治区、直辖市）选 2～3 个县（市）进行试点再逐步拓展，采取农户个人缴费、集体扶持和政府资助相结合的筹资模式，其中，政府财政资助标准为每人每年 20 元。截至 2004 年底，全国共有 310 个县、1945 万户农户家庭、6899 万名农民参加了新型农村合作医疗，参合率达到 72.6%。2010 年，新农合在全国实现“全覆盖”，当年财政医疗补贴标准上升至每人每年 120 元。

2008 年 3 月 5 日，国务院召开全国新型农村合作医疗工作会议，指出新型农村合作医疗要从 5 个方面开展工作，分别是以地市级为统筹、大病统筹与门诊统筹相结合、新农合与城镇居民基本医疗保险相衔接、新农合与医疗卫生体制改革相衔接及组织开展老少边穷地区巡回医疗和远程医疗。2008 年 12 月 22 日，中央首次决定将新农合纳入《中华人民共和国社会保障法（草案)》，意味着新农合发展拥有了国家层面的法律保障。2009 年 2 月 6 日，卫生部发布《卫生部办公厅关于印发 2009 年农村卫生工作要点的通知》，提出要加强新农合定点医疗机构监管、加强新农合基金监管、推动新农合立法等工作。2010 年 4 月，中共中央、国务院印发《中共中央　国务院关于深化医药卫生体制改革的意见》，明确指出要在抓好五项改革的基础上，全面实施新型农村合作医疗制度，逐步提高政府补助水平，适当增加农民缴费，提高保障能力。截至 2011 年底，全国开展新农合试点县（市、区）达到2637个，占全国总县（市、区）的92.4%；参合农民8.32亿人，参合率达到97.5%。

（五）城乡整合阶段（2016年至今）

2016年，国务院出台《国务院关于整合城乡居民基本医疗保险制度的意见》，开始推进新型农村合作医疗与城镇居民基本医疗保险整合，建立统一的城乡居民基本医疗保险制度，并在覆盖范围、筹资政策、保障待遇、医保目录、定点管理和基金管理6个方面提出了政策要求，在缴费标准、待遇水平、就医范围等方面实现城乡共享统一。2017年，国家卫生计生委、财政部发布的《国家卫计委　财政部关于做好2017年新型农村合作医疗工作的通知》要求财政医疗补助标准提升至每人每年450元，门诊和住院报销比例分别稳定在50%左右和75%左右，积极推进对高血压、糖尿病、严重精神障碍等慢性疾病实施有别于普通门诊的慢性补偿政策，健全新农合、大病保险、医疗救助、疾病应急救助、商业补充保险等制度联动报销机制，推进"一站式"结算服务。2018年，国家医疗保障局、财政部、人力资源社会保障部、国家卫生健康委员会联合印发的《关于做好2018年城乡居民基本医疗保险工作的通知》要求财政医疗补助标准提升至每人每年490元。2019年，国家医疗保障局、财政部发布的《关于做好2019年城乡居民基本医疗保障工作的通知》要求财政医疗补助标准提升至每人每年520元，将高血压、糖尿病等门诊用药纳入医保报销范围。随着相关政策的陆续出台并实施，我国医疗保险政策效应逐步显现。截至2017年底，我国农村居民医疗保险参合率达到100%，直接救助支出也稳步上升（见表3-5）。

表3-5　2012—2017年我国新型农村合作医疗与医疗救助情况

年份	新型农村合作医疗			医疗救助	
	参合人数（亿人）	参合率（%）	基金支出（亿元）	直接救助人次（万人次）	直接救助支出（亿元）
2012	8.05	98.26	2408.00	2173.64	166.31
2013	8.02	98.70	2909.20	2126.37	180.46
2014	7.36	98.90	2890.40	2395.33	204.13

续表

年份	新型农村合作医疗			医疗救助	
	参合人数（亿人）	参合率（%）	基金支出（亿元）	直接救助人次（万人次）	直接救助支出（亿元）
2015	6.70	98.80	2933.41	2515.87	214.57
2016	2.75	99.36	1363.64	2696.12	232.75
2017	1.33	100.00	754.12	3517.07	266.09

注：新农合参合人数、新农合基金支出下降是受新农合与城镇居民医保整合影响。
资料来源：《中国卫生健康统计年鉴（2018）》。

二、农村医疗保险制度变革的基本特征

（一）凸显医疗公共产品特性

在计划经济时代，我国医疗保险制度取得较大成就的根本原因是坚持以预防为主、注重公共卫生与基本医疗保健相结合的工作方针。卫生医疗和医疗保险作为政府干预的少数领域之一，具有鲜明的公共产品特性。2012年3月，国务院印发的《“十二五”期间深化医药卫生体制改革规划暨实施方案》指出，坚持把基本医疗卫生制度作为公共产品的核心理念。农村医疗卫生服务可分为3个层次：一是具有纯公共产品特征的公共卫生服务，包括计划免疫、传染病控制、妇幼保健、环境卫生、食品安全及健康教育等。二是具有准公共产品特征的基本医疗服务，包括传染病与地方病的治理、常见病与慢性病的防治等。三是具有私人产品特征的非基本医疗服务，包括私人保健、特种病房、特约特护、美容整形等。

我国医疗保险制度坚持预防为主，构建了覆盖城乡的公共卫生服务体系和医疗服务体系，公益性质明显。形成了以县级医院为龙头、乡镇卫生院为依托、村卫生室为延伸的三级医疗卫生服务体系，通过整合村级卫生资源，把村卫生室纳入城乡居民医疗保险定点医疗机构体系，实行医疗统一招标、统一配送药品、统一业务培训，不断提高医疗、预防、保健等医疗服务质量，发挥村卫生室在农村居民疾病防治中的基础性作用。

（二）体现政府主导、农民主体运行特征

政府主导主要体现在顶层制度设计、财政支持、队伍建设及医疗服务

体系建设等方面。在顶层制度设计方面，基于不同区域经济社会发展情况，设计差异化的农村医疗保险制度，确保制度的科学性和公平性。在财政支持方面，以政府投入为主、个人出资为辅，建立满足农村居民基本健康需要的财政投资体制，积极开展农村防疫防病、健康教育等公共卫生预防保健项目。在队伍建设方面，积极培养专业卫生技术人才，优化农村医疗人员专业知识结构，提高农村医疗人员专业水平。在医疗服务体系建设方面，进一步加强农村公共卫生室或医疗保健站建设，确保农户能够有效获取农村基本医疗卫生保健服务。农民主体主要体现在农村医疗保险制度实施过程中要确保农民有知情权、参与权、就医权、报销权等。在农村医疗保险政策设计、运行管理过程中，要组织农民积极参与，确保还权于民；在政策实施过程中，要让农民真正享受到医疗保险制度的权益，确保施惠于民；此外，要坚持诚信为本，严格按照医疗服务保障合同保障农民利益，确保取信于民。

（三）强化医疗保险体系多层次、多元化特征

经济社会发展的差异性、医疗资源的非均衡性及农民对医疗服务需求的多元性决定了必须构建多层次和多元化的医疗服务保障体系。农村医疗保障体系包括基本医疗保障体系、补偿医疗保障体系及自费医疗保障体系。其中，基本医疗保障体系包括城乡居民医保、社会保险等，主要通过互助共济保障农民的基本权益；补偿医疗保障体系包括农村医疗救助和大病保险，主要对农村弱势群体医疗需求给予基本帮助；自费医疗保障体系包括家庭保障和商业医疗保险，主要作为基本医疗的补充。在多层次农村医疗保障体系中，政府、市场及社会互补，形成了完整的农村医疗供给体系，有效解决了广大农民医疗卫生保障问题。

（四）城乡基本医疗从分离到统筹

随着工业化、城市化进程的快速推进，城乡二元分割的基本医疗保障弊端日益显现，普遍存在重复参保、财政重复补贴、各地机构重复建设等问题，不利于社会公平、人员自由流动、制度可持续发展。为此，迫切需要构建城乡一体化的基本医疗保障制度。通过整合和配置医疗资源，使原

来相互独立的医疗制度融合为一体化医疗保障制度。具体分为3个阶段：第一阶段是积极推进城镇居民基本医疗保险与新农合顺利并轨阶段（2008—2012年），第二阶段是整合城乡基本医疗保险与城镇职工基本医疗保险阶段（2013—2020年），第三阶段是建成公平合理的全国统一的医疗保险制度阶段（2021—2049年）。围绕全面建成“覆盖全民、城乡统筹、权责清晰、保障适度、可持续”的社会保障体系发展目标，在整合城乡基本医疗保障制度体系的基础上，在经办服务、参保筹资及待遇支付等关键层面，构建统一的城乡基本医疗保障制度实施机制。

（五）医疗保险制度由“普惠性”向“倾斜性”转变

1. 对中西部地区实施倾斜性医疗保险政策

在整体推进医疗保险政策的同时，国家还制定了中央财政对中西部地区实施倾斜性医疗保费补贴的政策。从2012年起，在财政新增医疗保费补贴中，中央财政和地方财政对西部地区筹资比例为80%和20%、中部地区筹资比例为60%和40%（见表3-6），对东部地区分别按一定比例补助。尽管国家对东中西地区实施了差异化的医疗保费补贴制度，但针对同一区域内不同收入群体依然采取统一标准，这对减轻低收入农户家庭的医疗费用负担及改善其卫生健康状况的效果并不明显，“看病难、看病贵”问题仍十分突出，低收入农户依然是各区域内部因病致（返）贫的主要群体。

表3-6　2012—2019年我国城乡居民基本医疗保险筹资标准

单位：元/人年

年份	财政补贴标准	中央财政补贴标准		地方财政补贴标准		个人缴费标准
		西部地区	中部地区	西部地区	中部地区	
2012	240	156	132	84	108	60
2013	280	188	156	92	124	70
2014	320	220	180	100	140	90
2015	380	268	216	112	164	120
2016	420	300	240	120	180	150
2017	450	324	258	126	192	180

续表

年份	财政补贴标准	中央财政补贴标准		地方财政补贴标准		个人缴费标准
		西部地区	中部地区	西部地区	中部地区	
2018	490	356	282	134	208	220
2019	520	380	300	140	220	250

资料来源：国家医疗保障局网站。

基于此，2018 年，国家医保局、财政部、国务院扶贫办联合印发《医疗保障扶贫三年行动实施方案（2018—2020 年）》，明确指出脱贫攻坚要重点聚焦“三区三州”等深度贫困地区；2019 年，国家医保局、财政部下发通知，要求省级财政加大对深度贫困地区倾斜力度，完善省级及以下财政分担办法。例如，湖北省 2019 年建立了贫困县医疗救助支持机制，优先向全省 38 个贫困县倾斜；2019—2020 年，对 9 个深度贫困县每年每县增加基本医疗和医疗救助财政补助资金平均在 3000 万元以上，对其他 28 个贫困县每年每县增加基本医疗和医疗救助财政补助资金 1000 万元以上。

2. 对贫困人口实施倾斜性医疗保险政策

医疗保险政策还重点向农村贫困人口倾斜。2003 年，试点之初的新型农村合作医疗着重对农村患大病的五保户和农村贫困家庭实行医疗救助。2013 年，中央正式提出精准扶贫，针对贫困户和非贫困户进一步实施差异化的医疗保险扶贫政策，在财政保费补贴、医疗报销比例等方面重点向贫困户倾斜，体现了医疗保险政策在贫困户和非贫困户之间非均衡供给特征。2015 年，中共中央、国务院出台《中共中央　国务院关于打赢脱贫攻坚战的决定》，明确指出“新型农村合作医疗和大病保险制度对贫困人口实行政策倾斜，对贫困户参加新型农村合作医疗个人缴费部分给予补贴，将贫困人口全部纳入重特大疾病救助范围，降低贫困人口大病费用实际支出，对贫困户大病治疗实行先诊疗后付费的结算机制”。2016 年，贫困户住院实际补偿达到 67.7%。另外，将贫困户大病保险起付线降低 50%，实现农村贫困户大病政策范围内报销比例提高到 90% 以上。2018 年，保监会印发的《关于保险业支持深度贫困地区脱贫攻坚的意见》明确指出，建档立卡贫困户意外伤害保险的执行费率可在备案费率基础上降低10%~30%。同年，国家医保局、财政部印发的《医疗保障扶贫三年行动实施方案(2018—2020年)》明确指出，要加大大病保险对农村贫困人口的支付倾斜力度，大病保险起付线再降低50%、支付比例提高5个百分点，逐步提高并取消建档立卡贫困人口大病保险封顶线，进一步降低贫困人口医疗负担。

第一，完善医疗保险保障功能。继续向贫困人口倾斜，贫困人口在县域内住院，政策范围内医疗费用报销比例为90%；大病、特殊慢性病县域内门诊，政策范围内医疗费用报销比例达到80%左右。农村贫困人口县域内就医，年度个人负担政策范围内医疗费用控制在5000元以内。贫困人口住院治疗政策外医疗费用占医疗总费用比例，县域内一级医疗机构不超过3%，县域内二级、三级医疗机构不超过8%，县域外省内三级医疗机构不超过10%；超出规定比例的医疗费用由医疗机构承担。贫困人口参加城乡居民基本医疗保险个人缴费部分由财政给予补贴，对特困供养人员、孤儿、最低生活保障家庭成员、丧失劳动能力人员、严重精神障碍患者和计划生育特殊困难家庭中经核定的特困家庭夫妻及其伤残子女六类特殊群体给予全额参保补贴，其他农村贫困人口实行定额补贴，并全面取消封顶线。医疗救助托底，保障城乡困难群众基本医疗权益。

第二，进一步提高医疗救助水平。在覆盖人群上，医疗救助坚持城乡制度统筹、救助政策统一，避免城乡二元差距。2015年，国务院办公厅转发民政部等部门《关于进一步完善医疗救助制度全面开展重特大疾病医疗救助工作的意见》，部署各地整合城乡医疗救助制度。目前，各地已全面实现城乡制度统筹发展，救助对象范围、救助标准、救助程序方面实现了城乡统一，城乡困难群众获得医疗救助的权利公平、机会公平、规则公平、待遇公平。同时，各地逐步将低收入家庭老年人、未成年人、重度残障人士、重病患者纳入救助范围，并探索开展因病致贫重病患者救助工作。符合救助条件的因病支出型贫困家庭均可申请获得相应救助。目前，低保对象、特困人员、农村建档立卡贫困人口等救助对象在年度救助限额内住院救助比例普遍达到70%以上。

第三，采用适宜技术，促进就医公平。主要表现：一是落实基本医疗保障范围规定。全面执行《国家基本医疗保险药品目录》，将《国家基本医疗保险药品目录》谈判准入药品纳入医保支付范围。落实国家对《诊疗项目目录》和医疗康复项目的管理要求。二是引导落实分级诊疗制度。结合分级诊疗制度建设，将符合规定的家庭医生签约服务费纳入医保支付范围，引导参保人员优先到基层首诊。对于按规定转诊的贫困患者，住院费用可连续计算起付线，省域内就医结算执行所在统筹地区同等支付政策。鼓励有条件的地区将互联网诊疗服务纳入医保支付范围。

第四，优化基层公共服务，全面推进费用直接结算。主要表现：一是提高深度贫困地区基层医保经办管理服务能力，指定专门窗口和专人负责政策宣传并帮助贫困人口兑现政策，解决群众对政策不知情、就医报销难等问题。二是全面推进贫困人口医疗费用直接结算。结合城乡居民医保制度整合，推进城乡居民医保、大病保险、医疗救助信息共享和服务衔接，实现农村贫困人口市（地）域范围内“一站式服务、一窗口办理、一单制结算”，避免农村贫困人口跑腿垫资。三是做好跨地区就医结算服务。对异地安置和异地转诊的农村贫困人口，医保经办机构要优先做好异地就医登记备案和就医结算等服务，切实做好贫困地区外出就业创业人员异地就医备案工作。2018 年率先实现深度贫困地区每个县有一家医院纳入全国跨省异地就医直接结算系统，加快实现深度贫困地区乡镇医院纳入全国跨省异地就医直接结算系统。

第五，加强医疗服务管理，控制医疗费用不合理增长。主要表现：一是完善支付方式改革，探索建立区域内医疗卫生资源总量、医疗费用总量与经济发展水平、医保基金支付能力相适应的调控机制。深度贫困地区要更加注重医疗费用成本控制，提供适宜的基本医疗服务，切实降低农村贫困人口医疗费用总体负担。二是完善定点医药机构服务协议管理，健全定点服务考核评价体系，将考核结果与医保基金支出挂钩。全面开展医保智能监控，不断完善医保信息系统，提高医保基金使用效率。

第三节 农村养老保险制度的演变历程及特征分析

农村养老保险制度演变历程可分为 4 个时期：萌芽时期、初步形成时期、试点改革时期、全面深化改革时期。主要特征包括：政府责任不断完善、保障层次从最低限度的生存满足向高阶发展权转变、保障模式从一元主导到多元并用等。

一、农村养老保险制度的演变历程

（一）以国家直接分配为主的萌芽时期（1949—1977 年）

在中国几千年的文明史中，养老问题一直被视为道德伦理问题，养老保障分散到各个家庭，严重依赖土地和家庭供养。1949 年以后，我国着手制定新的社会政策，于 1950 年 6 月 30 日颁布《中华人民共和国土地改革法》，通过土地所有制改革为农村养老提供最基本的物质保障。以此为开端，我国农村养老保险进入制度建设的萌芽阶段。

1. 针对“农村特殊人群”形成国家救济制度时期（1949—1955 年）

中华人民共和国成立初期，我国没有建立专门针对农村与农民的社会养老制度，但从宪法到各专项法规均有规定，要建立针对农村特殊人群的国家救济体系，主要体现在：第一，1953 年内务部制定《农村灾荒救济粮款发放使用办法》，将农村的孤老残幼等人群定为一等救济户，在粮食救济方面给予优待。第二，1954 年颁布的《中华人民共和国宪法》不仅对农村土地的农民所有制进行了确认，而且规定年老、疾病等特殊公民有获得物质帮助的权利，其中包括农村年老、疾病或丧失劳动能力的公民。第三，中华人民共和国成立初期，国家对在战争中牺牲的军人、革命烈士、病故与伤残军人及其家属实施优待措施。1950—1954 年，国家相继颁布了《革命残废军人优待抚恤暂行条例》《民兵民工伤亡抚恤暂行条例》《革命烈士家属、革命军人家属优待暂行条例》《革命军人牺牲、病故褒恤暂行条例》等。1955 年颁布的《中华人民共和国兵役法》进一步确立了军烈属和复员退伍军人的优待权利。该法主要涉及三方面的优待措施：一是生产活动帮扶，政府对缺乏劳动能力的军人、民兵、民工等给予劳动帮扶。二是生活上补助，发放实物或补贴用于购买生产资料。三是对军烈属的抚恤，国家对革命烈士家属一次性或定期发放抚恤金等。中华人民共和国成立初期，针对农村“特殊人群”的帮助或救助在某种程度上弥补了传统家庭养老的不足，使得自给自足的养老模式开始向体现一定制度化水准的国家救济模式转变。

2. 以农村“五保户供养”与“公益金”制度为主的时期（1956—1977 年）

1956 年 1 月，中共中央发布的《一九五六年到一九六七年全国农业发展纲要》规定：农业合作社应当统一筹划照顾鳏寡孤独者，保障其吃穿、子女教育和死葬等。1956 年 6 月 30 日，第一届全国人民代表大会第三次会议通过《高级农业生产合作社示范章程》，确立“五保户供养制度”，即针对鳏寡孤独者采取保吃、保穿、保医、保住、保葬的制度。自此，“五保户供养制度”成为国家建立农村养老保险制度的最初形式，也逐渐成为国家在广大农村地区长期推行的一项政策。随着“五保户供养制度”的发展，国家提出建立农村养老院。1958 年，全国范围内展开人民公社化运动，形成了特殊的人民公社体制。这种集中管理、平均分配的体制削弱了家庭养老在经济层面的功能。自此，传统养老模式在集体化时期逐渐消失，事实上形成了一种集体养老模式。1958 年，党的八届六中全会通过的《关于人民公社若干问题的决议》提出，要为“五保户”提供一个较好的生活场所。随即，全国各地开始兴建敬老院，到 1958 年底，全国办起敬老院 15 万所，收养 300 余万名老人。1962 年 9 月，党的八届十中全会通过《农村人民公社工作条例》，其中第三十六条规定：从生产队可分配的总收入中扣留一定金额设置公益金，用于农村社会保险和提高集体事业福利。虽然公益金还需投向集体福利事业，但基本用于社会保险，主要包括：一是为特殊困难群体，如老、弱、孤、寡、残疾的社员及遭到不幸事故、生活遇到困难的社员，提供救济。二是对生活有困难的烈士家属、军人家属和残废军人适当予以优待。三是针对家庭人口多、劳动力少的社员，给予必要补助。四是对因公负伤的社员给予补助。虽然这种制度安排属于低水平的再分配措施，但相对纯粹的家庭养老具有明显进步。这种统筹式的保险制度作用有限，但是在整个农业集体化时期起到了制度养老的作用。

（二）以“旧农保”为主的初步形成时期（1978—2002 年）

1. 家庭联产承包责任制施行，集体化时期的养老政策逐渐改变时期（1978—1985 年）

家庭联产承包责任制的推行使农村土地制度和生产方式发生了较大变革，激活了农民生产积极性，农村经济取得较大进步，为农村社会养老制度的变化奠定了基础。在农村改革初期，党和政府未针对农村养老问题制定系统性政策。在此背景下，民政部在原有生产队的基础上开始探索农村养老保险制度。1982 年，全国有 11 个省（直辖市）3457 个生产队实行了养老金制度。该制度规定：凡参加集体生产劳动 10 年以上的，年满 65 周岁的男社员和年满 60 周岁的女社员可享受养老金待遇。约有 42 万名农村居民领取了养老金，一般每人每月可得到 10～15 元，最多的达 20 元以上。养老金由生产队根据经济状况按比例分担，用队办企业利润和公益金支付。这是改革开放后在农村形成的社区型养老保障模式。然而，这一时期正处于我国农村土地制度变革的节点，建立在生产队基础上的养老保险政策不符合实际且难以为继。随着土地制度变革的深入，农村又恢复到以家庭为单位的社会结构，农村养老实质上又回到了家庭养老模式。

2. “县级农村养老保险方案”的探索与制定阶段（1986—2002 年）

1986 年，国家“七五”计划提出探索研究农村社会养老保险制度，按照实际情况逐渐开展试点。这一政策指向主要基于两方面背景：一是农民包产到户开始面临市场风险。二是农村家庭结构变化使家庭养老功能不断弱化。1986 年 10 月，民政部在江苏省沙洲县召开全国农村基层社会保障工作会议，明确要求建设农村社会养老保险制度。这标志着我国农村社会养老保险制度进入实质性探索阶段。其后 5 年形成了 4 种类型的农村养老保险试点方案：一是按项目多寡形成综合型和单向型养老保险方案，前者是在养老保险中加入农村养老，统一筹集资金并统一管理；后者是单独对农村养老开展保险试点。二是将投保者按工作类型分为务工、务农、工农。三是在筹资方式上进行现收现付、预先积累、现收现付和预先积累结合 3 种模式的试点。四是在统筹层次上分为村级社会型、乡级社区型、县级管理型 3 种试点。

1991 年，国务院出台了《国务院关于企业职工养老保险制度改革的决定》，其中明确规定："农村（乡镇企业）的养老保险改革由民政部负责。"1992 年，民政部制定了《县级农村社会养老保险基本方案（试行）》（以下简称《基本方案》），加快了农村社会养老保险制度建设。农村社会养老保险制度经过试点实践和循序推广，拉开了国家针对农村建立综合统一的社会保障制度的序幕，意味着我国农村养老步入现代化建设进程。这一时期的农村社会养老保险制度被学术界总结为"旧农保"。《基本方案》规定：农村社会养老保险制度建设要从实际出发，坚持个人缴纳为主、集体补助为辅、国家政策扶持的原则，建立个人养老账户的筹资方案。具体做法是：以县级为单位统筹个人养老金账户，将个人缴纳和集体补助的全部计入，并按照国家政策运营增值。参加保险的农民年满 60 周岁后按照个人账户积累资金总额和相应计算公式领取养老金，以个人缴费为主，保障水平较低。

1994 年，民政部专门成立了农村社会保险司，组建了农村社会养老保险管理服务中心，专门管理农村社会保险事务。1995 年，《国务院办公厅转发民政部关于进一步做好农村社会养老保险工作意见的通知》要求积极稳妥推进相关保险工作。自此，"旧农保"得到大范围推广。到 1997 年，全国农保机构网络和管理体系基本形成，有 1000 多个县（包括县级市）成立了专门的管理机构，农村参保人数不断增加，初步建立了农村社会养老保险制度。

1998 年后，这种农村社会养老保险制度的问题不断显现。主要原因是"旧农保"采用做实账的方式运营农村社会保险基金，难以持续发展。同时，因为采取现收现付方式，一旦无法保证参保基数持续增长以扩大基金池，农村社会保险基金紧张问题就会显现。另外，社保基金来源除了收费，并无融资和投资渠道来确保社保基金的保值，而且无财政补贴。因此，发放待遇只能靠基金池里的利息。此外，待遇计算方式也存在一些问题。以上种种问题导致“旧农保”制度陷入困境。

（三）以“新农保”为主的试点改革时期（2003—2013 年）

1. “新农保”初步试点时期（2003—2007 年）

“旧农保”存在制度性缺陷，农村社会养老保险制度亟须改革。1998—2001 年，农村居民的参保积极性持续走低，参保人数不断下降。面对这种情况，2002 年，党的十六大首次提出探索农村养老、医疗保险及最低生活保障制度。2003 年，农村养老保险制度进入改革创新阶段，相关工作逐渐恢复。2004 年，《中华人民共和国宪法修正案》增加“国家建立健全同经济发展水平相适应的社会保障制度”这一规定，意味着养老保险制度建设上升到前所未有的高度。2005 年底，全国有近 2000 个县恢复或建立了农村社会养老保险制度。这一阶段的农村养老保险参保情况虽然有所改善，但对“旧农保”的改革势在必行。2006 年，中央一号文件提出加大公共财政投入，对农村养老进行补贴。2007 年 10 月，党的十七大报告更是明确提出建立覆盖城乡居民的社会保障体系。同年，劳动和社会保障部、民政部、审计署下发了《关于做好农村社会养老保险和被征地农民社会保障工作有关问题的通知》。这一阶段，党和政府在大政方针层面注重农村养老保险制度改革，各省（自治区、直辖市）开始试点建设，对推进“新农保”进行了有益探索。

2. “新农保”制度的全国试点时期（2008—2010 年）

经过试点实践，到 2008 年，全国已经有近 500 个县实施了“新农保”。同年，《中共中央关于推进农村改革发展若干重大问题的决定》明确提出：“贯彻广覆盖、保基本、多层次、可持续原则，加快健全农村社会保障体系。按照个人缴费、集体补助、政府补贴相结合的要求，建立新型农村社会养老保险制度。”这是“新农保”概念第一次在党中央的文件中出现。2009 年，国务院出台了《国务院关于开展新型农村社会养老保险试点的指导意见》（以下简称《指导意见》），在“旧农保”基础上开始探索建立个人缴费、集体补助、政府补贴相结合的制度，政府财政补贴被纳入保障资金来源，我国农村社会养老保险制度由此进入深化改革阶段。与“旧农保”相比，“新农保”的制度变革：一是养老金账户发生变化，由基础养老金和个人账户养老金组成。其中，基础养老金由国家财政保障，且根据经济发展水平进行调整，体现出普惠原则；个人账户以个人缴费为主，逐年积累，到达一定期限后按照积累总额/计发月数进行发放。二是筹资模式发生变化，个人缴费由地方财政补贴，并且筹资方式多元化。这一阶段，我国农村社会养老的制度模式和城镇职工的基本模式相同，财政和集体补助计入统筹账户，个人缴费计入个人账户。

3. “新农保”制度的全面覆盖时期（2011—2013 年）

《中华人民共和国国民经济和社会发展第十二个五年规划纲要》提出，“十二五”期间要实现“新农保”全覆盖。2011 年 7 月 1 日实施的《中华人民共和国社会保险法》为新型农村社会养老保险制度提供了法律层面的保障。该法第二十条确认了“个人缴费 + 集体补助 + 政府补贴”的筹资模式；第二十一条规定新型农村社会养老保险待遇由基础养老金和个人账户养老金组成。《中华人民共和国社会保险法》的出台进一步加快了“新农保”在全国范围内的实施，短时间内覆盖率快速上升，2011 年上升到了 60%；到 2012 年底，参保人数达到 4.6 亿人；到 2013 年底，参保人数达到 4.98 亿人。“新农保”基本实现了农村老人的全覆盖。之所以能在短时间内实现全覆盖，主要在于“新农保”的筹资方式符合农村居民的需求与实际情况，国家在个人缴费与养老金领取两方面都对参保人员进行补贴，事实上为 60 岁以上的农村居民确立了零支柱保险，大大增加了农村居民的参保积极性，尤其是基础养老金为农村居民提供了重要保障，可以说是推动“新农保”制度快速实现全民覆盖的关键要素。

（四）以城乡居民基本养老保险统筹为方式的全面深化改革时期（2014 年至今）

由于“新农保”和城镇居民社会养老保险制度类似，加之党的十八大提出城乡一体化战略，“新农保”制度进入与城镇居民社会养老保险制度相结合的时期，一并被称为城乡居民基本养老保险制度。2014 年 2 月，国务院制定《国务院关于建立统一的城乡居民基本养老保险制度的意见》，明确了城乡居民养老保险的任务目标、参保范围、基金筹集、养老保险待遇及调整、领取条件、制度衔接、基金管理和运营等内容。自此，在“新农保”基础上形成了城乡居民基本养老保险制度，不再对城乡居民分别进行制度创设，从而进入了统筹城乡社会保障制度的新阶段。在城乡居民基本养老保险统筹的程序机制上，人力资源和社会保障部、财政部联合印发了《城乡养老保险制度衔接暂行办法》，用于解决城乡居民基本养老保险的制度对接问题，使农村社会养老保险制度成为整个社会养老保险制度的有机组成部分。此外，“新农保”和“城居保”合并实施后，城乡居民基础养老金最低标准不断调整，从过去的 55 元/月提高到 2015 年的 70 元/月，2018 年又提高到 88 元/月。

总体来看，城乡居民相结合的基本养老保险制度是统筹城乡的重要举措，进一步提高了农村社会养老保险水平，也意味着农村养老保险制度进入全面深化改革时期。城乡居民基本养老保险制度提出的最大意义在于融合了农村和城市居民养老保险制度，淡化了农村概念，实现了农村社会养老保险制度走向整个社会保险体系的目标，这也为未来建立统一的社会保险制度奠定了基础。不过，城乡居民基本养老保险制度本质上仍属于“新农保”的制度范畴。关于新型农村社会养老保险的条款，在 2018 年修订的《中华人民共和国社会保险法》中并没有变化，现有的农村居民保障仍沿用原有的账户模式、筹资渠道和激励机制。

二、农村养老保险制度变革的基本特征

（一）政府责任不断完善

作为公共产品的分配机制，社会养老保险制度的健全与否直接体现了政府作为责任主体的完善程度。我国是社会主义国家，社会主义的本质是共同富裕，这就要求政府积极地履行责任。在中华人民共和国成立以来的养老实践中，责任主体趋向多元化，包括家庭、单位和政府等，并且不同的责任主体在不同历史条件下扮演着不同的角色。但更为重要且显著的

是，在农村社会养老保险制度构建中，政府的责任不断完善。

1. 政府在制度设计上呈现积极探索的姿态

中华人民共和国成立初期，农村养老保险体制趋于边缘化，政府在农村养老保险管理中处于缺位状态。改革开放以来，政府在农村养老保险制度方面不断确立责任。在充分调查研究的基础上，按照特定经济社会结构设定了一系列农村社会养老保险的制度框架，并使其不断走向法制化。"旧农保"制度首次确立了政府在农村社会养老保险中的主体地位，而"新农保"制度更加强化了政府的主体责任。当然，"旧农保"到"新农保"经历了较长的探索过程，政府主体责任的落实可能存在不足，但不能忽视农村养老保险在保障对象、组织实施、标准、覆盖面等方面取得的成绩，尤其近年来政府不断提高城乡老年居民的基础养老金，虽然幅度不大，但体现了政府的主动作为。

2. 政府在财政支持上不断加大力度

"新农保"能取得成功，很大程度上源于稳定的政府财政拨款。"旧农保"在后期难以执行的主要原因是资金存在缺口，不仅农村居民作为缴费端难以负担，而且绝大部分集体经济能力较为有限，无力统筹个人账户。"新农保"的探索与实践则表明了政府财政直接支持的重要性，政府在缴费端和养老金领取端不断对"新农保"进行财政补贴，并且持续提升补贴力度。此外，政府还通过中央财政转移支付制度形成有效支持，加大了对中西部农村养老保险的财政支持，从而解决了新旧制度变迁之间的遗留问题，减少了"新农保""城乡居民基本养老保险"的运行阻力。

3. 政府不断强化监督管理责任

政府监管是农村社会养老保险制度中的重要环节，也是促使其不断完善的重要保证。"旧农保"实施以来，政府代表国家监管社会养老保险制度的模式就形成了。到了"新农保"时期，政府不断加强对"新农保"制度实施、基金运营、行政管理等情况的监管。目前，这种监管贯穿于制度运行的整个过程。

（二）保障层次从最低限度的生存满足向高阶发展权转变

现代意义上的社会保障权并不是一开始就有的，而是随着社会进步逐步确立的。养老经历了家庭养老、国家救济、社会福利等阶段，逐渐从国家帮助转变为政府责任，深刻体现了权利的拓展。随着社会保障权利理论的成熟，在公民领域存在的权利保障也逐渐从生存权演变为发展权。这种变化反映出国家与公民责任与权利此消彼长的关系，深刻体现了社会经济结构变革的基本规律。中华人民共和国成立以来，公民在社会保障权方面面临制约，不是国家不作为，而是受到“追求社会权利必然受到社会经济情况的制约”这一客观规律的影响。就农村社会而言，农村社会养老保险的保障层次主要是生存权。改革开放前，农村社会养老保险制度主要涉及特殊人群，原因在于在物质经济全面受限制的情况下，只能优先满足特殊人群的生存需求。直到 2009 年，“新农保”仍然属于解决居民生存问题的制度，因为最后的养老金发放标准只能保障基本生活。覆盖全民的保险体制与针对特定人的最低限度的物质需求具有明显差别。对比“旧农保”与“新农保”，后者更加注重政府责任，强化财政和政策倾斜力度。在确保政府直接给予资金支持的同时，强调覆盖全民和筹资多元化，目的是使保障覆盖面和保障标准都得到提升。

总体来看，我国的农村养老保险呈现从低阶到高阶的特征。在保障对象方面，从只针对特殊人群到逐渐覆盖全民，让社会保险成为真正意义上的全民福利。在保障标准方面，保障标准不断提高，国家通过财政支持、政策调控、制度保障等综合措施不断提高农村居民的生活水平。

（三）保障模式从一元主导到多元并用

1949 年以来，随着社会养老保险制度的发展，家庭养老的作用日趋减小，农村养老保障模式逐渐从一元主导向多元并用转变。传统中国社会以家庭供养为主，1949 年后不断通过政策及法律对农村养老模式进行新的创设，尤其“旧农保”制度的确立，让农村养老真正开始接轨现代养老模式。在计划经济时代，针对特殊人群的保障及集体化的再分配保障，在某种程度上体现了国家救助理念，其价值取向是国家通过补助家庭养老，借助家庭养老这一模式实现对农村居民养老最低限度的救济。此后的“旧农保”“新农保”“城居保”改变了传统家庭养老模式救济的价值取向，转向社会保险制度与家庭养老并行的养老体制。“新农保”实行以来，国家的直接财政保障使农村社会养老保险制度更具独立性。因此，在养老制度方面，社会养老制度不断嵌入家庭养老，在补充家庭养老的同时替代了部分家庭养老功能，但无法从制度上全面替代家庭养老供给模式。此外，农村社会出现了农村劳动力迁移、家庭规模小型化、家庭结构核心化等现象，使家庭养老的资源供给越来越需要社会保险制度的支持。在家庭养老弱化与社会养老尚未完全确立的阶段，需要确立起全新的社会保障制度以应对矛盾。总体而言，随着各项养老保险制度的确立，在我国农村地区养老模式中，家庭养老不断弱化，社会养老保障模式地位不断提升。

第四章

理论分析

本章重点对农村保险相关主体博弈理论、农村保险市场失灵理论、认知理论、农户保险需求理论、保险扶贫政策的减贫机理展开分析，为后文开展相关实证分析奠定理论基础。

第一节　农村保险相关主体博弈理论分析

农村保险相关主体博弈主要介绍农村保险相关主体博弈、农业保险扶贫政策相关主体博弈、医疗保险扶贫政策相关主体博弈。

一、农村保险相关主体博弈的理论框架

（一）农村保险相关主体的利益偏好与行为逻辑

一般而言，农村保险市场主要包括农业保险市场、基本医疗保险市场等，其相关主体包括政府、参保农户和保险公司。各相关主体在实际保险经营过程中的自身利益偏好决定了其行为特征与博弈策略选择，由此形成了农村保险的基本运营模式与政策框架。

1. 政府的利益偏好与行为逻辑

第一，政府的利益偏好。为避免农村保险市场失灵，政府对农村保险市场进行了强有力的政策干预，主要手段是为参保农户提供保费补贴或为保险公司提供经营性补贴，其利益偏好主要表现：一是经济利益偏好。政府通过对参保农户或保险公司提供相应补贴来激发农户和保险公司参与农村保险的积极性，通过保险风险补偿功能的发挥确保农村各项活动顺利开展，实现农村发展、农业增效、农民增收等。从这个意义上讲，政府的利益偏好既体现了解决“三农”问题的宏观与长远利益，也体现在解决当前农业增效和农民增收问题上。二是政治利益。长期以来，中央政府一直把“三农”问题作为全党工作的重中之重。当前，农村发展还相对落后，农业依然是弱势产业，农民仍然是弱势群体，尤其是贫困人口更是需要帮扶，基于此，解决“三农”问题成为中央政府干预农村保险市场的基本出发点。通过对农村保险市场进行扶持与倾斜，确保农业稳定发展、农村繁荣进步、农民幸福安康。

第二，政府的行为逻辑。政府对农村保险市场进行补贴，其主要目的

是促进社会福利水平提升。其行为逻辑主要体现在以下两个方面：一是实施解决城乡发展不平衡、不充分矛盾的具体举措。当前，农业作为国民经济的基础性产业，相较工业及其他产业发展滞后，城乡居民收入差距依然较大，因此，客观上需要国家进行政策支持，通过为农村保险市场提供保费补贴，促进农业发展、农民增收，补齐“三农”发展短板。二是通过支持发展农村保险市场，降低各类风险对“三农”的冲击。政府支持推动农村保险市场发展、构建有效的风险补偿机制，能够有效降低农户未来收入的不确定性，对防范和化解各类风险具有不可替代的作用。

2. 农户的利益偏好与行为逻辑

第一，农户的利益偏好。农户加入农村保险市场主要基于以下利益偏好：一是收益最大化。购买各类农村保险可以实现风险转移、补偿经济损失，达到稳定收入的效果。政府对农户实施保险保费补贴，一方面可以有效降低农户保费支出，激发农户投保积极性；另一方面，风险发生后，可以通过补偿确保农民收入稳定。二是效用最大化。政府提供保费补贴，使农户只需缴纳较少的保费就可以转移未来可能造成的损失，从而大大提高农户心理满意度和满足度。由于能够有效增加农户的收益水平，也相应提高了农户的参保意愿。

第二，农户的行为逻辑。农户参与农村保险市场的行为逻辑主要表现：一是对风险感知的程度。例如，农户的年龄、性别、文化程度、务工年限等因素都会影响其对风险的感知，进而影响农户的投保决策。调查显示，农户参保具有典型的“跟随”特征，周围农户的参保经历是决定其参保的重要因素。此外，对政府救济的依赖心理及对未来风险的认识等都会影响农户的投保行为。二是对保费水平及风险保障水平的接受程度。当农户收入水平较低且基本生活得不到满足时，相对较高的保费水平是制约农户投保的重要因素，即使农户认为参保对自身有利也不会参保。另外，即便政府提供了保费补贴，但如果风险保障水平不高，农户认为不划算，也会影响农户投保。三是多元化的风险分散手段的挤出效应。长期以来，各类风险发生后，主要是农户家庭自己抵御风险，客观上影响了农户的投保意愿。

3. 保险公司的利益偏好与行为逻辑

第一，保险公司的利益偏好。保险公司参与农村保险市场主要基于以下利益偏好：一是获取收益。政府为保险公司提供经营性补贴，降低了保险公司的经营成本，在保险赔付支出一定的情况下，保险公司的利润会相应增加。二是开拓市场。开拓农村保险市场一直是保险公司的发展方向，保险公司在短期内经营农村保险业务收益不高，有时甚至亏损，但从长期来看，随着农村经济的发展，加之政府对农村保险市场的持续支持，未来农村保险市场前景可观。

第二，保险公司的行为逻辑。保险公司参与农村保险市场的行为逻辑主要表现：一是政府对农户补贴水平及保险公司经营性补贴水平。若政府加大对农户保费的补贴力度，则更有利于激发农户参保意愿，保险公司收取的保费就会增多，其经营农村保险的动力就会变大；反之则变小。若政府加大对保险公司经营性补贴的力度，则保险公司经营农村保险市场的成本会降低，其经营农村保险市场的动力就会变大；反之则变小。二是风险保障水平的高低。保险公司获取收益既取决于保费收入，也取决于保险保障支出，在保费收入一定的情况下，若保险公司保险保障支出多，则收益就低，其经营农村保险的动力就小；反之就大。

（二）农村保险相关主体博弈分析

博弈是在一定的约束条件下，参与者依靠所掌握的信息，同时或先后，一次或多次，从各种可能的行为或策略集合中进行选择并实施，从而取得相应结果或收益的过程。在经济学中，博弈论是研究当某一经济主体的决策受到其他经济主体决策的影响且该经济主体的决策又反过来影响其他经济主体时的决策问题和均衡问题。

1. 博弈的基本要素

第一，局中人。居中人是在博弈中能够独立决策、独立承担相应结果的个人或组织。在博弈中，每个参与者即为一个局中人。有两个局中人的博弈称为“两人博弈”，有3个及以上局中人的博弈称为“多人博弈”。在农村保险市场主体博弈中，政府、保险公司及参保农户均是局中人，每个局中人均为实现自身目标和利益参加博弈。各主体的目标和利益各不相同，彼此之间可能还存在一定的冲突，但为研究方便，假定各主体矛盾和冲突已被消除。因此，本研究对局中人的研究包含“经济人”假设，即假设每个局中人均可在一定约束条件下实现自身利益最大化目标。

第二，策略集合。策略集合是局中人在博弈中可能采取的全部策略组合。在博弈中，每个局中人都会根据自己所掌握的信息从诸多策略集合中选择可行的策略，每个策略集合中至少有两种策略可供选择。农村保险市场中的各主体都有各自的策略集合，例如，政府的策略集合是提供补贴与不提供补贴。政府若要支持农村保险，就必须为农户及保险公司提供保费补贴及经营性补贴，政府对农村保险的态度决定了农户是否投保及保险公司是否愿意经营农村保险。保险公司的策略集合是经营保险与不经营保险。由于农村保险具有准公共产品的性质，所以，经营农村保险风险大、成本高，如果没有政府的激励和支持，保险公司会因无利可图而放弃经营。农户的策略集合是投保与不投保。农户根据对风险的识别和支付能力选择投保或不投保。

第三，结果。结果是局中人采取策略后得到的收益或损失。每个局中人的博弈结果不仅与其自身选择的策略有关，而且与其他局中人选择的策略有关。因此，在博弈中，每个局中人的结果是全体局中人所选策略的函数，通常称为“支付函数”。

第四，占优策略及纳什均衡。占优策略是无论其他参与者采取何种策略，某参与者唯一的最优策略就是他的占优策略。也就是说，如果某一参与者具有占优策略，那么，无论其他参与者选择什么策略，该参与者确信自己所选择的唯一策略都是最优的。纳什均衡又被称为“非合作博弈均衡”，其是博弈论的一个重要术语，以约翰·纳什命名。在博弈过程中，无论对方的策略选择如何，当事人都会选择某个确定的策略，该策略被称为“支配性策略”。如果任意一位参与者在其他所有参与者的策略确定的情况下所选择的策略是最优的，那么这个策略组合就被定义为“纳什均衡”。

2. 农村保险相关主体的博弈分析

第一，高风险条件下农村相关主体的博弈分析。从农户与保险公司的博弈来看，在高风险条件下，若农户投保，保险公司经营保险，高风险发生后，农户因投保可获取6个单位的赔偿，而保险公司因赔偿损失1个单位的收益（其他部分由未受损失农户分担）；若农户投保，保险公司不经营保险，则保险市场无法形成，高风险发生后，农户损失6个单位，保险公司既不盈利也没有亏损；若农户不投保，保险公司愿意经营，则保险市场无法形成，高风险发生后，农户损失6个单位，保险公司既不盈利也不亏损；若农户不投保，保险公司不经营，则农户损失6个单位，保险公司既不盈利也不亏损。从政府与保险公司的博弈来看，在高风险条件下，若政府支持，保险公司经营保险，例如，政府拿出2个单位补贴给保险公司，则保险公司在政府支持下经营保险，当高风险发生后，保险公司还有1个单位的收益；若政府支持，保险公司不经营保险，则政府和保险公司都不会有收益和损失；若政府不支持，保险公司经营，高风险发生后，则保险公司亏损1个单位；若政府不支持，保险公司不经营，则双方都不会有收益和损失。由此可见，在高风险条件下，从农户来看，如果保险公司愿意经营农村保险，则农户购买保险是有利的；若保险公司不愿意经营农村保险，则农户遭受损失的概率较大。从保险公司来看，若农户不购买保险，保险公司不会有损失；如农户购买农村保险，则保险公司的最优策略是不经营保险。该博弈的最终结果是农户投保，保险公司不经营。从政府来看，不支持是最佳选择，但保险公司只有在政府支持下经营才会有收益。所以，为实现社会福利最大化，政府要提供强有力的支持，确保保险公司愿意经营且能盈利。因此，在高风险条件下，社会福利最大化的策略是农户投保、保险公司经营、政府强有力支持。

第二，中风险条件下农村相关主体的博弈分析。从农户与保险公司的博弈来看，在中风险条件下，若农户投保，保险公司经营保险，中风险发生后，农户因投保可获取4个单位的赔偿，且保险公司获取1个单位的收益；若农户不投保，中风险发生后，农户损失4个单位，保险公司既不盈利也不亏损。也就是说，在中风险条件下，只要农户投保、保险公司经营，对农户和保险公司均有好处。从政府与保险公司的博弈来看，政府支持保险公司 2 个单位收益，若保险公司经营保险，则可获取 3 个单位收益；若政府不支持保险公司 2 个单位收益，则保险公司经营保险会获取 1 个单位收益。也就是说，无论政府支持与否，保险公司经营保险均有收益，都会选择经营保险。可见，在中风险条件下，农户可以通过投保来规避风险，保险公司经营保险能够获利；对政府来说，若能为农村保险提供支持，无疑会提高保险公司经营农村保险的积极性，也便于保险公司积累风险基金，确保农村保险市场健康发展。因此，在中风险条件下，社会福利最大化的策略是农户投保、保险公司经营、政府适度支持。

第三，低风险条件下农村相关主体的博弈分析。从农户与保险公司的博弈来看，在低风险条件下，特别是在风险几乎不发生的情况下，若农户投保，保险公司经营保险，低风险发生后，农户投保亏损 2 个单位，保险公司获取 2 个单位的收益；若农户不投保，风险发生后，农户既无收益也无损失，保险公司也如此。也就是说，在低风险条件下，农户没有投保意愿，保险公司愿意经营保险，这表明低风险条件下保险供给大于保险需求。从政府与保险公司的博弈来看，在低风险条件下，政府可不支持保险公司以节约财政支出，保险公司希望政府能够对农户给予必要的保费补贴以激发农户的投保热情。可见，在低风险条件下，由于农户没有购买农村保险的意愿，农村保险市场因无需求所以无法形成。因此，从市场化角度来看，保险公司可以通过开展一系列优惠活动，采取相应措施吸引农户参保；从政策支持层面来看，政府可以为农户提供适度补贴激发农户购买意愿。

综上所述，由于农村保险市场主体既相互独立又相互影响，在高风险条件下，由于风险大，农户购买保险积极性高，但保险公司经营保险的积极性较低，导致在高风险条件下保险需求大于保险供给。因此，需要政府通过强有力的财政政策支持保险供给，确保保险供给满足保险需求。在中风险条件下，由于风险适中，农户有购买保险意愿，保险公司也有经营保险的积极性。因此，政府无论支持与否，保险市场均可达到均衡，但政府支持比不支持效果好。在低风险条件下，因为风险低，农户购买保险积极性低，而保险公司经营保险业务意愿强烈，导致在低风险条件下保险供给大于保险需求。因此，需要保险公司开展优惠活动吸引农户参保，或者政府为农户提供补贴以激发农户购买保险的积极性。

二、农业保险扶贫政策相关主体博弈分析

（一）农业保险扶贫政策相关主体构成及行为选择

1. 农业保险扶贫政策相关主体构成

农业保险扶贫政策相关主体主要包括政府、保险公司和低收入农户。其中，政府主要负责制定农业保险扶贫政策、提供农业保险扶贫资金、开展相应监督和考核，确保农业保险扶贫工作顺利开展，以实现社会效用最大化。保险公司主要负责提供农业保险险种、厘定保险费率、收取保费、实施风险控制、开展勘查定损、负责保险赔付及提供相应技术支持等，以实现自身利益最大化。农户主要负责确定投保标的物、履行缴纳农业保险自缴保费义务、享受相关保险赔付的权利，其目的是防范农业风险，减少农业损失，实现自身利益最大化。若政府加大对保险公司及贫困农户保费补贴的支持力度，则能有效激发保险公司和农户参与农业保险的积极性，弥补传统政策性农业保险下农户投保积极性低的不足。

2. 农业保险扶贫政策相关主体行为选择

政府在农业保险扶贫政策中的行为选择包括向低收入农户“提供更高比例保费补贴”和“不提供更高比例保费补贴”。其中，提供更高比例保费补贴是在传统政策性农业保险基础上，给予低收入农户更多的农业保险保费补贴，减轻其农业保费支出负担，增强其应对农业风险冲击的能力。为推动农业保险减贫，政府作为整个社会的管理机构，需要动员、引导、组织、协调各方积极开展农业保险减贫工作，尤其是要调动低收入农户参与农业保险的积极性，为此，政府需要进一步提高低收入农户保费补贴，最终调动其参与农业保险的积极性。保险公司在农业保险中的行为选择包括“经营农业保险业务”和“不经营农业保险业务”。保险公司是否经营农业保险业务取决于能否盈利及盈利的高低。由于农业保险具有准公共产品的特性，在市场机制下，保险公司经营农业保险通常会面临较高风险和

成本支出，若没有政府强有力的政策支持，保险公司一般不会涉足农业保险业务。农户在农业保险中的行为选择包括“投保”和“不投保”。农户通常根据对风险的认知、保费补贴程度及自缴保费支付能力等来决定是否投保，若基本生活需求难以得到满足，农户不会购买农业保险。

（二）政府对低收入农户无保费倾斜时相关主体博弈分析

假设低收入农户的原始资产为 M，农业灾害风险发生的概率为 p，灾害损失为 N，如果低收入农户参加投保，保费为 X，赔付率为 r，$r\in[0, 1]$。通常来说，保险公司与农户在签订农业保险合同期间会产生一定的交易成本，保险公司在确定保费标准时，会将交易成本及赔付率综合考虑并计入，但也不能完全准确计入。保险业对风险信息具有较强的依赖性，若风险信息不对称，如农户出于自身利益考虑，故意隐藏自身真实信息甚至提供虚假信息，且保险公司并不知情，则会导致逆向选择和道德风险。所谓逆向选择，是由于信息不对称，即保险公司无法完全了解贫困农户生产的真实信息，则农户倾向购买风险较大的农业保险，而对风险较小的农业保险则不购买。所谓道德风险，是由于信息不对称，投保人没有按保险合同规定执行且保险公司并不知情，最终对保险公司造成损害。

1. 逆向选择

对低收入农户而言，有“投保”和“不投保”两种选择，对保险公司而言，有“承保”和“不承保”两种选择。在对农户无保费倾斜的情况下，如果农户选择“投保”且保险公司选择“承保”，则农户收益为 $M(1-p)+(M-N+rN)p$，保险公司收益为 $X-prN$。如果出现另外3种情况，即农户选择“投保”而保险公司选择“不承保”、农户选择“不投保”而保险公司选择“承保”、农户选择“不投保”而保险公司选择“不承保”，保险合同均不成立，则保险公司收益为0，而农户收益均为 $M(1-p)+(M-N)p$（见表4-1）。对农户而言，只有当“投保”收益大于“不投保”收益时才愿意投保；对保险公司而言，只有当保费收入大于赔付额时才愿意承保。在信息不对称情况下，农户基于自身利益最大化目标做出决定，当农业灾害风险发生的概率 p 较小时，农户则不投保；当农业灾害风险发生

的概率 p 较大时，农户则投保，但在此情况下，保险公司则承担较大的风险赔偿，最终因亏损而退出农业保险市场。

表 4-1 存在逆向选择时保险公司与低收入农户博弈矩阵

农户	保险公司	
	承保	不承保
投保	$M(1-p)+(M-N+rN)p$, $X-prN$	$M(1-p)+(M-N)p$, 0
不投保	$M(1-p)+(M-N)p$, 0	$M(1-p)+(M-N)p$, 0

由此可见，在政府对低收入农户无保费倾斜的情况下，农业保险市场处在两难境地，一是对于农业领域风险较低的保险产品，保险公司虽有承保意愿，但农户无投保意愿。对农户而言，不投保收益要高于投保收益；但对保险公司而言，承保收益要高于不承保收益。对于农业领域风险较高的保险产品，农户虽有投保意愿，但保险公司无承保意愿。对农户而言，投保收益要高于不投保收益；对保险公司而言，不承保收益要高于承保收益。因此，在政府对低收入农户无保费倾斜的情况下，农业领域保险产品无论风险高低，均会因为保险公司与农户目标利益不一致，无法形成农业保险市场。

2. 道德风险

假设低收入农户农业资产为 M，投保农户遵守农业保险协议，即加强农业风险的管控和防范，农户农业资产损失的概率为 p；若投保农户没有遵守农业保险协议（保险公司并不知情），则农户农业资产损失的概率为 q，很明显，由于农户没有加强风险管控，$q>p$，而保险公司向农户收取保费的标准是按照概率 p 来收取的。对保险公司而言，其收入为 Mp，支出为 Mq，亏损额为 $M(q-p)$。如果存在道德风险的农户数量为 L，则保险公司亏损总额为 $LM(q-p)$。在此情况下，保险公司最终会因亏损巨大而退出农业保险市场。

（三）农业保险扶贫政策相关主体博弈分析

从前文分析可知，农业保险的高风险、高保费等属性使得多数低收入农户无力承担高额保费，因此，政府对低收入农户无保费倾斜的农业保险模式不能保证农业保险的有效运行。此时，（不投保，不承保）策略对农户和保险公司而言是最优选择，但从全社会来看则是低效的。因此，基于社会福利最大化目标，政府需要对农业保险市场提供有效支持。

由此可见，政府在农业保险相关主体博弈中发挥着十分重要的作用。在政府支持下，农业保险市场供给与需求均得到了提升和推动，换言之，政府支持一方面有效激发了农户投保的积极性，另一方面也增强了保险公司经营农业保险的主动性，对稳定农产品供给、确保粮食安全、促进农业可持续发展、防止市场失灵等都具有重要意义。政府支持指政府为农业保险提供财政补贴，包括为低收入农户提供更高保费补贴及为保险公司提供经营补贴等。政府补贴是保险公司灾后赔偿的重要组成部分，因此，政府补贴可以大大减少政府在农业灾害发生后的救济支出，主要原因是通过税收减免、管理费补贴和再保险补贴等方式有效激发了保险公司从事农业保险的积极性，增强了市场主体应对灾害冲击的能力，改变了仅由政府承担农业灾后救济的不利局面。对保险公司而言，由于政府提供了保费补贴和经营补贴，保险公司在经营农业保险业务过程中可以提高农业保险保费标准，增加保费收入，增强风险赔付能力。对低收入农户而言，由于政府提供了更高的保费补贴，大大降低了保费支出负担，投保积极性增强，通过农业保险赔偿，能够有效转移农业灾害风险，确保农业生产稳定，最终实现稳定脱贫。

1. 政府为保险公司提供经营补贴

在市场机制调节下，如果 $A_1 > A_2$，$A_3 < 0$，则农户愿意投保，但保险公司因亏损不愿意承保。如果政府向保险公司提供经营补贴 B，确保 $A_3 + B > 0$，则保险公司出于盈利目标愿意承保，使其（投保，承保）达成纳什均衡（见表 4－2）。

表 4－2　政府为保险公司提供经营补贴下的博弈矩阵

农户	保险公司	
	承保	不承保
投保	A_1，$A_3 + B$	A_2，0
不投保	A_2，0	A_2，0

2. 政府为农户提供保费补贴

在市场机制下，如果 $A_1 < A_2$，$A_3 > 0$，则保险公司因有利可图愿意承保，但贫困农户不愿意投保，原因是保费过高，农户不投保时的收益大于投保时的收益。如果政府对农户提供保费补贴 C，确保 $A_1 + C > A_2$，则农户因保费负担较低愿意投保，使其（投保，承保）达成纳什均衡（见表 4 -3）。

表 4 -3　政府为农户提供保费补贴下的博弈矩阵

农户	保险公司	
	承保	不承保
投保	$A_1 + C$，A_3	A_2，0
不投保	A_2，0	A_2，0

3. 政府为保险公司和农户提供补贴

在市场机制下，如果 $A_1 < A_2$，$A_3 < 0$，则农户不愿意投保，且保险公司不愿意承保。如果政府为农户提供保费补贴 C，并为保险公司提供经营补贴 B，确保 $A_1 + C > A_2$ 及 $A_3 + B > 0$，则农户因保费负担较低愿意投保，保险公司也因有利可图愿意承保，使其（投保，承保）达成纳什均衡（见表 4 -4）。

表 4 -4　政府为保险公司和农户提供补贴下的博弈矩阵

农户	保险公司	
	承保	不承保
投保	$A_1 + C$，$A_3 + B$	A_2，0
不投保	A_2，0	A_2，0

综上所述，在市场机制下，农业保险市场失灵导致"供需双冷"，使得农业保险经营无法顺利开展；在政府的支持下，无论是为保险公司提供经营补贴还是为低收入农户提供较高保费补贴，都要确保补贴后的所得收益高于其最低预期。例如，政府为保险公司提供经营补贴，需要确保补贴后保险公司的利润为正值，否则保险公司依然不愿意承保；向农户提供保费补贴，要确保补贴后农户的投保收益大于不投保时的收益，否则农户也不愿意投保。

（四）农业保险扶贫政策相关主体博弈的实证分析

基于上述农业保险各相关主体博弈理论的分析，这里选取湖北省黄冈市浠水县的农业保险相关利益主体博弈进行实证分析。浠水县种植业保险品种为水稻、玉米、油菜；保险责任包括暴雨、洪水、内涝、冻灾、干旱、病虫害等造成的损失；保险金额：水稻保险金额为4000元/公顷①，玉米保险金额为4100元/公顷，油菜保险金额为3500元/公顷；保费构成：水稻投保费用为300元/公顷，玉米投保费用为250元/公顷，油菜投保费用为210元/公顷；中央财政补贴和地方财政补贴占80%，贫困农户承担20%。

这里选取玉米进行分析。农业灾害发生后，如果农户未投保时的收益与投保后的收益相差不大，则农业保险扶贫政策发挥的作用不大，没有必要继续推行。根据调查，浠水县农户玉米成本为 $C_0=300$ 元/亩②，玉米收益为 $Y=2000$ 元/亩，保险费率（保险费与保险金额之比）约为 $a=6\%$，每亩玉米保险金额为 $C_1=273$ 元。自然灾害发生后，玉米受灾率 $p=40\%$（保险公司赔付的起付标准是受灾率30%），政府部门补贴率 $b=80\%$。

表4－5显示了政府为农户提供保费补贴的情况下农户是否投保的收益对比情况。如果发生自然灾害，农户投保后的收益为1005.92元，不投保的收益为900元，很显然，农户投保后的收益比不投保收益高105.92元；如果不发生自然灾害，农户不投保的收益为1700元，投保后的收益为1696.72元，投保后的收益比不投保时的收益仅少3.28元，可以忽略不计。由此可见，在政府为农户提供保费补贴的情况下，无论是否发生自然灾害，都能确保农户收入稳定，有助于调动农户投保的积极性。

表4－5　政府提供补贴时农户是否投保的收益对比情况

农户	收益（元）	
	发生自然灾害	不发生自然灾害
投保	$(1-p)\ Y-C_0-\ (1-b)\ aC_1+pC_1=1005.92$	$Y-C_0-\ (1-b)\ aC_1=1696.72$
不投保	$(1-p)\ Y-C_0=900$	$Y-C_0=1700$

① 公顷：公制地积单位，1公顷＝10000平方米。

② 亩：中国市制土地面积单位，1亩≈666.667平方米。

表4－6显示了政府不提供补贴的情况下农户是否投保的收益对比情况。如果发生自然灾害，农户投保后的收益为992.82元，不投保的收益为900元，很显然，农户投保后的收益只比不投保的收益高92.82元；如果不发生自然灾害，农户不投保的收益为1700元，投保后的收益为1683.62元，投保后的收益比不投保时的收益少16.38元。由此可见，政府不提供保费补贴与政府提供补贴相比，不管是发生自然灾害还是不发生自然灾害，在确保农户收入稳定方面都差一些，因而不利于调动农户投保的积极性。

表4－6 政府不提供补贴时农户是否投保的收益对比情况

农户	收益（元）	
	发生自然灾害	不发生自然灾害
投保	$(1-p)Y-C_0-aC_1+pC_1=992.82$	$Y-C_0-aC_1=1683.62$
不投保	$(1-p)Y-C_0=900$	$Y-C_0=1700$

由上述分析可知，政府为农户提供保费补贴可以有效激发农户投保的积极性。由于政府提供了80%的保费补贴，所以，相较于未投保农户，即便不发生自然灾害，投保农户承担的保费负担也较轻；发生自然灾害后，投保农户的收益较未投保农户能够得到更好的保障，有助于稳定农业生产。

（五）农业保险扶贫政策相关主体协调机制

政府、保险公司和农户在农业保险中存在各自的动机和目标，因此，农业保险扶贫政策在执行过程中，客观上需要协调政府、保险公司和农户的利益诉求。其中，政府的利益诉求是：维持粮食安全，确保农产品供应，促进农业可持续发展，规范农业保险活动，保护农业保险活动当事人的合法权益，提高农业生产抗风险能力，促进农业保险事业健康发展。保险公司的利益诉求是：通过承接保险业务，实现自身利益最大化。农户的利益诉求是：抵御农业风险冲击，稳定农业收入。因此，需要充分协调政府、保险公司和农户三方的利益，调动各方积极性，确保农业保险扶贫政策有效运行。

1. 政府与保险公司利益协调机制

在市场经济环境中，保险公司作为市场主体，必定会以盈利最大化为目标。因此，不能期望保险公司主动承担农业保险的社会责任，只有首先确保保险公司盈利，才会有更多的保险公司进入农业保险市场。从政府角度看，农业保险是政府为稳定农业生产、确保粮食安全采取的手段之一。因此，从长远来看，政府推动政策性农业保险的目的不只是发生农业灾害事故后利用保险机制分散风险，更是通过保险机制不断协助保险公司改善风险状况，提高保险公司应对农业风险的管控能力。因为尽可能地降低和管控农业风险灾害事故才是政府和保险公司真正希望达到的目的。

基于此，农业保险的运行机制应该遵循“政府指导、市场运作”的基本原则，确保农业保险兼有政策性和商业性。政府指导不能简单地利用行政手段，应当以综合性的政策引导农业保险发挥补偿损失的职能，最终实现抵御自然灾害、稳定农业生产的目标。由于农业是国民经济的基础，农业除了具有经济效应，社会效应和生态效应也非常明显，因此，农业保险的公益性特征突出。所以，在农业保险市场发展阶段，尤其是初级发展阶段，政府应当给予一定的财政支持和税收优惠政策，确保保险公司积极参与农业保险业务。为确保政策性农业保险的可持续发展，在短期内，保险公司应在坚持“盈亏平衡”的基础上坚持倾斜性农业保险经营，积极承担农业保险的社会责任。在此基础上，进一步重视农业保险产品的开拓和创新，开发系列农业保险产品，逐步形成多元化保险产品体系，不断提高保险公司应对各类风险冲击的能力，兼顾经济效益和社会效益。

2. 政府与农户利益协调机制

中央政府制定农业保险政策时更多关注农民收入、农业发展及农村低收入群体，地方政府在执行农业保险政策时较多关注地方财力及投入成本，农户则更多关注自身利益。在协调中央政府、地方政府和农户利益过程中，中央政府发挥主导作用，主要体现在确保农业保险政策的导向性、进行政策设计和提供中央财政资金保障、引导农业保险朝着规范有序的方向发展。地方政府则发挥主体作用，在中央政府政策指导下，结合本地实际进一步制定具体的农业保险政策，提供资金支持。由于各地农业实际情况不同、地方财政实力各异，地方政府对农业保险支持力度千差万别。无论是中央政府还是地方政府，在制定政策过程中，都必须充分考虑各地农户的投保意愿、保费支付能力、赔付要求等，只有将农户实际需求纳入政府政策目标，农户的投保行为才能与政策保持一致。

基于此，政府要制定精细化的财政保费补贴政策。总体而言，目前我国财政农业保险补贴还处于粗放式发展阶段。要促进农业保险健康发展，还需进一步细化财政农业保险补贴政策。当前，中央财政差异化补贴政策“因东中西而异”，这种划分过于笼统，没有区分不同地区具体情况。建议“因省而异”制定中央财政差异化补贴政策，淡化东中西区域标准，避免平均化倾向。从操作层面来看，制定中央财政对各省（自治区、直辖市）农业补贴支持优先顺序，通过构建中央财政农业补贴标准评价指标体系，将各地区农业生产规模、地方财政实力、农业产值等指标纳入评价体系，并根据各指标重要性分别赋予不同权重，最终测算各地区综合得分，中央财政根据各地区得分高低依次给予不同程度保费补贴支持，避免出现“农业贡献越大、地方财政负担越重”的不公平现象。此外，中央政府在推广农业保险政策的过程中，要加大对农业保险政策实施的监管力度，提高财政补贴资金的使用效率，严禁农业保险政策实施过程中出现损害农户利益的现象。

3. 保险公司与农户利益协调机制

保险公司是农业保险市场的主要经营主体，其主要目的是提高农业保险的市场占有率，增加自身利润。在政府提供各项财政补贴的情况下，保险公司按照政府旨意严格落实各项政策，提供符合农户需要的农业保险产品，并不断扩宽投保范围，合理收取保费，承担保险赔偿责任，切实保障农户收入稳定。在农业保险扶贫政策执行过程中，保险公司的角色至关重要，一方面要能较好实现政府的意图，另一方面要能确保农户的保险需求得到满足。农户作为农业保险的最终受益者，其主要目的是通过参保增强自身抵御农业风险冲击的能力，稳定农业收入。

鉴于此，农户与保险公司的利益协调基本遵循市场化规则。保险公司在政府政策指引下因地制宜创新农业保险产品，在满足农户保险需求的同时，也增加了保费收入。科学合理设计倾斜性农业保险合同，不断降低农户农业保险准入门槛，优化保险合同条款，确保互利双赢。针对农业提供各类农业保险产品，农户按照政府财政补贴标准从保险公司购买相应的农业保险产品，并支付保费个人承担部分，保险公司与农户签订倾斜性农业保险合同。一旦灾害发生，农户向保险公司提出理赔申请，保险公司组织专家进行勘察定损并履行赔偿责任。应采取承包到户和理赔到户的模式，切实执行农业受灾赔偿标准，提高农业保险服务水平。倾斜性农业保险能够有效抵御农业风险冲击、稳定农户收入，因此农户应转变思想观念，学习并了解农业保险政策，主动降低保险排斥，提高投保积极性和主动性。在农业保险执行过程中，保险公司与农户均要严格遵守保险合同，减少道德风险和逆向选择。此外，按照合同条款的规定，针对保险公司骗取保费补贴、强制农户投保等违规行为，农户要能够通过合理渠道有效表达自身诉求，保障自身利益。

三、医疗保险扶贫政策相关主体博弈分析

（一）医疗保险扶贫政策相关主体构成

医疗保险扶贫政策相关主体包括政府、医院和低收入农户。由于医疗行业的特殊性和信息不对称，医疗保险相关主体在医疗市场的地位、功能和作用不同。因此，在医疗保险改革过程中，需要考虑相关主体的利益诉求，最大限度地调动各方的积极性，只有这样才能确保医疗保险事业健康发展。

1. 政府

医疗卫生与教育、文化等类似，具有公共产品的性质，需要政府实施强有力的支持和保障，满足人民生命健康需求。医疗保险制度是一个国家或地区按照保险原则为解决居民防病治病问题而筹集、分配和使用医疗保

险基金的制度。可见，医疗保险制度是一种规避风险、实现社会共济的重要举措。由于市场本身的局限性，政府在干预医疗保险的过程中必须承担起纠正市场失灵、满足人民各项医疗服务需求的责任。

2. 医院

医院是向居民提供医疗护理服务、确保人民群众生命健康安全的场所。从某种意义上讲，医院具有双重角色：一是公益性角色。即医院在健康管理、医疗保障、紧急救援、公共卫生等方面扮演着重要角色。二是盈利性角色。医院作为独立的经济活动单位，在市场机制下，要追求自身利益最大化目标。因此，在利益驱动下，医院可能会诱导病人过度治疗，如过度检查、过度开药等，这不仅会导致医疗资源的巨大浪费，而且会加重患者和医疗保险基金的负担。此外，由于医疗行业具有高风险性，一方面，医院通常不愿承担患者的医疗风险；另一方面，医院希望获取国家更多的医疗保险补偿。因此，客观上需要政府对医疗系统进行严格监管，确保医院忠实履行救死扶伤的神圣职责，不断提高医疗技术水平，确保人民群众的身心健康。

3. 低收入农户

低收入农户作为医疗保险扶贫政策的相关主体，目的是追求自身生命健康，提高生活质量，实现医疗福利最大化。医疗保险扶贫政策的重要功能是为低收入农户承担较高比例的医疗费用，以减轻其经济负担。但由于医疗服务信息不对称，在缺乏对医院有效监管的情况下，会出现一些不利于低收入农户的现象，例如，农户得不到很好的治疗或承担超出实际的医疗费用，导致低收入农户的福利受到严重损害。因此，需要政府对医院的医疗行为进行约束和监督，确保医疗服务信息透明化，防止医院为实现自身利益最大化而进行过度检查和治疗而侵害患者的利益。

（二）医疗保险扶贫政策相关主体的博弈分析

1. 政府和医院的博弈分析

政府在医疗保险中的利益诉求主要是实现全社会医疗事业健康发展，包括要求医院提供优质高效的医疗服务及使参保患者得到较为满意的医疗救治。政府为实现自身利益诉求，一方面，要对医院建设提供大量的人力、物力及财力支持，以激发医院从事医疗服务的积极性和主动性，这是由医院的公益属性决定的；另一方面，为确保人民群众得到满意的医疗救治服务，需要对医院进行有效的约束和监督。医院在医疗保险方面的利益诉求主要体现在通过提供医疗服务，实现经济效益、社会效益最大化。由于医疗服务信息不对称，经常出现医院重视经济效益最大化而忽视社会效益的现象。

为分析政府和医院博弈情况，假设政府有两种选择，即监管和不监管，医院也有两种选择，即规范治疗和不规范治疗。具体来说，第一，通常情况下，医院治疗的单位成本为 C_1，医疗服务价格为 P，医院提供服务数量为 Q。则医院的经济利润为 $R=Q(P-C_1)$，医疗风险为 F_1，医院不规范治疗会使社会效益降低，社会效益为 $-U$。第二，若医院规范治疗，需要投入的单位成本为 C_2，医疗服务数量为 Q，医疗风险为 F_2（$F_2<F_1$），医院通过规范治疗获得的社会效益为 U。第三，政府对医院的监管成本为 C_3，如果医院不规范治疗，所获得的社会效益为 $-N$；如果医院规范治疗，所获得的社会效益为 N。如果政府对医院监管过程中发现医院有违规行为，就会对医院进行处罚，假设每例处罚额度为 X；如果政府在对医院监管过程中发现医院规范治疗，政府则会对医院进行奖励，奖励额度为 Y。

对医院而言，在政府实施监管的情况下，如果医院进行规范治疗，则医院的总收益为 $R-C_2+U+Y$；如果医院不规范治疗，则医院的总收益为 $R-X(F_1-F_2)-U$。在政府不实施监管的情况下，如果医院进行规范治疗，则医院的总收益为 $R-C_2+U$；如果医院不规范治疗，则医院的总收益为 $R-U$。对政府而言，在医院规范治疗的情况下，如果政府监管，则政府的社会效益为 $-C_3+N-Y$；如果政府不监管，则政府的社会效益为 N。在医院不规范治疗的情况下，如果政府监管，则政府的社会效益为 $X(F_1-F_2)-C_3-N$；如果政府监管，则政府的社会效益为 $-N$（见表4-7）。

表 4－7　政府与医院的博弈矩阵

政府	医院	
	规范治疗	不规范治疗
监管	$(-C_3+N-Y,\ R-C_2+U+Y)$	$[X(F_1-F_2)-C_3-N,\ R-X(F_1-F_2)-U]$
不监管	$(N,\ R-C_2+U)$	$(-N,\ R-U)$

2. 医院与低收入农户博弈分析

医院与低收入农户均是医疗保险扶贫政策的受益者，其中，医院是直接受益者，而低收入农户是最终受益者。就二者的利益目标而言，医院通过降低医疗成本和提高医疗收入实现利润最大化，而低收入农户希望医院能为其提供优质的医疗服务。

为分析医院与低收入农户的博弈关系，假设医院有两种选择，即规范治疗和不规范治疗；农户有两种选择，即举报和不举报。假设医院的初始利益为 R_1，农户的初始利益为 R_2。如果农户不举报，政府就不会对医院的不规范治疗行为进行处罚；如果农户举报，则政府将会对医院的不规范治疗行为进行处罚，处罚金额为 X，而农户因举报医院获得的奖励为 Y。假设医院在规范治疗的情况下，需要投入的成本为 C_1，农户举报医院的不规范治疗行为需要付出的成本为 C_2。如果医院规范治疗，就会提高医疗服务质量和水平，以此带来更高的社会效益，主要包括提升医院的美誉度 D_1 和提高农户的健康水平 D_2。如果医院不规范治疗，其美誉度就会下降直至被社会淘汰，造成社会效益损失。

表 4－8 显示，假如医院规范治疗，农户举报，其收益为 $R_2-C_2+D_2$；农户不举报，其收益为 R_2+D_2，很显然，农户不举报时获取的收益大于举报时的收益，农户选择不举报。假如医院不规范治疗，农户举报，其收益为 $R_2-C_2+Y-D_2$；农户不举报，其收益为 R_2-D_2，此时，农户是否举报取决于奖励 Y 与成本 C_2 的高低，如果 $Y>C_2$，则农户举报；反之，则农户不举报。

表 4-8　医院与农户的博弈矩阵

农户	医院	
	规范治疗	不规范治疗
举报	$(R_2-C_2+D_2,\ R_1-C_1+D_1)$	$(R_2-C_2+Y-D_2,\ R_1-C_1-D_1)$
不举报	$(R_2+D_2,\ R_1-C_1+D_1)$	$(R_2-D_2,\ R_1-D_1)$

假如农户举报，医院规范治疗，其收益为 $R_1-C_1+D_1$；医院不规范治疗，其收益为 $R_1-C_1-D_1$，显然，规范治疗获取的收益大于不规范治疗获取的收益，医院会选择规范治疗。若农户不举报，医院规范治疗，其收益为 $R_1-C_1+D_1$；医院不规范治疗，其收益为 R_1-D_1。医院选择规范治疗还是不规范治疗，主要取决于医院更看重经济效益还是更看重社会效益，如果其更看重社会效益，医院则选择规范治疗，此时需付出成本但收获美誉度；如果其更看重经济效益，医院则选择不规范治疗，此时虽然没有付出成本，但失去了美誉度。

（三）医疗保险扶贫政策相关主体协调机制

医疗保险与农业保险类似，也是准公共产品，即兼有盈利性和公益性。因此，政府有责任、有义务加大对医疗保险的投入，确保低收入农户能够参加医疗保险，享受医院的医疗服务。由此可见，在协调医疗保险扶贫政策相关主体过程中，也需要兼顾政府、医院及低收入农户的利益诉求。

1. 政府与医院利益协调机制

在医疗保险运行过程中，政府必然会对其他相关主体行为产生重要影响，这与政府在整个社会中的角色及承担的责任有关。在医疗保险改革过程中，政府的目标是实现社会公共利益最大化；为实现这一目标，政府需要制定相应政策和激励机制，尽可能保障相关主体的利益诉求，调动其参与医疗保险的积极性和主动性。医院作为医疗保险扶贫政策的主要执行者，必然要在政府相关制度法规的指导和政策支持下，通过为低收入农户提供医疗服务，实现经济效益和社会效益最大化。

为分析政府与医院的利益协调机制，本研究主要分析政府制定的相应政策和激励处罚措施对医院行为和利益产生的影响。假设医院开展治疗行为的实际成本为 C_1，所取得的实际经济效益为 P_1，所取得的社会效益为 P_2；假设政府对医院的财政补偿为 W_1，政府对医院的奖励为 W_2，政府对医院的处罚为 W_3。因此，医院的纯收益 $R = P_1 + P_2 + W_1 + W_2 - C_1 - W_3$，医院会根据其纯效益函数决定其经营行为。显然，医院纯效益除与自身开展治疗所产生的效益及成本有关，还与政府对医院的补偿、奖励、处罚有关，政府补偿和奖励越多，医院的纯效益越高；政府处罚越多，医院的纯效益越低。

通常情况下，政府对医院所采取的激励和处罚措施大致有两类，一类是经济措施，包括财政补偿、奖励和处罚等；另一类是非经济措施，包括各类荣誉和声誉、各类通报批评等。当然，政府实施上述措施有 3 种方式：一是单独实施经济措施。即医院关注的重点是经济因素。若医院规范治疗，政府将给予其更多的财政补偿及奖励；反之，政府则给予其更多的处罚。将财政补偿及奖处与医院是否规范治疗挂钩，有助于医院间形成良性竞争，进一步提高医院医疗服务质量和水平。二是单独实施非经济措施。即医院关注的重点是非经济因素。若医院规范治疗，政府将给予更多的荣誉和声誉；反之，政府将给予通报批评或其他处分。三是同时实施经济措施与非经济措施。即医院关注的重点既有经济因素又有非经济因素。此时，对医院采取经济措施和非经济措施并重的办法有助于提高医院的经济效益和社会效益，促进医院向更高层次迈进。

由此可见，政府要促进医疗保障体系健康发展，就需要对医院的经营行为采取相应的激励及处罚措施，这样有助于医院进一步规范医疗救治，提高医疗技术水平和医疗服务质量。例如，对规范治疗的医院给予财政补偿及奖励，对提高医疗技术水平的给予大额财政补偿；反之，对没有实施规范治疗、道德缺失、弄虚作假等的医院严惩，形成震慑。当然，由于医疗行业的特殊性和复杂性，政府在使用激励及处罚措施的过程中，要以激励措施为主、处罚措施为辅，引导医院规范医疗行为，提高医疗技术水平，完善医疗服务质量，保障低收入农户基本医疗需求。

2. 医院与低收入农户利益协调机制

低收入农户与医院是一种医疗服务买卖关系，低收入农户购买医院医疗服务，并自付医疗费用，医院向低收入农户提供医疗服务，收取农户自付的医疗费用。当然，农户选择哪家医院治疗取决于其对该医院医疗服务的认知程度，包括是否为倾斜性医疗保险指定单位、医疗服务质量和水平、收费标准、医院口碑和等级等。一般来说，医院应向低收入农户提供高质量的医护服务，始终以救死扶伤为己任；作为医务工作者，高尚的医德医风是其必备的素质，精湛的医疗技能是其追求的终极目标。因此，低收入农户在接受医院提供医疗服务的同时，有权对医生的行为进行监督，当发现医生有违背职业道德的行为时，低收入农户可以投诉和举报。

为分析医院与低收入农户的利益协调机制，这里主要针对医生对低收入农户的治疗态度和行为进行分析。一是医生对低收入农户进行精心治疗且医德医风高尚。对医生而言，付出的是医疗技术和良好的职业道德，得到的回报是低收入农户身体康复及感谢、医生本人工资福利上升和职称职务晋升等；对农户而言，付出的是医疗费用自付部分，得到的回报是身体康复。由此可见，若医生对农户进行精心治疗且医德医风高尚，则医生和病人会出现“双赢”局面。二是医生虽对低收入农户进行了治疗，但医德医风缺失。出于自身经济利益考虑，医生对低收入农户小病大治，例如，本来只需一项检查，医生故意让做多项检查；本来只需使用常规药品，医生故意开出高档药品。医生的目的很明确，就是要低收入农户支付更多医疗费用，由此获取更多的利润提成。对低收入农户而言，虽然其身体康复了，但支付了高昂的费用，导致贫困程度更深。如果低收入农户无法对医生的医德医风缺失进行有效识别，势必会助长医生的不良风气，医生会变本加厉坑害更多的患者；如果低收入农户能够及时发现医生的不良行为并对其进行举报，不仅能够有效制止医生的不良行为，而且会对其他医生起到警示作用，避免类似事件再次发生。三是医生既缺乏医疗技能又缺乏医德医风。这种情况属于典型的庸医误人。医生主要通过坑蒙拐骗获取利润，低收入农户则会人财两空。如果这种现象不能被及时制止，不能严惩医生，那样低收入农户都不愿意到医院治疗，这不但会严重影响低收入农户的身心健康，医院也会因声誉受到影响无法开展正常的医疗救治。

3. 政府与低收入农户利益协调机制

政府制定医疗保险扶贫政策的终极目标是确保低收入农户都有医疗保险并能得到有效的医疗救治，因此，低收入农户的利益诉求是政府制定医疗保险扶贫政策的关键影响因素。检验医疗保险扶贫政策的标准是低收入农户是否满意及满意度的高低。对医疗保险扶贫政策的认知程度、购买医疗保险意愿的高低、医疗保费支付能力的大小、医疗保险报销的比例等是影响农户满意度的关键因素。

为分析政府与低收入农户的利益协调机制，这里主要基于政府职责是否履行到位来进行分析。对政府而言，一是要引导农户提高医疗保险意识，鼓励和支持农户积极参与医疗保险的各项改革。二是要广泛宣传医疗保险政策，让农户理解医疗保险的基本内涵及作用机理，确保医疗保险政策得到有效的贯彻落实。三是要完善信息共享机制，确保医疗保险各项信息公开透明，避免信息不对称导致逆向选择和道德风险，确保农户利益不受损害。四是实施差异化的医疗保险政策。对农村地区而言，为防止出现“一边脱贫、一边返贫”的现象，针对脱贫户，在继续保持原政策不变的情况下，对低收入农户实施适度倾斜的医疗保险政策，对中高收入农户执行普惠性政策，确保脱贫户、低收入农户、中高收入农户在享受医疗保险政策时，既能做到差异化，又能有效防止“待遇悬崖”。此外，进一步完善农户健康扶贫动态管理机制，随时掌握农户动态变化基本信息，按照规定的标准和程序及时将因病返贫的农户纳入建档立卡贫困户，确保其享受医疗保险政策。

综上所述，通过对政策性保险相关主体博弈的分析发现，政府是整个政策性医疗保险的制定者和维护者，医院是政策性医疗保险的直接受益者，而农户是最终受益者。因此，构建以政府为主导的医疗保险治理机制，充分协调政府、医院、农户三者之间的利益关系，制定符合三者共同利益的激励机制，是推动我国医疗保险发展的重要举措。首先，政府要进一步规范医院的医疗行为，鼓励医院不断提高医疗技术水平，并通过医疗保险政策给予一定的补偿和奖励。其次，政府要充分调动农户参与医疗保险的积极性，动员农户加强对医院的监督及举报，保障自身的合法权益，确保医疗保险健康发展。最后，政府应完善信息共享机制，确保农户拥有知情权。

第二节　农村保险市场失灵理论

本节分别从农村保险市场失灵的表现、财政补贴校正农业保险市场失灵、政策性农业保险理论的质疑与重新解释等方面展开理论分析。

一、农村保险市场失灵的表现

农村保险市场具有外部性、准公共产品及信息不对称等属性。以农业保险为例，其外部性指农业保险的社会效益高于其自身经济效益。农业保险通常以种养殖业为保险标的，当自然灾害对种养殖业造成损失时，由保险公司承担相应的保险赔偿责任。农业保险赔付不仅能保证受损农户得到部分或全部经济补偿，而且能使其受损标的及时得到修复，尽快恢复农业生产。从这个意义上来讲，农业保险具有较强的正外部效应，不仅保证了农业产量、产值和收益，而且促进了农业可持续发展，保障了国家粮食安全和经济发展对农产品的稳定需求。如果保险公司和农户在农业保险经营中的收益得不到保障，农业保险则无法经营，从而导致市场失灵。农业保险准公共产品属性指农业保险具有部分非竞争性和部分非排他性，农户普遍有搭“便车”习惯，即“只消费、不付费”。例如，经常出现部分农户购买农业保险，部分农户没有购买的现象；从理论上来说，购买农业保险的农户可以得到灾后补偿，没有购买的不能得到补偿；但在实际运行过程中，为有效避免灾害（霜冻、火灾等）损失，保险公司或政府会委托相关部门实施防灾防损措施，避免农业遭受损失，此时，没有购买农业保险的农户也会从中受益，这在一定程度上影响了购买农业保险农户的投保积极性，甚至会使其放弃购买农业保险。农业保险信息不对称指农户对农业状况了解程度比保险公司深。在此情况下，农户只购买易被灾害冲击的农业保险产品，不购买不易受到冲击的保险产品，由于保险公司对相关信息掌握不充分，会频繁进行灾害赔偿，从而出现经营亏损。

商业性农业保险是以市场为导向、以盈利为目的的保险模式。从农户的角度来看，由于农业具有高风险性，损失率较高，保险公司基于高损失率厘定的保险费率通常较高，收入较低的农户难以承受或不愿意承受。此外，农户风险意识淡薄，购买农业保险动力不足。多数农户盲目乐观，认为灾害不会发生，或灾害不会发生在自己身上，认为若缴纳农业保险费后没有发生灾害，自己就损失了一部分收入，经济上不划算。从保险公司的角度来看，一方面，由于农户投保积极性不高，农业保险投保面难以满足“大数定律”要求；另一方面，农业具有弱质性、周期长、面积大、受环境影响大等特点，因此农业风险具有多样性、群发性、巨灾性等特点。另外，由于绝大部分农户以小规模经营为主，且保险标的较为分散，保险公司承保、勘察定损、理赔等成本高、难度大，保险公司被迫放弃农业保险业务。由此可见，农户和保险公司在商业性农业保险模式下，最终会陷入“供需双冷”的尴尬境地。

二、财政补贴校正农业保险市场失灵

政策性农业保险是弥补商业性农业保险市场失灵的有效手段。政府根据农业保险的自然属性和特点，科学设定农业保险保费厘定机制、保费构成要素和财政补贴方式，有效激发农户和保险公司参与农业保险的积极性和主动性，推动农业保险可持续发展。具体而言，政策性农业保险应坚持以下原则：一是社会补偿原则。由于农业保险具有较强的正外部效应，即农户购买农业保险会使整个社会受益，所以，应以全社会为核算单位来考核政策性农业保险，将商业性农业保险亏损部分纳入社会总成本范畴加以补偿。二是“统保”原则。通过财政保费支持和政府行政引导将全部农户纳入农业保险范畴，解决农户参加农业保险动力不足和保险公司经营难以为继等问题。通过实施“统保”使农业保险外部效应“内部化”，有利于保险公司按照“大数定律”分散农业风险。三是国家支持原则。国家对农业保险在财政补贴、法律法规条例及行政上进行支持。农业保险与一般的财产保险有较大区别，通常肩负着满足国家对农产品的稳定需求及保障国家粮食安全的重任。因此，政府在经济上给予农业保险大力扶持的基础上，还要通过颁布相关法律法规条例等确保农业保险在运行过程中有法可依，同时辅以必要的行政手段来组织和引导农业保险工作，以协调保险公司和农户等积极进入农业保险市场。

图4－1为商业性农业保险与政策性农业保险作用效果示意图，横坐标Q代表农业保险需求和供给数量，纵坐标P代表农业保险保费水平。在商业性农业保险模式下，D为对应的农业保险需求曲线，S为农业保险的供给曲线，由于“供需双冷”，需求曲线D与供给曲线S无法相交。在政策性农业保险模式下，若政府只为农户提供保费补贴T_1，而不为保险公司提供补贴，需求曲线由D移动至$D+T_1$，而供给曲线S保持不变，此时，变化后的需求曲线$D+T_1$与不变的供给曲线S相交于均衡点E_1，对应的均衡产量为Q_1；若政府只为保险公司提供补贴T_2，而不为农户提供保费补贴，供给曲线由S移动至$S+T_2$，而需求曲线D保持不变，则变化后的供给曲线$S+T_2$与不变的需求曲线D相交于均衡点E_2，对应的均衡产量为Q_2；若政府既为农户提供保费补贴T_1，又为保险公司提供补贴T_2，则需求曲线由D移动至$D+T_1$，供给曲线由S移动至$S+T_2$，则变化后的需求曲线$D+T_1$与变化后的供给曲线$S+T_2$相交于均衡点E_3，对应的均衡产量为Q_3。由此可见，政府对农业保险实施财政补贴政策能有效弥补商业性农业保险市场失灵。由图4－1可以看出，政府财政补贴规模是影响农业保险供给与需求的关键因素，尤其是政府对农户和保险公司均提供补贴时，可以弥补农业保险供给和需求的双重正外部性，从而有效激发农户和保险公司参与农业保险的积极性，促进农业保险市场健康稳定发展。

财政对农业保险保费进行补贴相当于降低了农业保险价格，即降低了投保人的投保成本，相应提升了农业保险需求；而扩大的农业保险需求提高了农业保险参保率，使投保标的土地风险趋于平均化，降低了逆向选择影响的严重程度。同时，更高的参保率使“大数法则”具备了正常发挥作用的环境，能够在更广阔的时空分散风险，大大提高了风险分散率。值得注意的是，在保险经营中，长期的过高或过低赔付率均是市场失灵的表

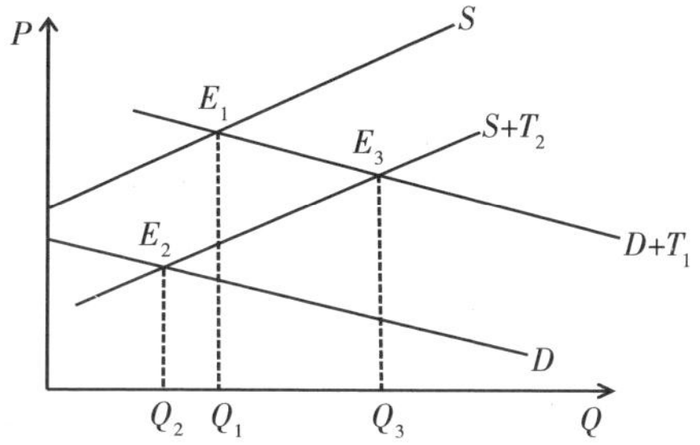

图 4－1　商业性农业保险与政策性农业保险作用效果

现。从费率结构看，纯费率根据过去损失率的经验数据来制定，代表未来损失预期。在正常有效的市场条件下，根据“大数法则”，实际经营结果与事前预期应接近，也就是说赔付率应接近纯费率。当然，在农业风险变化无常、巨灾损失难以预测的情况下，不能要求农业保险每年的赔付率都接近纯费率，而是在一定的时间跨度内，如每 10 年的平均赔付率接近纯费率。主要是因为农业系统性风险易产生巨灾损失，而系统性巨灾损失难以完全在空间分散，而要在时间上分散，即以丰补歉，将某年度产生的巨灾损失分散到各年。实现风险损失时间上的分散是保险业处理巨灾损失的一个重要方法。简言之，在保险市场中，适当的赔付率是市场有效运行的重要表现，由此保险人可通过提供保险产品获取预期利润，投保人购买保险产品并获得预期效用，市场参与者各得其所，市场运行有条不紊。

三、政策性农业保险理论的质疑与重新解释

（一）政策性农业保险理论的质疑

1. 不同作物保险性质不同

已有文献讨论农业保险时，并没有区分农业保险的具体类别，从而引起认识上的混乱。农业保险包括种植业保险和养殖业保险，但并非所有种植业和养殖业项目都属于政策性农业保险范畴。种植业保险也可以严格分为大宗农作物保险和经济作物保险，不同保险对农户的生产行为影响不同。作为战略物资储备的粮食作物与菜篮子工程尽管都很重要，但着眼点有差别。作为畜牧业保险之一的生猪保险与奶牛保险也有很大的差别。因

此，笼统地以农业保险具有什么样的特征和性质作为政策性农业保险的理论根据，从逻辑上是不成立的。

2. 农作物供给曲线的移动没有强有力的实证基础

现行理论中，农业保险外部性的逻辑主要是农业保险会影响农作物产量，进而提高社会福利。尽管部分研究发现，1998—2000 年，农业保险使得全部作物的产量提高了 0. 28%~4. 1%，但总体而言，关于农业保险影响作物产量的研究还较为有限。对中国而言，并没有发现强有力的证据说明农业保险显著影响了水稻或小麦产量。反倒是在浙江温岭通过社会学调查发现西瓜保险显著影响了瓜农生产积极性，并促进了西瓜产业的发展，这不仅与农业保险这个概念有关，而且与农业保险的具体条款设计有关。同时，即使我们发现农业保险可以影响农作物供给曲线的变化，也并不能说明农业保险一定需要财政补贴。因为能够促进粮食产量变化的公共政策还包括兴修水利、良种补贴、技术培训等。

3. 农业保险外部性的概念并不严密

首先，关于外部性，理论界并没有一个被普遍接受的概念（加雷思，2001）。其次，外部性通常需要满足两个基本条件：一是外部效应仅涉及那些不用支付的效益和损失，由此排除了市场交易关系。二是外部效应是附带效应而非经济活动带来的原效应或故意制造的效应。因此，传统理论中农业保险的外部性（尤其是粮食增产等方面）是不符合基本概念的。首先，农作物在市场上是通过交易过程流通到社会的。其次，如果农业保险的目的是促进农作物产量增加，那么，即使其产量增加也不能说明其具有外部性。对某些具体的农业保险品种而言，外部性是非常突出的，例如，上述讨论中的棉花保险防灾防损的案例、近期发现的生猪保险可以促进病死猪无害化处理，以及降低农户使用的自费疫苗花费进而优化农户生产行为等。官兵（2008）否定了农业保险具有外部性，原因在于这种认识忽略了农业保险不同险种的异质性。

4. 农业保险准公共产品性质与政策性农业保险财政补贴关系并不严密

传统文献无论是论证农业保险是否会影响作物产量，还是论证农业保险是否具有外部性，都是为了证明农业保险具有准公共产品的性质，从而作为政策性农业保险的理论依据。非常遗憾的是，准公共产品本身是一个灰色概念，即纯粹公共产品与私人产品之外的都属于准公共产品。要判断其属性，关键在于这种产品更偏向哪边。但这个问题在一定程度上是实证问题，不是理论问题。因此，用准公共产品作为政策性农业保险的理论根据并不严密。

5. 农业保险需求与市场失灵理论的关系

市场失灵通常指市场无法有效配置资源。关于农业保险，学者已经观察到农户对农业保险的需求较低。若农户对农业保险没有需求或需求极低，说明农业保险并没有市场，而并非农业保险市场失灵。目前，农业保险中的某些险种的需求情况并不乐观，保险公司根据往年损失数据核定费率后，财政补贴 80%~90% 的保费，农户只需付 10%~20% 的农业保险保费，在保险条款合理的情况下，若仍没有需求就不属于市场失灵。

（二）政策性农业保险理论重新解释

1. 理论的根源在于农业生产

农业问题在中国不仅是一个生产问题，而且是一个政治问题。目前对农业保险的讨论经常从国家粮食安全的角度进行。黄季焜（2004）指出，中国目前不存在国家粮食安全问题，且中国是世界上粮食最安全的国家之一；而中国粮食安全的实现主要依靠提高粮食生产能力，而不是生产补贴。Zhang 等（2013）研究发现，农业保险可以优化养猪农户的生产行为，农业保险在减少农户使用自费疫苗的同时，生猪死亡率并没有显著变化。从理论上讲，农业保险可以降低农户生产风险，促进农户采取更先进的生产手段，最终提高粮食生产能力。农业保险在分散农户生产风险的同时，可以在一定程度上降低农户收入波动幅度，提高农户福利。

2. 支农政策创新手段

在进行财政补贴的情况下，相对于其他支农政策工具，农业保险政策能够在多大程度上提高农户福利，并能够在多大程度上发挥其他支农工具不可替代的作用，最终实现效用最大化，还需进行进一步研究。在农业保险制度设计基本完成、农业保险试点工作逐步推进的背景下，学术界的首要任务是挖掘政策性农业保险对社会福利的作用，通过实证研究验证农业保险财政补贴资金的使用效率。

3. 农业保险市场失灵问题

长期以来，中国农业保险市场一直停滞不前。农业风险通常表现为系统性风险，例如，台风、洪水、干旱等灾害，成灾面积较大，损失较为严重。目前，保险公司普遍采取提取保险准备金、购买再保险等方法分散系统性风险。概括起来，农业保险市场失灵的主要表现：一是道德风险问题。例如，在生猪保险方面，农户在投保一年出栏量生猪时，保险公司无法观察到出栏量，只能通过存栏量估计出栏量；而农民的存栏量往往会根据市场行情进行调整。对保险条款规定的免责疾病或承保范围的疾病，保险公司并没有能力进行鉴定，上述问题都可能产生道德风险问题。二是逆向选择问题。逆向选择即风险大的农户投保，而风险小的农户不投保，从而使得保险公司按照总体损失率设定的费率不足以维持正常经营。随着农业保险的规范化经营，逆向选择问题越来越突出。

第三节　认知理论

认知是个体认识和知晓客观事物的过程，包括感觉、知觉、记忆、思维、语言、想象等。概括起来，认知理论主要包括认知失调理论、认知负荷理论、期望价值理论、农业风险认知理论、健康风险认知理论、农业保险扶贫政策认知理论、医疗保险扶贫政策认知理论等。

一、认知失调理论

该理论由美国社会心理学家费斯廷格于 1957 年提出。费斯廷格认为，个体对事物的态度及态度和行为之间通常是相互协调的；出现不协调时就会产生认知失调，进而导致心理紧张。个体为缓解心理紧张，一般会通过改变认知和行为等方法恢复协调。费斯廷格认为，认知失调主要有4种：一是决策后失调。当个体必须在两个各有优缺点的参选对象中做出选择时，很容易产生决策后失调。二是强制服从失调。是指当个体受外力影响而采取与自身意愿相反的行为时产生的失调。三是接触新信息失调。是指个体接触新信息可能使已有的认识受到威胁而产生的失调。四是社会支持体系失调。当个体受到群体成员反对，被要求接受新信息时产生的失调。费斯廷格认为，个体之间的失调耐受性是有差异的，一般情况下，性格外向型人比内向型人的失调耐受性高。例如，性格外向型人在写完一篇相反态度的报告后态度改变比内向型人小。

费斯廷格分别从3个方面对认知失调理论进行了实验验证：一是不充分合理化实验。首先，让两个被实验者分别做1小时枯燥乏味的绕线工作，在其离开工作室时，实验者请他告诉在外面等候参加实验的“被实验者”（其实是实验助手）绕线工作是一项十分有趣的工作；之后，该被实验者得到一笔酬金。然后实验者再请他填写问卷，以了解他对绕线工作的真实感受。结果发现，得酬金多的被实验者对绕线工作态度评价较低；而得酬金少的被实验者对绕线工作态度评价较高。对此，费斯廷格的解释是：当被实验者对别人说绕线工作很有趣时，他头脑中有两个认知因素：“我本不喜欢绕线工作”和“我对别人说这项工作有趣”两者是相互矛盾的。为了消除心理上的失调感，他便要把自己的行为合理化。费斯廷格认为，得酬金多的被实验者会用较多的酬金为自己的行为辩解，认为自己之所以对别人说绕线工作有趣是因为有明显的外部好处，这样做失调感就减弱了。可是对得酬金较少的被实验者来说，用这种理由为自己的行为开脱比较困难，所以，被实验者便不自觉地提高了对绕线工作的态度评价。这样，新的认知因素“我比较喜欢绕线工作”与“我对别人说绕线工作很有趣”就相互协调了。结果，得报酬少的人比得报酬多的人更喜欢绕线工作。这种情况被称为“在不充分的合理化条件下因认知失调引起的态度改变”。二是决断后效应。人对客观事物做出选择是个决断过程。在决断前，若人对事物的价值判断相近，则难以做出选择；但在选择后，决策者对事物的态度就发生了改变。表现为人对被选事项更加偏爱，而对未选事项持消极态度。认知失调理论认为，这种现象也反映了人内部解除失调感的过程。人做出选择意味着他放弃了未被选择事项的利处，接受了被选择事项的弊处，对这一结果的认知与他自己对自身的评价（“我是个理智而能干的人”）之间所产生的矛盾促成了人的失调感。为了消除它，他可以采取行动改变原来的选择，但在很多情况下，做选择是难以改变的，于是，他采取重新评价各种事物的方式，收集新的信息缓解决策造成的失调感。这时，他更多地意识到被选事项的优点和被拒绝事项的缺点，致使对两种事项的评价在态度上有明显区别。三是以削弱失调感增强信念。在社会生活中，有时人为实现目标付出了巨大努力，但所得结果与其预期相差甚远。面对与预期不一致的结果时，有的人并不会调整自己的认识和行为，而是继续坚持原来的认识和行为。原因是已经付出的努力不可逆转，即使改变已有的认识也无法消除失调感：“我曾为某种信念投入了巨大的劳动”与“事实证明这种信念是不真实的”。这时，人只好寻求其他方式，例如，寻找一些理由进行解释，或只承认存在较小的失误，但总认识和判断不会改变，并极力宣传和维护它，以此缓解内心的失调感。

二、认知负荷理论

该理论由澳大利亚心理学家约翰·斯威勒于1988年提出。认知负荷是人们对信息进行储存和加工的总量。该理论主要以资源有限理论和图式理论为基础，其中，资源有限理论认为人的资源有限，如果同时从事若干活动就会涉及资源分配的问题，在资源总量一定的情况下，资源分配只能是“此多彼少”。由于各项活动均需消耗认知资源，若消耗资源超过了资源总量，资源分配就会表现出不足，进而影响活动效果。图式理论认为，图式是一种认知结构，是利用长时记忆来弥补短时记忆容量不足的。在学习过程中，学习者利用长时记忆中的图式对新信息进行加工和整合，使长时记忆中图式的数量增多、规模扩大、质量提高，从而提高学习效果。

认知负荷理论认为，人类的记忆系统包括感官记忆、工作记忆和长时记忆等模式，上述模式相互作用，共同处理信息。外界刺激信息首先进入感官记忆，若引起人们关注，就可进入工作记忆，但工作记忆的容量是有限的，一般只能加工 2～3 条信息，若工作记忆的信息数量超过这一数额，记忆容量就会超出负荷，信息加工活动就会受阻或根本无法有效开展。此外，工作记忆对新信息的储存时间较短（1～2 分钟），所以新信息只有进入长时记忆才会被长久储存，长时记忆的容量是无限的，且所存储信息是长久不会被遗忘的。知识信息以图式的方式存储于长时记忆中，并通过多次练习形成知识组织与存储的机制，使人类的认知活动自动化。自动化的认知过程不需要意识控制和资源消耗，因此可以弥补学习者工作记忆容量有限的不足，降低工作记忆的负荷总量。

认知负荷理论认为，认知负荷有 3 种来源：内部认知负荷、外部认知负荷和关联认知负荷。其中，内部认知负荷是由知识内容本身带来的，当学习材料具有高元素交互性而人们又未充分掌握适宜的图式时会出现高内部认知负荷。外部认知负荷是由设计和方法带来的，是加工设计拙劣的材料时所做的努力，这种认知负荷对学习没有贡献，而且会减少用于学习的工作记忆总量。关联认知负荷包括加工认知负荷和元认知负荷两部分。前者是人们将工作记忆能量投入更深层的图式建构并存储时所产生的认知负荷，后者是将工作记忆能量投入对学习活动的监控和对学习策略的关注时所产生的认知负荷。内部认知负荷、外部认知负荷和关联认知负荷是相互联系的。在活动过程中，问题带给人们的外部认知负荷主要是由问题的内部认知负荷决定的。由于工作记忆的处理能力有限，如果内部认知负荷很高，那么外部认知负荷就要相应降低；如果内部认知负荷和外部认知负荷的总和还没有超过工作记忆的处理能力，那就可以让人们在学习过程中使用关联认知负荷，尤其是那些与图式建构和自动化有直接关系的关联认知负荷。认知负荷的基本观点是：只有将认知负荷控制在工作记忆所能承载的范围内，有效学习才能发生，否则将造成认知负荷超载、学习失败。

认知负荷理论认为，认知负荷效应包含 11 种：①目标自由效应。指用目标自由（学习目标不很明确）的题目代替为人们提供特定目标的传统题目，更有利于学习迁移。②样例和问题完成效应。样例效应指相比于直接通过解决问题来学习，为人们提供展示解决方法的样例会产生更好的学习效果；问题完成效应指用待完成的问题来代替传统的问题，在问题中提供部分解决方案，而将其他的问题交给人们来完成会产生更好的学习效果。③分散注意力效应。指图片信息与相应的文字解释信息相分离，容易导致人们的注意力分散从而增加认知负荷，可以将这些信息整合到一起以降低认知负荷。④通道效应。指可用口头解释文本和视觉信息源（多种形式）代替书面文本和图表等视觉信息源（单一形式）。⑤冗余效应。指无法帮助建立认知图式的多余信息源会干扰学习效果。⑥知识反转效应。指对初学者来说很有效的教学方法，在已具备丰富专业知识的人身上可能无效，甚至会产生相反的效果。⑦指导消退效应。指随着人们专业知识的增加，在呈现样例后，应该让其尝试解决部分问题，随后尝试解决整个问题。⑧想象和自我解释效应。想象效应指让人们用想象或心理练习材料代替传统的附加学习；自我解释效应指人们在学习物理力学样例时，每看到一个步骤就会停下来试图给出自己的解释。⑨元素交互效应。指当使用低元素交互的材料时，想象等教学效应会消失；当使用高元素交互的材料时，它们又会出现。⑩瞬时效应。指处理难度较大的任务时，人们容易遗忘刚刚获取的信息，这时需要提供一些可以被人们反复使用的资源。⑪集体工作记忆效应。指如果学习材料的难度较大，那么集体学习效果有可能会优于个体学习。

三、期望价值理论

该理论是 Eccles、Feather 及 Heckhausen 等在前人研究基础上进行相应完善并提出的。该理论把成就作业、坚持及选择与个体的相关期望与任务价值信念联系起来。

（一）Eccles 的期望价值理论

Eccles 阐述并验证了一个成就相关选择的期望价值理论模型。在该理论模型中，他们假定选择同时受到正向与负向任务的影响，且假定所有选择都有准确费用，因为做出了一种选择，则相应减少了其他选择。因此，对不同选择的成功期望与价值高低评判是做出选择的关键因素。期望与价值被认为会受到特定任务信念的影响，如能力知觉、不同任务难度知觉、个人目标与自我图式。经由情感记忆及对先前成就结果的解释，以上社会认知变量反过来受到个人感知的他人对自己的态度与期望的影响。Eccles还假定，个体的任务知觉及对过去结果的解释受其行为、信念、文化环境等的影响。Eccles从成功预期、能力信念与任务价值等方面对其理论进行了阐述。成功预期是个体对眼前的、近期或远期的任务能够做得有多好的信念。班杜拉的自我效能理论中也包含预期。他区分出了两种期望效能，一种是效能预期，即个人对能够完成任务的信念；一种是结果预期，即特定的活动能够带来特定的结果。班杜拉认为，早期的期望价值理论研究者更关注结果预期，进一步说，效能预期比结果预期更能预测成绩与选择。Eccles接受了班杜拉的观点，他对预期的构建更类似班杜拉的效能预期而不是结果预期。期望信念被用一种类似班杜拉个体效能预期的方式测量。能力信念指个人对自己在不同领域的能力的评价。在该期望价值理论中，能力信念被认为是在特定领域的更广泛的信念，而不是对某一具体任务的成功预期。与期望不同的是，能力信念集中于当前任务，而期望集中于将来的任务。任务价值主要包括获取价值、内部价值、效用价值与花费。其中，获取价值指成功完成特定任务对个体的重要性。内部价值是个体从某项活动中得到的乐趣或对这一对象的主观兴趣。效用价值取决于任务与当前或将来目标的联系程度。甚至就个体自身而言，他或她对一个任务本身没有兴趣，仅因为该任务能够对将来的重要目标有用，这个任务就具有积极的价值。花费是价值的关键部分。他们从参与任务的消极方面给出花费的概念，这些消极方面像焦虑、对成功与失败的担心，以及做了这种而不是另一种选择而失去的机会与成功所要付出的努力等。需要注意的是，多数经验研究集中于前三个价值成分的建构，在花费上还缺少充分的实证研究。

（二）Feather关于价值的研究

Feather通过拓宽价值概念的方式发展了早期期望价值理论模型。认为价值是一系列对于什么是值得拥有的稳定的、整体的信念，并指出这些信念来源于社会标准与个人的心理需要及对自我的知觉。认为价值是一种引导个体做一些他们认为应该做事情的动机。个人的价值认识影响任务目标的吸引力及获得这些目标的动机。Feather用几种类型的行为证实了这种观点，包括参加政治活动小组、学生选择专业等。另外，他还发现价值与能力知觉是正相关而不是负相关的。这意味着价值是由多种因素决定的，而不只是任务的难度。这些因素可能包括客观目标本身的特征、个人成功与失败的绩效、任务上成功的可能性等。他同样得出结论，我们对任务价值的来源知之甚少。

（三）Heckhausen 的期望价值理论的研究

Heckhausen 整合了许多不同的动机研究方法，使早期期望价值理论模型更加精细化。他的理论区分出了 4 种不同的期望模型：情境—结果（在特定的情境下没有行动而获得结果的主观可能性）、活动—结果（通过行动获得结果的主观可能性）、经由情境的活动—结果（情境因素促进或阻碍了活动—结果预期的主观可能性）与结果—影响（与特定影响相联系结果的主观可能性）。Heckhausen 还指出，任务操作不是仅由预期的自豪感与羞涩、积极的自我评价与重要他人（教师、父母）的表扬等决定的。任务操作可能是达到上级长期目标的中介，或具有外部的副作用（一个目标有附属的好处），一定要予以考虑。需要注意的是，Heckhausen 的期望价值理论模型认为结果是行动的直接后果，其本身没有多少诱因价值。诱因价值只是个人活动的影响（自我评价与外部评价）所致。因此，活动的动机主要取决于个人对行为影响的价值认识。

（四）期望价值理论的评价

首先，期望价值理论最重要的贡献是使期望与价值建构精细化及对其关系的研究。在期望价值理论中，期望与价值两个部分更为具体，并且与更广泛的心理与社会文化因素相联系。这使得运用该理论进行广泛的实证研究具有更强的可操作性。期望与价值还被假定具有正向的联系，且已有较多的实证研究证明了该假设。其次，期望价值理论以现实世界中的成就任务为基础。期望价值理论的一个重要特征是其在教育领域有丰富的实证研究。Eccles 的研究表明，利用能力自我概念与成就期望能够预测学生的数学与英语成绩。此外，控制了先前的成就水平，通过任务价值能够预测课程计划及参加体育活动的水平。也有研究表明，通过期望与价值同样能够预测职业选择。Eccles 还研究了成功预期、能力信念与主观价值是如何随着年级的变化而变化的。最后，期望价值理论强调形成动机与行为的理性认知过程。有研究者批评说，预期与绩效的逻辑的、理性的决策过程在现实中经常用不到，人们宁愿用那些简单而更易犯错误的决策策略。他们还认为任务价值变化得很快，在不熟悉的领域更是如此。然而，大量的实证研究表明，期望和价值与成就和选择间的关联支持了该理论的效度。

（五）期望价值理论研究展望

尽管期望价值理论研究非常活跃，研究者在个体选择参加或不参加不同活动的原因，以及个体的期望、价值认识是如何影响成就行为的研究上也取得了不少进展，但其需要与其他相关理论进行整合，特别是在能力与期望信念的建构上，需要与归因理论、自我效能理论与目标理论等进行整合。尽管这些理论在建构上还存在着诸多不同，但是它们的共同点要大于不同点。如前所述，期望价值理论基于人类行为的理性假设，过分强调理性的认知过程而忽视其他方面。有研究指出，理性的认知过程并不能包括动机的全部，期望价值理论还需要对情感方面进行研究。借鉴其他相关理论研究，对知与情的整合也是将来期望价值理论的一个重要研究方向。此外，在心理学的诸多研究领域，环境的作用越来越受到重视，期望价值理论的研究也不例外。实际上，期望与价值都要通过人对环境重要条件和自身条件的认知发挥作用。在期望价值理论中，环境影响受到一定程度的重视，如 Eccles 的理论模型中包含了文化背景的影响。期望价值理论的研究还需进一步考察环境与个人动机的交互作用。

四、农业风险认知理论

农业风险认知是农户对自身在农业生产经营过程中面临的风险（自然风险、市场风险）的感知和识别。农户在农业生产中常常面临诸多未知因素，这些未知因素往往会给农户的农业生产、收入带来冲击。通常情况下，农户对农业风险认知存在较大差异，如一些农户的收入主要来源于农业，其主要担心自然灾害导致其农业收入缩减，因此对农业保险政策接受较为积极；一些农户的收入主要来源于非农产业，其对自然灾害冲击不太关心，因而对农业保险政策也不关心。通常情况下，农业风险认知包括自然风险认知和市场风险认知两类。其中，自然风险认知是农户对自然力不规则变化（气象灾害、病虫害）导致的风险的感知和识别。自然风险具有不可控性、周期性及共沾性特点，农户对这些自然风险特性的认知程度高低直接影响其对农业保险的认知及投保意愿。市场风险认知是农户在农业生产经营过程中对市场不规则变化（价格波动、供求失衡）导致风险的感知和识别。农产品价格波动或供求失衡等常常会导致农户实际收益与预期收益发生背离。可见，作为弱势群体的农户，除了会面临自然风险的冲击，还会面临市场风险的冲击，且二者可能会相互交织共同作用，在市场经济体制深入推进过程中表现尤为明显。

农户对农业风险认知面临诸多困境，其主要表现：一是农业风险认知难度大。农业系统具有复杂性，这种复杂性既表现为一种生物再生产过程，容易受到气候、地形、土壤和微生物等自然环境的限制和影响；同时表现为一种经济再生产过程，容易受到经济社会技术条件的限制和影响。农户受自身条件的制约，对农业风险的来源认知不够；更因为农业风险均表现为多风险交叉，且风险表现形式多样，农户认知农业风险越来越困难。二是农业风险认知不精准。对农业风险的认知是有效开展农业风险管理的前提和基础，但是，农业风险具有不确定性，这种不确定性受自然灾害和市场波动影响；农业风险不确定性和复杂性的增加影响了农户对农业风险认知的精准度。三是对农业风险认知还有待进一步深化。对农业风险的认知还应包括对农业风险预警及应急处理的认知。对农业风险预警的认知是对影响农业生产的气象、地形等自然环境及价格波动等市场环境等进行动态监测、分析、研究，实施事前预警，为相关部门提供咨询决策和参考的认知。农业风险的应急处理的认知是农业风险即将或已经发生时，政府和相关市场经营主体针对风险可能造成的损失采取的应对手段和补救办法。由于农业风险预警的适用范围有限，不能有效满足农户降低和防范各种农业风险的实际需要，农业生产经营的风险系数持续增加。

五、健康风险认知理论

健康风险认知是农户对自身健康状况面临风险的感知和识别。按照世界卫生组织的理解，所谓健康即人们处于生理器官没有病变且心理状态良好及具有较强社会适应能力的状态，因此，健康风险认知包括生理健康风险认知、心理健康风险认知及社会适应性风险认知等。其中，生理健康风险认知是农户对自身生理健康状况面临风险（超负荷工作、营养不良）的感知和识别。例如，有些农户受自身素质的限制，只能从事一些劳动强度大、工作环境恶劣的工作，长期超负荷劳动会严重透支身体导致健康状况持续下降；有些农户因经济条件限制，生活没有保障，营养长期跟不上，导致贫血等生理性疾病。心理健康风险认知是农户对自身心理状况面临风险（精神受到打击、生活压力）的感知与识别。例如，有些农户因为家庭变故精神受到打击，出现心理和精神疾病；有些农户因为长期收入水平低而生活压力大，产生性格孤僻、行为异常等心理问题。社会适应性风险认知是农户对自身社会适应面临的风险（自卑、能力不足）的感知与识别。例如，有些农户在外出打工过程中，因心理自卑无法与其他人进行有效沟通和协调，不能适应城市工作环境；有些农户因为知识和能力欠缺，无法胜任城市工作岗位。

农户对健康风险的认知表现为：一是农户对健康风险复杂性认知。复杂性认知既包括对健康风险发生概率的认知，也包括对健康风险发生后对自身冲击的认知。二是农户对健康风险来源多样化的认知。多样化的认知包括工业化进程导致环境污染对健康造成影响的认知、生产和生活方式对健康造成影响的认知、社会保障程度对健康造成影响的认知。三是对农户患重大疾病对健康危害的认知。对农户而言，一旦患有重大疾病，因其收入微薄而无力治疗，可能会对其身心健康造成重大打击。四是对农户脆弱性认知。农户脆弱性是导致其健康风险发生的重要原因。农户脆弱性主要包括自然资本、物质资本、金融资本、人力资本及社会资本的脆弱性，这些因素对农户整体脆弱性产生累积效应。

六、农业保险扶贫政策认知理论

农业保险扶贫政策认知是低收入农户对农业保险扶贫政策的感知与识别，包括对农业保费补贴、农业保险保障能力、农业保险险种等的认知。其中，农业保费补贴包括农业保费补贴区域、保费补贴品种、保费补贴力度等；农业保险保障能力包括保费收入、农业保险保障水平及农业保险赔付水平等；农业保险险种包括成本保险、产量保险、收入保险等。农业保险扶贫政策认知除了包含农户对政策本身的感知，还包含对国家实施农业保险扶贫政策意图的认知。事实上，国家实施农业保险扶贫政策意图十分明显，即主要通过对低收入农户实施农业保险倾斜政策，如进一步提高农业保费补贴比例和提高农业风险保障水平，提升其应对农业风险冲击的能力。

农业保险扶贫政策认知包含以下几个方面：一是对农业保险扶贫政策的了解程度。由于低收入农户素质的差异及不同区域对农业保险政策的宣讲力度不同，农户对农业保险扶贫政策的了解程度存在较大差异。二是对农业保险扶贫政策的认可程度。例如，农户包括退出型农户、自给型农户及兼业型农户，其中，退出型农户收入来自非农产业；自给型农户收入全部来自农业产业；兼业型农户收入一部分来自农业产业，一部分来自非农产业。因此，不同类型农户对农业保险扶贫政策的认可程度有较大差异，退出型农户根本不认可农业保险扶贫政策，兼业型农户对农业保险扶贫政策可能有一定程度认可，自给型农户对农业保险扶贫政策认可程度较高。三是对农业保险扶贫政策可替代性的认知。通常情况下，国家扶贫手段包括“输血式”扶贫和“造血式”扶贫，其中，“输血式”扶贫是通过单方面转移支付的方式来扶贫，如开展社会救济；“造血式”扶贫是通过扶持让农民发展生产来摆脱贫困。很显然，农业保险扶贫政策属于“造血式”扶贫，有内生动力摆脱贫困的农户认为农业保险扶贫政策不可替代，相反，有“等、靠、要”思想的农户更希望国家对其实施社会救济以替代农业保险。此外，有些农户认为农业风险根本不会发生，还有些农户认为可以通过多样化种植来分散风险，因而对农业保险扶贫政策重视不够。

七、医疗保险扶贫政策认知理论

医疗保险扶贫政策认知是低收入农户对医疗保险扶贫政策的感知与识别，包括对基本医保政策、大病保险政策、门诊政策及兜底保障政策等的认知。其中，基本医保政策包括农户基本医保个人缴费财政补贴、住院起付线及住院报销比例等；大病保险政策包括农户大病保险起付线标准、医疗费用保险比例、不同层次医院就诊保险比例；门诊政策包括农户门诊处方金额控制、报销金额控制、诊疗收费标准、特殊慢性病报销比例等；兜底保障政策包括不同层级医院就医医疗总费用比例控制、年度个人负担医疗费用控制等。

对医疗保险扶贫政策的认知主要有两个特点：一是农户对医疗保险扶贫政策认知存在差异。有些农户认为医疗保险扶贫政策减轻了他们的经济负担，提升了健康水平，帮助他们实现了稳定脱贫；有些农户认为医疗保险扶贫政策报销比例还不够高，对一些诊疗和药品不在报销范围内心存不满，对不同医院治疗报销比例不同有意见。二是低收入农户与其他农户对医疗保险扶贫政策认知有差异。低收入农户对医疗保险扶贫政策总体满意度较高，主要原因是医疗保险扶贫政策在低收入农户与其他农户之间产生了“悬崖效应”。“悬崖效应”指政府给予低收入农户系列额外医疗福利安排，而其他农户无法享受。

第四节　农户保险需求的理论分析

本节分别从农户没有购买农业保险和农户购买农业保险两个方面对农户保险需求展开理论分析。

一、农户没有购买农业保险

通常情况下，农户人均可支配收入 I 主要由工资性收入 G、农业经营性收入 $J(1-P)$、财产性收入 C 和转移性收入 Z 等构成。其中，J 为没有风险损失的农业经营性收入，农业风险损失率为 P（$P\in[0,1]$）。在农户没有购买农业保险的情况下，根据农户人均可支配收入构成情况可以把农户人均可支配收入表示为：

$$I=G+J(1-P)+C+Z \tag{4-1}$$

为分析经营性收入对农户人均可支配收入的影响，假设每个农户的工资性收入 G、财产性收入 C 和转移性收入 Z 均不受农业风险冲击的影响，即为常数；而农业经营性收入由于受自然风险和市场风险冲击会产生波动，即农业经营性收入与农业风险损失率 P 有直接关系，农业风险损失率 P 值越高，农业经营性收入越低，反之则反。

假定有 3 个农户（甲、乙、丙），在正常情况下（无农业风险冲击，即 $P=0$），为分析方便，假定 3 个农户人均可支配收入相等，均为 10000 元，但 3 个农户收入构成不同，其中，甲农户工资性收入占比为 60%、农业经营性收入占比为 20%、财产性收入和转移性收入合计占比为 20%；乙农户工资性收入占比为 40%、农业经营性收入占比为 40%、财产性收入和转移性收入合计占比为 20%；丙农户工资性收入占比为 20%、农业经营性收入占比为 60%、财产性收入和转移性收入合计占比为 20%。

假定农业风险损失率 P 分别为 20%、60% 和 100%。根据公式(4-1)可分别计算甲、乙、丙 3 个农户人均可支配收入（见表 4-9）。在农业风险损失率 $P=20\%$ 的情况下，甲农户人均可支配收入为 9600 元，乙农户为 9200 元，丙农户为 8800 元，甲、乙、丙农户之间的人均可支配收入差距不大，仅为 400~800 元；在农业风险损失率为 60% 的情况下，甲农户人均可支配收入为 8800 元，乙农户为 7600 元，丙农户为 6400 元，甲、乙、丙农户之间的人均可支配收入差距扩大到 1200~2400 元；在农业风险损失率为 100% 的情况下，甲农户人均可支配收入为 8000 元，乙农户为 6000 元，丙农户为 4000 元，甲、乙、丙农户之间的人均可支配收入差距扩大到 2000~4000 元。由此可见，在农户没有购买农业保险的情况下，随着农业风险损失率上升，农业经营性收入比重越高，农户遭受的损失越大。

表 4-9 不购买农业保险情况下甲、乙、丙农户对应不同风险损失率的人均可支配收入

农业风险损失率（%）	甲人均可支配收入（元）	乙人均可支配收入（元）	丙人均可支配收入（元）
20	9600	9200	8800
60	8800	7600	6400
100	8000	6000	4000

二、农户购买农业保险

在农户购买政策性农业保险的情况下，农业保险费率为 a，财政农业保险保费补贴比例为 b，农业保险保障水平为 c，此时，农户人均可支配收入表达式为：

$$I = G + J(1-P) + C + Z - Jac(1-b) \qquad (P \leqslant 1-c) \qquad (4-2)$$

$$I = G + Jc + C + Z - Jac(1-b) \qquad (P > 1-c) \qquad (4-3)$$

公式（4-2）表示农业风险损失率较低（$P \leqslant 1-c$）、没有触发农业保险赔偿时农户的人均可支配收入；其中，$Jac(1-b)$ 为农户承担的保费金额，也就是比农户没有购买保险时多支付的保费金额。公式(4-3)表示农业风险损失率较高（$P > 1-c$）、触发了农业保险赔偿时农户人均可支配收入。

目前，全国农业保险费率平均为5%，即 $a=5\%$，中央及地方财政农业保险保费补贴比例总体为80%，即 $b=80\%$，全国绝大多数省（自治区、直辖市）农业保险保障水平为50%，即 $c=50\%$。以上述三类农户为例，农户预期最高人均可支配收入为10000元。假定农业风险损失率高于50%（$P>1-c$），则农户可支配收入按照公式（4-3）执行：甲农户人均可支配收入为8990元，乙农户为7980元，丙农户为6970元。由此可见，在农业风险损失率较高的情况下，三类农户购买农业保险后人均可支配收入均比没有购买保险时高；但在农业保险保障水平仅为50%的情况下，农业经营性收入比重高的农户仍然难以避免较大风险灾害所带来的收入冲击。

第五节　保险扶贫政策减贫的理论分析

本节分别从农业保险扶贫政策减贫机理和医疗保险扶贫政策减贫机理两方面展开分析。

一、农业保险扶贫政策减贫机理分析

农业保险扶贫政策是国家针对农村低收入农户进一步实施降低农业保险费率、提高财政保费补贴比例、提高自缴保费减免比例、提高农业保险理赔金额等倾斜性政策，以提升农户抵御农业风险冲击的能力，防止因灾致（返）贫。

（一）稳定农户收入

农业保险政策对低收入农户收入影响的作用机理如图4－2所示。长期以来，农业一直面临自然风险、经济风险、政治风险及技术风险等挑战，其中以自然风险和经济风险为主。自然风险主要来自与农业生产相关的各种灾害性因素，如地震、台风、旱灾、雨涝、冰雹、低温霜冻等。在诸多风险冲击中，自然风险冲击是造成农业生产损失的主要冲击。经济风险主要来自与农业生产相关的各种经济波动因素，如市场供求失衡、农产品价格波动、经营管理不善等。由于农业生产周期较长，相比于其他行业，其更易受经济风险冲击。

基于此，加强风险管理及农业保险补偿等措施可以有效防范和化解农业风险冲击。风险管理包括风险预防和风险转移，风险预防侧重于灾害发生前的预防。政府机构和专业农业保险公司定期向农户宣讲灾害预防知识，提供防灾减灾建议，并适时开展人工降雨等举措，尽量降低农业风险损失的概率。风险转移侧重于开展灾害发生过程中的风险转移。在灾害发生过程中，通过引导农户进行产业结构调整和优化，尽可能降低自然风险和经济风险对农户收益的冲击。农业保险补偿侧重于开展灾害发生后的保

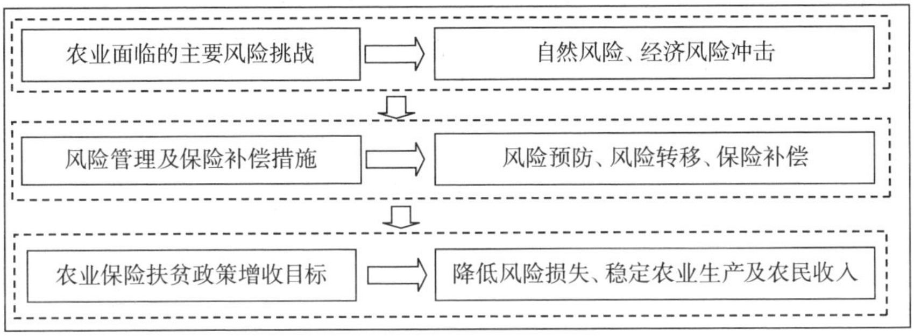

图4－2 农业保险扶贫政策对农户收入影响的作用机理

险赔偿。在灾害发生后，保险公司针对投保农户开展直接经济补偿，将农户损失降到最低。通过上述举措，可确保降低风险损失和稳定农户收入增长目标。

（二）降低贫困发生率

低收入农户多处于地理条件恶劣、自然灾害频发地区，加之农业基础设施落后、经济发展水平低，致使低收入农户陷入“贫困—灾害”陷阱，贫困与灾害往往相互交织、恶性循环。为化解“贫困—灾害”恶性循环的困局，制订并实施农业保险政策及其配套措施尤为必要（见图4－3）。

图4－3 农业保险扶贫政策及配套措施减贫作用机理

首先，实施农业保险扶贫政策可减轻低收入农户经济负担、减少风险损失。通过降低农业保险保费率、提高财政保费补贴比例、提高自缴保费减免比例，可以降低其农业保险费用支出。通过提高农业风险保障水平，可以有效减少风险损失，稳定收入。其次，通过实施相关配套措施可以促进发展农业生产。例如，通过帮助低收入农户发展特色产业，确保其有稳定收入来源；在生产过程中，农技部门通过开展农业技术培训和指导，让农户熟练掌握生产技术要领，为其带来实实在在的经济效益；在开展社会化服务方面，相关部门通过开展产前、产中、产后服务，消除贫困户的后顾之忧；金融机构通过提供优惠信贷支持，解决农户融资难、融资贵问题，帮助其扩大农业生产规模。由此可见，通过开展农业保险政策及其配套措施可以有效降低贫困发生率。

二、医疗保险扶贫政策减贫机理分析

（一）贫困与疾病相互作用机理

由于所处地理环境恶劣、基础设施落后、经济发展水平低、社会服务水平不高，多数低收入农户容易落入“贫困—疾病”陷阱，即贫困与疾病相互交织、恶性循环（见图4－4）。

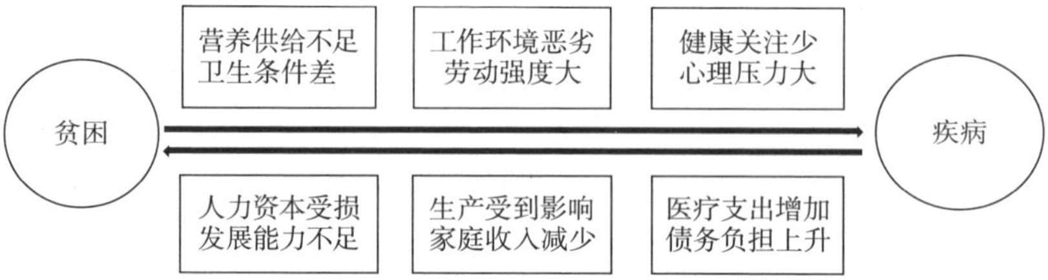

图4－4　贫困与疾病相互作用机理

首先，“因贫致病”是因为贫困，收入水平低从而使农户营养供给不足等，导致疾病产生或健康状况不佳。其作用机理主要表现在以下3个方面：一是营养供给不足和卫生条件差容易引发疾病。低收入农户家庭可能会节省食物支出，导致饮食结构单一、食物搭配不均衡，进而造成营养严重不良、身体免疫力下降；低收入农户家庭在卫生清洁方面投入有限，其居住环境往往卫生条件较差，家庭成员患传染性疾病的概率较高。二是工作环境恶劣和劳动强度大容易引发疾病。低收入农户普遍文化程度较低、劳动技能不足，就业渠道较窄，所从事工作的环境差且劳动强度大，容易导致身体机能受损，甚至可能引发严重的疾病。三是健康关注少和心理压力大，因此容易引发疾病。低收入家庭大多对健康状况不够重视，导致小病演变为大病的情形常常发生；此外，贫困容易引发家庭纠纷、离婚、自杀等事件，家庭成员可能因此形成很大的心理压力，出现失落、压抑、孤独等状态，进而导致免疫力下降，引发疾病。

其次，“因病致贫”是因为疾病或健康不佳，农户家庭收入减少或收入能力下降，从而陷入贫困。其作用机理主要表现在以下 3 个方面：一是医疗费用支出增加，债务负担上升。当家庭成员患病，尤其是患有重大疾病时，医疗费用支出会大幅增加，当收入不足以支付医疗费用时，其所在家庭可能会变卖资产或借债，进而深陷贫困。二是生产活动受到影响，家庭收入减少。家庭成员如果患重大疾病，则需要长期治疗，不但患者本人的生产活动受到影响，家庭其他成员也会因照顾患者减少生产活动时间，从而使家庭收入降低，贫困程度加剧。三是人力资本受损，发展能力不足。重大疾病会使患者本人的就业技能不能有效发挥，进而给其收入和长期发展带来不利影响，不但可能导致自身贫困，甚至会引发贫困的代际传递。

（二）医疗保险扶贫政策减贫机理

为突破“贫困—疾病”恶性循环的困局，必须针对贫困和疾病采取双管齐下的应对措施，切断“贫困—疾病”恶性循环链条。基于此，为防范和化解因病致贫、因病返贫的风险，制定并实施医疗保险扶贫政策及其配套措施尤为必要（见图 4－5）。

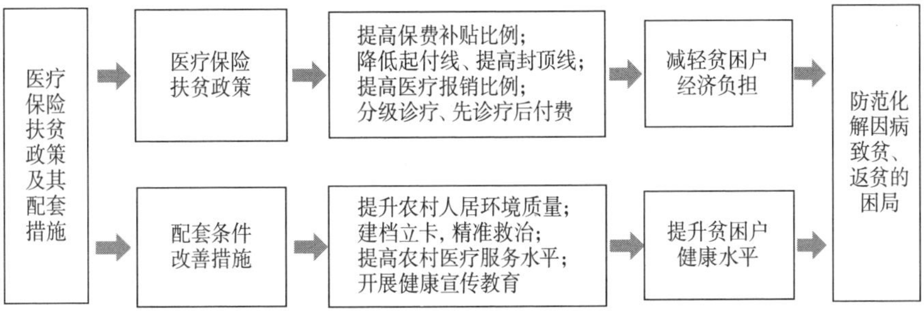

图 4－5　医疗保险扶贫政策及其配套措施减贫机理

首先，实施医疗保险扶贫政策可减轻农村低收入家庭的经济负担。通过提高财政医疗保费补贴比例，可以减少其医疗保费支出。对农村低收入患者而言，降低起付线、提高封顶线、提高医疗报销比例等，可以降低其门诊费、检查化验费、医药费、住院费等支出。推进患者分级治疗制度建立，除了重特大疾病需到县域外就诊，患者在乡镇医院或县级医院就诊，医疗报销比例更高。对农村贫困患者实施“先诊断后付费”和“一站式结算”等措施，可以有效缓解家庭资金紧张与及时治疗的矛盾，从而间接减轻其经济负担。可见，医疗保险扶贫政策通过多重医疗保障制度和措施，提高了家庭应对疾病风险冲击的经济能力，为防范和化解因病致（返）贫提供了坚实保障。

其次，实施医疗保险扶贫配套条件改善措施可提升低收入家庭健康水平。第一，提升农村人居环境质量，能够减少低收入农户生病的频率。例如，通过“厕所”革命、垃圾污水处理、饮用水安全巩固提升工程等，从源头控制其患疾病的风险。第二，通过对脱贫户家庭建档立卡，让患者看好病。例如，针对患者开展家庭医生签约服务、定期免费体检和疾病诊断、建立患者健康卡，确保其得到及时治疗。第三，提高农村医疗服务水平，方便患者看病。例如，加强农村地区县级医院、乡镇卫生院、村卫生室标准化建设，解决患者“看病难”的问题。第四，通过对脱贫家庭开展健康教育，广泛宣传健康基本知识，增强其健康意识，使其养成良好的卫生习惯和坚持健康的生活方式，提高预防疾病的能力。

第五章

保险扶贫政策的认知分析

从已有文献来看，目前对于保险扶贫政策认知的实证研究还相对不足。本章基于大别山地区所属10个县（市、区）的实地调研数据，采用描述性分析和计量模型分析方法，揭示农户对保险扶贫政策认知情况并研究其影响因素。

第一节　风险认知与保险扶贫政策认知的调查及相关性分析

风险认知分析主要针对农业风险认知和健康风险认知两方面展开。保险扶贫政策认知分析主要针对医疗保险扶贫政策认知和农业保险扶贫政策认知两方面展开。在此基础上，本节对风险认知与保险扶贫政策认知作相关性分析。

一、风险认知调查分析

（一）农业风险认知调查分析

农业风险主要包括气象灾害风险、市场风险、技术风险、病虫害风险、违约风险、政策风险及其他风险等，且这些风险存在不同程度相互交叉，共同对农业生产造成冲击。从对湖北省黄冈 10 个县（市、区）的调查结果来看，在各项农业风险认知中，气象灾害风险占 91.5%，政策风险占 45.7%，市场风险占 20.2%，病虫害风险占 12.3%，技术风险占 9.1%，违约风险占 8.2%，其他风险占 7.8%。在气象灾害风险中，干旱灾害风险占比 80.5%，洪涝灾害占比 75.6%；相较干旱灾害风险和洪涝灾害风险而言，市场风险、病虫害风险及其他风险占比较低。就市场风险而言，根据蛛网模型，农产品价格受市场供求变动影响常常出现波动，但波动幅度均在农户可控制范围之内。病虫害和其他风险可以通过科学有效的田间管理来减轻可能造成的损失。就农户而言，市场风险、病虫害风险及其他风险对农业生产冲击较大，主要原因是农户对倾斜性农业保险认知不足，一部分农户对政府推动倾斜性农业保险扶贫政策缺乏信任，这可能与当前倾斜性农业保险扶贫政策的县级财政保费补贴政策落实不到位有关。由此可见，受到黄冈市先天不利的自然地理条件的约束，气象灾害风险对农业生产冲击较大。因此，仅凭农户自身力量抗击农业风险是不现实的，客观上需要政府制定并实施倾斜性农业保险扶贫政策对农业生产风险进行合理规避。

（二）健康风险认知调查分析

健康风险认知包含健康风险产生的原因、健康风险发生后的心理状态、健康风险发生后的应对措施。其中，健康风险产生的原因包括营养供给不足与卫生条件差、工作环境恶劣与劳动强度大、健康关注少与无法获取充分的疾病预防服务，以及其他因素。从调查情况来看，营养供给不足与卫生条件差占81.4%，工作环境恶劣与劳动强度大占61.3%，健康关注少与无法获取充分的疾病预防服务占51.9%。健康风险发生后的心理状态认知包括担心医疗支出增加和债务负担上升、担心生产受到影响及家庭收入减少、担心人力资本受损和发展能力不足等。从调查情况来看，担心医疗支出增加和债务负担上升占94.8%，担心生产受到影响及家庭收入减少占74.2%，担心人力资本受损和发展能力不足占51.4%。健康风险发生后的应对措施包括动用积蓄、借债、变卖家产、向有关部门寻求救助等。从调查情况来看，动用积蓄占100%，借债占30.3%，变卖家产占21.4%，向有关部门寻求救助占41.2%。

二、保险扶贫政策认知调查分析

（一）农业保险扶贫政策认知调查分析

农业保险扶贫政策认知包括农业保险扶贫政策内容及重要性的认知。其中，农业保险扶贫政策内容认知按照了解程度可分为非常了解、比较了解、一般、不太了解、完全不了解。从调查情况来看，完全不了解占41.2%，不太了解占30.5%，一般占12.5%，比较了解占10.3%，完全了解占5.5%。总体来看，农户对农业保险扶贫政策的了解程度较低。农业保险扶贫政策重要性认知包括非常重要、比较重要、一般、不太重要、非常不重要。从调查情况来看，非常重要占23.5%，比较重要占31.3%，一般占20.5%，不太重要占15.7%，非常不重要占9.0%。由此可见，尽管农户对农业保险扶贫政策内容了解不够，但对农业保险扶贫政策的重要性大多比较肯定。

（二）医疗保险扶贫政策认知调查分析

医疗保险扶贫政策认知包括对医疗保险扶贫政策内容及其重要性的认知。其中，医疗保险扶贫政策内容认知按照了解程度可分为非常了解、比较了解、一般、不太了解、完全不了解。从调查情况来看，完全了解占21.1%，比较了解占40.7%，一般占15.4%，不太了解占12.3%，完全不了解占10.5%。总体来看，农户对医疗保险扶贫政策的了解程度较高。医疗保险扶贫政策重要性认知包括非常重要、比较重要、一般、不太重要、非常不重要。从调查情况来看，非常重要占90.5%，比较重要占5.1%，一般占3.2%，不太重要占1.2%，非常不重要为0。由此可见，相比于农业保险扶贫政策，农户不仅对医疗保险扶贫政策内容了解更多，而且对医疗保险扶贫政策的重要性的肯定程度也更高。

三、风险认知与保险扶贫政策认知的相关性分析

农户对风险认知与对保险扶贫政策认知既有区别又有联系。以农业保险为例，从区别的角度来看，农户对农业风险认知取决于内因和外因两个方面，内因主要包括农户性别、年龄、文化程度、家庭经济状况及自身风险偏好等；外因主要包括农户以往年份农业灾害损失情况、农户生产条件和水平等。农户对农业保险扶贫政策认知取决于理性预期及参照物的选取，理性预期是农户对是否购买农业保险的成本和效益的主观评估；参照物的选取是农户通过购买农业保险来转移风险的决策与自行承担风险决策或其他灾害外部融资渠道的比较。从联系的角度来看，农户对农业风险的认知程度越高，通常对农业保险扶贫政策的认知越高。

课题组对样本调查数据进行了典型相关分析、聚类分析、因素分析和SNK检验，结果表明，农户的风险认知与农业保险扶贫政策认知之间的相关系数为0.732，说明农户的风险认知程度与农业保险扶贫政策认知程度之间相关性较高。聚类分析结果表明，影响农户关于农业保险扶贫政策决策的重要变量有“农户是否听说过农业保险”“是否购买过农业保险”“是否了解保费补贴”“是否了解投保及理赔信息”等；判定农户对农业风

险认知程度的重要指标有“日常生活中最担心的风险类别”“对农业灾害的形成和防御知识是否了解”“在灾前是否得到相关信息”等。由此说明，对农业风险认知的提高是农户选择通过农业保险扶贫政策来分担风险的基础。因此，建议在实践中提高农户对农业保险扶贫政策认知，并从提高农户的农业风险认知入手。

第二节　农户对保险扶贫政策认知的影响因素分析

本节以农业保险扶贫政策为例，通过构建计量模型，实证检验农户对保险扶贫政策认知的影响因素。

一、变量说明

（一）被解释变量

以农业保险扶贫政策为例。为分析农户对农业保险扶贫政策认知的影响因素，本研究将“农业保险扶贫政策认知”作为被解释变量，且以“经济认同”和“风险规避认同”两个变量为“农业保险扶贫政策认知”的替代变量。其中，“经济认同”用“能够帮助农户减贫增收”来表示，“风险规避认同”用“可以有效降低农业市场风险”来表示。

（二）解释变量

参考已有文献，结合课题组调研情况，本研究认为，影响农户对保险扶贫政策认知的主要因素包括个体特征变量、家庭特征变量、外部环境特征变量，以及主观评价因素特征变量。

1. 个体特征变量

农户个体特征包括户主性别、年龄、文化程度和从事农业年限。在农村家庭中，男性对农业保险扶贫政策认知比女性高；随着年龄增长，人们对外界的感知能力会逐渐下降，故年龄越大的农民对农业保险扶贫政策认知越低；文化程度对人们认知能力提升具有重要促进作用，故文化程度越高的农民对农业保险扶贫政策认知越高；农户从事农业年限越长，其对农业生产规律越熟悉，如果该农户对新鲜事物接受能力较强，其认同农业保险扶贫政策的可能性就会高，反之则低，因此，从事农业年限对农业保险扶贫政策认知的影响方向有待检验。

2. 家庭特征变量

农户家庭特征变量包括耕地规模、兼业人数、家庭人均可支配收入。农户承包的耕地规模越大，其经营农业面临的风险就越高，相应对农业保险扶贫政策认知程度越高；农户兼业人数越多，其对农业依赖就越低，相应对农业保险扶贫政策认知程度越低；农户家庭人均可支配收入越高，其获取知识的能力就越强，相应对农业保险扶贫政策认知程度就越高。

3. 外部环境特征变量

外部环境特征变量包括农业自然灾害冲击强度、政策宣传力度、是否加入农业合作组织。通常来说，受自然灾害冲击强度越大，农户遭受损失可能越严重，相应对农业保险扶贫政策认知越高；若政府或保险公司对政策宣传力度越大，农户获取相关农业保险知识就越多，相应对农业保险扶贫政策认知程度就越高；若农户加入农业合作组织，其风险意识进一步增强，相应对农业保险扶贫政策认知程度越高。

4. 主观评价因素特征变量

主观评价因素特征变量包括农户对农业保险扶贫政策满意度和对农业保险扶贫政策运行情况熟悉度。农户对农业保险扶贫政策满意度越高，说明农户越认同它，则相应对农业保险扶贫政策认知度越高；农户对农业保险扶贫政策运行情况越熟悉，则相应对农业保险扶贫政策认知度越高。

被解释变量及解释变量含义及赋值见表 5 – 1。

表 5－1　变量含义及赋值

变量			代码	变量的含义及赋值
被解释变量	模型 1	经济认同	Y_1	能够帮助农户减贫增收：完全不认同 =1；比较不认同 =2；一般 =3；比较认同 =4；完全认同 =5
	模型 2	风险规避认同	Y_2	可以有效降低农业市场风险：完全不认同 =1；比较不认同 =2；一般 =3；比较认同 =4；完全认同 =5
解释变量	个体特征变量	户主性别	X_1	男 =1；女 =0
		年龄	X_2	20 岁及以下 =1；21～35 岁 =2；36～50 岁 =3；51～65 岁 =4；66 岁以上 =5
		文化程度	X_3	文盲 =1；小学 =2；初中 =3；高中或中专 =4；大专及以上 =5
		从事农业年限	X_4	10 年及以下 =1；11～20 年 =2；21～30 年 =3；31～40 年 =4；41 年及以上 =5
	家庭特征变量	耕地规模	X_5	家庭实际耕地面积（亩）
		兼业人数	X_6	既从事农业又从事非农业劳动力数（人）
		家庭人均可支配收入	X_7	家庭实际人均可支配收入（万元）
	外部环境特征变量	农业自然灾害冲击强度	X_8	非常弱 =1；比较弱 =2；一般 =3；比较强 =4；非常强 =5
		政策宣传力度	X_9	非常小 =1；比较小 =2；一般 =3；比较大 =4；非常大 =5
		是否加入农业合作组织	X_{10}	是 =1；否 =0
	主观评价因素特征变量	对农业保险扶贫政策满意度	X_{11}	完全不满意 =1；比较不满意 =2；一般 =3；比较满意 =4；完全满意 =5
		对农业保险扶贫政策运行情况熟悉度	X_{12}	完全不熟悉 =1；比较不熟悉 =2；一般 =3；比较熟悉 =4；完全熟悉 =5

二、数据来源

课题组于 2019 年 7 月对湖北省黄冈市 10 个县（市、区）展开问卷调查，每个县（市、区）随机抽取 2 个乡镇，每个乡镇随机抽取 2 个村，每个村随机抽取 20 户贫困户（包含脱贫户），总计 800 户样本农户。发放调查问卷 800 份，回收有效问卷 762 份，有效率为 95.25%。

三、模型构建

由于所涉及变量多为离散型数据，根据分布函数 F（x）的不同，常用的模型有 Probit 模型、Logistic 模型和 Tobit 模型。基于研究需要，本研究采用多元有序 Logistic 回归模型来量化分析影响农户对保险扶贫政策认知的主要因素。基于前文变量选择，构建第 i 个农户的认同度模型：

$$Y = \sum \beta_i X_i + \varepsilon_i \tag{5-1}$$

式（5－1）中，$X_i=(X_1, X_2, \cdots, X_k)$ 为解释变量向量，β 为回归系数向量，$\beta=(\beta_1, \beta_2, \cdots, \beta_k)$ 为回归模型的系数估计值；ε_i 为随机变量。

根据研究假设和模型选择，本项目将“经济认同”和“风险规避认同”两个变量作为被解释变量建立两个多元有序 Logistic 回归模型，即模型（1）和模型（2）。

四、回归结果分析

运用 Stata15.0 软件分别进行多元有序 Logistic 回归，分析各变量对农户经济认同、风险规避认同的影响。

（一）各因素对农户经济认同的影响

采用多元有序 Logistic 计量模型得到回归模型（1）。各解释变量对农业保险扶贫政策的经济认同的偏回归系数见表 5－2。

表 5－2　各变量对农户经济认同的影响结果

模型（1）			
解释变量	系数	解释变量	系数
户主性别	0.8654***	家庭人均可支配收入	0.1038
年龄	－0.1487	农业自然灾害冲击强度	0.7543***
文化程度	1.5734***	政策宣传力度	0.2354*
从事农业年限	－0.3275*	是否加入农业合作组织	0.1011*
耕地规模	0.6943**	对农业保险扶贫政策满意度	0.2148**

续表

模型（1）			
解释变量	系数	解释变量	系数
兼业人数	0.1421	对农业保险扶贫政策运行情况熟悉度	0.7546 ***
R^2	0.5671		
F 值	119.3278		

注：＊＊＊、＊＊、＊分别表示在1%、5%和10%水平上显著。

户主性别对农业保险扶贫政策的经济认同具有显著的正向影响，这说明在其他条件不变的情况下，农户中男性对农业保险扶贫政策的经济认同水平显著高于女性；原因是在农村家庭中，男主外、女主内现象明显，导致男女对外界事物认知程度有较大差异。年龄对农业保险扶贫政策的经济认同影响不显著，这说明在其他条件不变的情况下，不同年龄的农户对农业保险扶贫政策的经济认同差异不明显；原因是农户尽管年龄不同，但由于收入水平普遍较低，对农业保险扶贫政策的经济认同程度普遍较低。文化程度对农业保险扶贫政策的经济认同具有显著的正向影响，这说明在其他条件不变的情况下，文化程度较高的农户对农业保险扶贫政策的经济认同程度高于文化程度较低的农户；原因是农户文化程度越高，其获取新知识的能力越强，对新事物认知能力和水平也越高。从事农业年限对农业保险扶贫政策经济认同的影响显著为负，这说明在其他条件不变的情况下，从事农业年限较长的农户对农业保险扶贫政策的经济认同程度低于从事农业年限较短的农户。

耕地规模对农业保险扶贫政策的经济认同具有显著的正向影响，这说明在其他条件不变的情况下，耕地规模较大的农户对农业保险扶贫政策的经济认同显著高于耕地规模较小的农户；原因是耕地规模越大的农户对农业生产领域的关注度越高，越能主动了解相关领域动态，因而对农业保险扶贫政策的经济认同越高。兼业人数对农业保险扶贫政策的经济认同影响不显著，这说明在其他条件不变的情况下，兼业人数多少对农业保险扶贫政策的经济认同差异不明显。家庭人均可支配收入对农业保险扶贫政策的经济认同不显著，这说明在其他条件不变的情况下，农户家庭人均可支配收入的高低对农业保险扶贫政策的经济认同差异不明显；原因是农户家庭人均可支配收入普遍较低，即便有差异，但差异不大，因而对农业保险扶贫政策的经济认同差异不大。

农业自然灾害冲击强度对农业保险扶贫政策的经济认同具有显著的正向影响，这说明在其他条件不变的情况下，遭受自然灾害冲击大的农户对农业保险扶贫政策的经济认同显著高于受冲击小的农户；原因是农户遭受农业自然灾害冲击越大，损失越大，因此，更关心如何通过采取相关措施来尽可能减少损失，因而对农业保险扶贫政策的经济认同高。政策宣传力度对农业保险扶贫政策的经济认同具有显著的正向影响，这说明在其他条件不变的情况下，政策宣传力度越大，农户对农业保险扶贫政策的经济认同越高；原因是政策宣传力度越大，农户就越能感受到政策给其带来的好处，因而对农业保险扶贫政策的经济认同就高。是否加入农业合作组织对农业保险扶贫政策的经济认同具有显著的正向影响，这说明在其他条件不变的情况下，加入农业合作组织的农户对农业保险扶贫政策的经济认同越高。

对农业保险扶贫政策满意度对农业保险扶贫政策的经济认同具有显著的正向影响，这说明在其他条件不变的情况下，对农业保险扶贫政策满意度高的农户对农业保险扶贫政策的经济认同显著高于满意度低的农户。对农业保险扶贫政策运行情况熟悉度对农业保险扶贫政策的经济认同具有显著的正向影响，这说明在其他条件不变的情况下，熟悉度高的农户对农业保险扶贫政策的经济认同显著高于熟悉度低的农户。

（二）各因素对农户风险规避认同的影响

采用多元有序 Logistic 计量模型得到回归模型（2）。各解释变量对农业保险扶贫政策的风险规避认同的偏回归系数见表 5－3。

表 5－3　各变量对农户风险规避认同的影响结果

模型（2）			
解释变量	系数	解释变量	系数
户主性别	0.7328**	家庭人均可支配收入	0.2178
年龄	－0.5467**	农业自然灾害冲击强度	0.8106***

续表

模型（2）			
解释变量	系数	解释变量	系数
文化程度	1.2734**	政策宣传力度	0.3275*
从事农业年限	-0.4871**	是否加入农业合作组织	0.2467*
耕地规模	0.7912**	对农业保险扶贫政策满意度	0.3871**
兼业人数	0.2573	对农业保险扶贫政策运行情况熟悉度	0.8429***
R^2	0.6478		
F 值	126.9784		

注：***、**、*分别表示在1%、5%和10%水平上显著。

户主性别对农业保险扶贫政策的风险规避认同具有显著的正向影响，这说明在其他条件不变的情况下，男性对农业保险扶贫政策的风险规避认同水平显著高于女性；究其原因，相对女性而言，男性较为理性，这就使其在农业保险扶贫政策的风险规避认同上有较大差别。年龄对农业保险扶贫政策的风险规避认同具有显著的负向影响，这说明在其他条件不变的情况下，年龄偏小的农户对农业保险扶贫政策的风险规避认同较高，年龄偏大的农户对农业保险扶贫政策的风险规避认同较低；原因是年龄越大的农户经验越丰富，有能力应对各种风险，年龄越小的农户认为风险不可预测，需要利用相关工具来进行规避。文化程度对农业保险扶贫政策的风险规避认同具有显著的正向影响，这说明在其他条件不变的情况下，文化程度较高的农户对农业保险扶贫政策的风险规避认同程度高于文化程度较低的农户；原因是文化程度越高的农户对风险认知较为深刻，风险规避的意识越强。从事农业年限对农业保险扶贫政策风险规避认同的影响显著为负，这说明在其他条件不变的情况下，从事农业年限较长的农户对农业保险扶贫政策的风险规避认同程度低于从事农业年限较短的农户。

耕地规模对农业保险扶贫政策的风险规避认同具有显著的正向影响，这说明在其他条件不变的情况下，耕地规模较大的农户对农业保险扶贫政策的风险规避认同显著高于耕地规模较小的农户；原因是耕地规模越大的农户对农业风险冲击造成的损失关注度越高，因而对农业保险扶贫政策的风险规避认同度越高。兼业人数对农业保险扶贫政策的风险规避认同不显著，这说明在其他条件不变的情况下，兼业人数多少对农业保险扶贫政策的风险规避认同差异不明显。家庭人均可支配收入对农业保险扶贫政策的风险规避认同不显著，这说明在其他条件不变的情况下，农户家庭人均可支配收入的高低对农业保险扶贫政策的风险规避认同差异不明显；原因是农户家庭人均可支配收入普遍较低，因而对农业保险扶贫政策的风险规避认同差异不大。

农业自然灾害冲击强度对农业保险扶贫政策的风险规避认同具有显著的正向影响，这说明在其他条件不变的情况下，受冲击大的农户对农业保险扶贫政策的风险规避认同显著高于受冲击小的农户；原因是农户遭受农业自然灾害冲击越大，其损失越大，因此，更关注通过合理选择风险规避方式来减少损失，因而对农业保险扶贫政策的风险规避认同高。政策宣传力度对农业保险扶贫政策的风险规避认同具有显著的正向影响，这说明在其他条件不变的情况下，政策宣传力度越大，农户对农业保险扶贫政策的风险规避认同越高；原因是政策宣传力度越大，农户就越能感受到政策给其带来的好处，因而对农业保险扶贫政策的风险规避认同越高。是否加入农业合作组织对农业保险扶贫政策的风险规避认同具有显著的正向影响，这说明在其他条件不变的情况下，加入农业合作组织的农户对农业保险扶贫政策的风险规避认同高。

对农业保险扶贫政策满意度对农业保险扶贫政策的风险规避认同具有显著的正向影响，这说明在其他条件不变的情况下，满意度高的农户对农业保险扶贫政策的风险规避认同显著高于满意度低的农户。对农业保险扶贫政策运行情况熟悉度对农业保险扶贫政策的风险规避认同具有显著的正向影响，这说明在其他条件不变的情况下，熟悉度高的农户对农业保险扶贫政策的风险规避认同显著高于熟悉度低的农户。

第六章

农户保险需求及其影响因素分析

在农村保险发展实践中，农户保险需求未引起足够的重视，这成为阻碍农村经济可持续发展的“硬骨头”。因此，本章以农业保险需求为例，在对农户收入分化与农业保险需求特征分析的基础上，进一步分析了影响农业保险需求的制约因素。

第一节　农户收入分化与农业保险需求特征分析

农户收入分化主要基于贫困地区与全国农村，东部、中部、西部贫困地区，贫困地区不同收入组别等维度开展分析。农业保险需求特征主要表现：贫困地区农业保险需求水平低于全国平均水平，东部、中部、西部贫困地区农业保险需求水平依次上升，贫困地区不同收入组农户政策性农业保险需求分化。

一、农户收入分化的现状分析

（一）贫困地区与全国农村农户收入分化比较

由表6－1可知，2020年贫困地区农村居民人均可支配收入12588元，为全国农村居民人均可支配收入的73.48%。从收入结构分析，2020年贫困地区农村居民经营性收入4391元，占贫困地区人均可支配收入比重为34.88%，比全国农村居民经营性收入占比低0.6个百分点；2020年贫困地区农村居民工资性收入占比35.30%，低于全国5.4个百分点；2020年贫困地区农村居民转移性收入占比为28.34%，高于全国7.0个百分点。产生上述情况的原因与国家对贫困地区重点支持有关。

表6－1　2020年贫困地区与全国农户收入构成比较

指标名称	贫困地区农村		全国农村	
	收入水平（元）	比重（%）	收入水平（元）	比重（%）
人均可支配收入	12588	100.00	17131	100.00
工资性收入	4444	35.30	6974	40.71
经营性收入	4391	34.88	6077	35.47
财产性收入	185	1.47	419	2.45
转移性收入	3567	28.34	3661	21.37

资料来源：《中国脱贫攻坚统计监测报告（2021）》。

（二）东部、中部、西部贫困地区农户收入分化比较

由表6－2可知，2019年，东部、中部、西部贫困地区农村居民工资性收入占人均可支配收入比重分别为49.70%、34.50%和34.10%，呈现依次下降态势；东部、中部、西部贫困地区农村居民经营性收入占比分别为26.70%、32.40%、39.60%，呈现依次上升态势。东部、中部、西部贫困地区农村居民经营性收入占比与工资性收入占比呈反方向变化，反映了我国东部、中部、西部地区产业布局的差异。东部贫困地区农户更多通过从事非农产业获取收入，西部贫困地区农户则更多通过从事农业产业获取收入，中部贫困地区农户位于两者之间。

表6－2　2019年东部、中部、西部贫困地区农户收入构成比较

指标名称	贫困地区农村		东部贫困地区农村		中部贫困地区农村		西部贫困地区农村	
	收入水平（元）	比重（%）	收入水平（元）	比重（%）	收入水平（元）	比重（%）	收入水平（元）	比重（%）
人均可支配收入	11567	100.00	11742	100.00	12212	100.00	11136	100.00
工资性收入	4082	35.30	5835	49.70	4215	34.50	3802	34.10
经营性收入	4163	36.00	3138	26.70	3957	32.40	4409	39.60
财产性收入	159	1.40	179	1.50	174	1.40	148	1.40
转移性收入	3163	27.30	2590	22.10	3866	31.70	2777	24.90

资料来源：《中国农村贫困监测报告（2020）》。

（三）贫困地区不同收入组别农户收入分化比较

由表6－3可知，2019年贫困地区低收入组、中等收入组和高收入组农户人均可支配收入分别为3410元、9833元和24113元，人均可支配收入差距明显。从工资性收入占比来看，2019年，低收入组、中等收入组和高收入组农户工资性收入占比分别为47.80%、38.70%和29.50%，呈现明显下降趋势；从经营性收入占比来看，2019年，低收入组、中等收入组和高收入组农户经营性收入占比分别为5.10%、29.50%和47.20%，呈现明显上升态势。由此可见，高收入组农户在农业经营性收入获取上更具优势，这说明高收入组农户更多是以专业农户的身份从事规模化农业生产经营活动。

表 6－3　2019 年贫困地区不同收入组农户收入构成比较

指标名称	贫困地区农村		低收入组		中等收入组		高收入组	
	收入水平（元）	比重（%）	收入水平（元）	比重（%）	收入水平（元）	比重（%）	收入水平（元）	比重（%）
人均可支配收入	11567	100.00	3410	100.00	9833	100.00	24113	100.00
工资性收入	4082	35.30	1630	47.80	3807	38.70	7112	29.50
经营性收入	4163	36.00	175	5.10	2896	29.50	11385	47.20
财产性收入	159	1.40	56	1.60	128	1.30	368	1.50
转移性收入	3163	27.30	1548	45.40	3002	30.50	5246	21.80

资料来源：《中国农村贫困监测报告（2020）》。

二、农业保险需求特征分析

（一）贫困地区农业保险需求水平低于全国平均水平

由表 6－4 可知，2017 年，全国农业保险参保率达到 62.3%，而贫困地区农业保险参保率仅为 45.4%，低于全国 16.9 个百分点；2017 年，全国农作物保险覆盖率达到 84.3%，而同期贫困地区农作物保险覆盖率仅为 40.2%，低于全国 44.1 个百分点；2017 年，全国农业保险参保缴费负担为 24.3%，贫困地区为 32.1%，高于全国 7.8 个百分点；从农业保险政府补贴强度来看，2017 年，全国为 5.6%，贫困地区为 2.3%，低于全国 3.3 个百分点；从农业保险简单赔付率来看，2017 年，全国为 83.2%，贫困地区为 60.1%，低于全国 23.1 个百分点。由此可见，我国贫困地区农业保险需求与全国比较还存在较大差距。

表 6－4　2017 年贫困地区与全国农业保险需求情况对比

指标名称	指标解释	贫困地区	全国
农险参保率（%）	农业保险参保户数/农村总户数	45.4	62.3
农作物保险覆盖率（%）	农作物承保面积/农作物播种面积	40.2	84.3
农险参保缴费负担（%）	农业保险个人缴费总额/保费收入总额	32.1	24.3
农险政府补贴强度（%）	政府农业保险保费补贴支出/财政支出总额	2.3	5.6
农险简单赔付率（%）	农险赔款支出总额/农业保险保费收入总额	60.1	83.2

资料来源：根据《中国保险年鉴》《中国农村统计年鉴》数据整理。

由此可见，贫困地区农业保险需求水平明显低于全国平均水平，其原因主要有：一是贫困地区地方政府财力有限。一般而言，贫困地区农业比重较高，且肩负着向全国输出粮食及其他农产品等重要功能，一旦遭受风险冲击，不仅对贫困地区农户收入稳定产生不良影响，而且会严重影响贫困地区农业的可持续发展；由于贫困地区经济发展水平较低，地方政府财力有限，在很大程度上制约了农业保险的发展。二是贫困地区农户农业风险意识不强。当前，一方面贫困地区农户经营性收入比重高于全国，且总体收入水平明显低于全国；另一方面农户对农业风险始终抱有侥幸心理，不愿意对农业保险进行投入，最终导致农业保险功能未能充分发挥。以湖北省某贫困县一户贫困户为例，近年来，该贫困户在政府的支持下养殖黑山羊150只，为确保该贫困户抵御养殖风险冲击，当地政府主动引导其购买农业保险，每只黑山羊总保费12元，其中，政府补贴保费8元，农户自缴保费4元，若发生黑山羊死亡现象，每只黑山羊赔偿900元。由于保险意识不强，投保积极性不高，该农户只购买了10只黑山羊的保险，自付保费40元。然而突如其来的一场大火将150只黑山羊全部烧死，根据保险协议，保险公司只能赔偿总金额9000元，导致该农户损失惨重，再度陷入贫困。

（二）东部、中部、西部贫困地区农业保险需求水平依次上升

为衡量东部、中部、西部贫困地区农业保险需求水平差异，本研究在借鉴已有研究成果的基础上，选取农业保险保费收入、农业保险深度（农业保费收入/乡村人口总数）、农业保险密度（农业保费收入/农业总产值）、农业保险保障水平（农业保险总保额/农业总产值）、农业保险占财产保险比例等指标，采用熵权TOPSIS法，对各区域农业保险需求水平进行测度评价，测度结果见表6－5。从东部、中部、西部贫困地区农业保险需求的平均水平来看，西部贫困地区最高，农业保险需求水平为0.2629；中部贫困地区次之，农业保险需求水平为0.1805；东部贫困地区最低，农业保险需求水平为0.1777。从东部、中部、西部各区域内部来看，各区域内部农业保险需求水平差别较大。其中，西部贫困地区农业保险需求水平差距最大，内蒙古最高，农业保险需求水平为0.9909；新疆次之，农业保险需求水平为0.8726；重庆最低，农业保险需求水平为0.0070。中部贫困

地区农业保险需求水平差距次之，黑龙江最高，农业保险需求水平为0.5899；湖北最低，农业保险需求水平为0.0010。从东部、中部、西部的22个省域贫困地区来看，农业保险需求水平居前5位的分别为内蒙古（0.9909）、新疆（0.8726）、黑龙江（0.5899）、宁夏（0.3566）和吉林（0.3207），处于后5位的分别为湖北（0.0010）、重庆（0.0070）、贵州（0.0260）、广西（0.0326）和江西（0.0401）。

表6－5　2017年东部、中部、西部贫困地区农业保险需求水平测度值

东部贫困地区		中部贫困地区		西部贫困地区	
省份	测度值	省份	测度值	省份	测度值
海南	0.2237	黑龙江	0.5899	内蒙古	0.9909
河北	0.1316	吉林	0.3207	新疆	0.8726
		湖南	0.1852	宁夏	0.3566
		安徽	0.1586	青海	0.2570
		河南	0.1030	西藏	0.2388
		山西	0.0458	四川	0.1607
		江西	0.0401	甘肃	0.1083
		湖北	0.0010	云南	0.0631
				陕西	0.0414
				广西	0.0326
				贵州	0.0260
				重庆	0.0070
平均值	0.1777	平均值	0.1805	平均值	0.2629

资料来源：根据《中国保险年鉴》《中国农村统计年鉴》数据整理。

我国东部、中部、西部贫困地区农业保险需求水平依次上升的测度结果验证了两个“相适应”：一是东部、中部、西部贫困地区农业综合发展水平上升与其经营性收入占人均可支配收入比例上升相适应。例如，西部地区的内蒙古和新疆属于传统农牧业发达地区，农业资源丰富，农业产业规模大，经营性收入一直是农户收入的主要来源，因此，农户对农业保险购买意愿强烈；而东部贫困地区农户相反，工资性收入已成为农户收入的主要来源，经营性收入转变为补充性收入，对农户而言，农业风险冲击对其影响不大，因此，农户对农业保险的参保意愿明显下降。二是东部、中部、西部贫困地区农业保险需求水平依次上升与国家农业保险政策对中部、西部地区倾斜力度上升相适应。例如，中部地区的黑龙江、吉林作为传统农业及商品粮大省，政策性农业保险起步早、实施时间长，农业保险经营模式相对成熟。西部地区的内蒙古和新疆作为农牧业大省，也是我国首批正式启动财政农业保险保费补贴试点省份，并在政策上不断加大倾斜力度。例如，2010 年中央一号文件提出“加大中央财政对中、西部地区保费补贴力度”，该文件的发布改变了中央对农业保险全国“一刀切”的情况。2014 年，国家在东北三省和内蒙古开展大豆目标价格补贴试点，在新疆开展棉花目标价格补贴试点，在黑龙江开展水稻目标价格补贴试点；2016 年对重要农产品开展“保险 + 期货”试点；2017 年，国家在黑龙江等省份以水稻、玉米、小麦为标的对适度规模经营农户进行农业大灾保险试点。国家针对中部、西部地区一系列农业保险政策的出台并实施，极大促进了中部、西部地区农业保险发展水平。因此，从东部、中部、西部农业保险格局变动来看，农业保险发展水平在很大程度上与该区域农业产业结构及收入结构相吻合。

（三）贫困地区不同收入组农户政策性农业保险需求分化

由上文分析可知，低收入组农户经营性收入占人均可支配收入比例较低、工资性收入占比较高，可将其界定为打工农户，该类农户以外出打工为主，从事农业生产经营较少；中等收入组农户经营性收入占比与工资性收入占比相当，可界定为兼业农户，该类农户在农忙时从事农业生产，农闲时外出打工；高收入组农户经营性收入占比较高、工资性收入占比较低，可界定为专业农户，该类农户以从事农业生产为主，且经营规模较大，是当前我国农村新型农业经营主体。不同收入组农户从事农业生产经营存在较大差异，因此，对政策性农业保险需求呈现出较大差别。

由图 6 - 1 可知，低收入组农户由于常年在外打工，从事农业生产较少，因此该类农户对政策性农业保险无需求或需求较弱；中等收入组农户经营性收入占收入总额比重较大，农业生产经营风险冲击对其有一定影响，但由于经营规模不大，该类农户倾向于购买财政保费补贴较高、自缴保费较低的政策性农业保险；高收入组农户农业经营规模较大，一旦遭受风险冲击，受影响最大，因此该类农户更倾向于购买高保额的政策性农业保险，对财政保费补贴没有过多要求。当前，我国政策性农业保险仍然处于“普惠型”阶段，不能适应当前农村日益分化的农户需要，打工农户、兼业农户和专业农户在从业行为上存在较大差异，统一保费费率、统一保费补贴、统一赔偿标准不再适应农业保险市场发展。因此，只有针对农业保险市场差异化需求开发差异性保险产品，实行差异化财政补贴和风险保障水平才能让农业保险发挥有效作用。

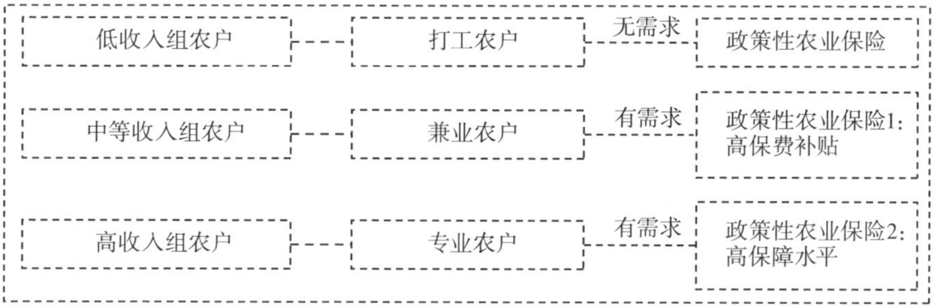

图 6－1　不同收入组农户政策性农业保险需求分化情况

第二节　农业保险需求及其影响因素分析

本节通过描述性分析及计量模型分析方法，对政策性农业保险需求及其影响因素展开实证分析。

一、农业保险需求的描述性分析

本课题组于 2019 年 7—8 月对湖北省黄冈市所属黄州区、罗田县、英山县、麻城市、红安县、浠水县、团风县、蕲春县、武穴市、黄梅县 10 个县（市、区）展开了农业保险调查。为保证样本的代表性，采取了随机调查方式，每个县（市、区）随机抽取 2 个乡镇，每个乡镇随机抽取 2 个村，每个村选择 20 户贫困户展开调查。调查的产业主要包括种植业、养殖业和林业。调查内容包括贫困农户家庭情况、农业经营性收入占总收入比重、农业保险认知态度、农业灾害损失率、农业保险费率、财政农业保险保费补贴比例、农业保险保障水平等。本次调查农户800户，其中有效样本户762户，样本有效率为95.25%。

（一）农业保险供给难以满足需求

尽管近年来我国政策性农业保险发展迅速，但存在起步时间晚、基础较差、补贴品种较单一等问题，导致我国政策性农业保险覆盖率仍然较低。与此同时，我国农村市场偏远，人口密集度低，进一步增加了农业保险推广的成本。因此，农业保险机构在农村的服务网点普遍较少，大多仅安排工作人员或委托村干部提供农业保险服务。被调查的40个村中均没有农业保险服务网站（点），最多设立了农业保险代办员（以村干部为主要人选）。其中，19个村没有农业保险代办员，其他21个村仅有一家农业保险公司有代办员，平均1名代办员要为395户农户提供农业保险服务，工作量非常大。农业保险网点多集中在县城，乡镇配有保险网点的非常少。在所调研的20个乡镇中，设有农业保险基层服务站的有5个，设有农业保险代理机构或中介机构的有4家，每个农业保险服务点（机构）要负责全镇农户的农业保险服务，平均服务范围可达20千米。另外，为农村提供的农业保险品种也非常有限，如调研地区农业保险品种主要是水稻等粮食作物保险及能繁衍的母猪、猪幼仔等家畜保险，经济作物保险少，农户选择余地小。调查中有45%的农户表示当前农业保险品种不能满足其需求，有5%的农户认为当地的农业保险品种完全不适合自己。而我国农业保险的“低保障”原则也限制了农户投保的积极性，调查中有24.2%的农户接受过保险理赔，其中57.8%的农户表示对理赔不满意，主要原因是理赔低、时间长。随着我国农业保险的发展，传统的成本保险难以满足农户现实的需要，产量保险、价格保险、收入保险等新型农业保险将逐步成为农业保险产品主流，尤其是产量保险，其在承保方式、保险金额确定和赔偿方式上更易于被农户接受。根据受访农户对创新性农业保险产品需求的调查统计结果，产量保险的需求比例最高，达到36.32%，其次是传统的成本保险和新型收入保险，占比分别为29.91%和24.91%，价格保险仅占8.86%。价格保险占比低的原因可能是我国对最低收购价和临储价的规定在一定程度上减缓了农产品的价格波动。另外，这与受访地区主要种植产品为粮食作物也有关。

（二）农户投保率低

整体来说，当前农户农业保险投保率仍然较低。调研结果显示有35.2%的农户没有购买农业保险，如果被强制购买农险的农户（包括在农户不知情的情况下村委会或镇政府统一购买农业保险）也被统计进来，这一比例达55.8%。据统计，有5年及以上购买农业保险经历的农户仅占15.8%，27.6%的农户有3~4年的购买经历，41.4%的农户有1~2年的购买经历，15.2%的农户从来没有购买过农业保险。当前，大多数农户仍然坚持“靠天吃饭、风险自担”的传统经营理念。有78.1%的农户认为自己遭受了不同程度的农业自然灾害，其中5.5%的农户会选择向亲朋好友求助，86.5%的农户会选择自救，只有6.3%的农户会选择通过农业保险缓解损失。基于农业保险“保障粮食安全”的基本政策目标，现行的农业保险政策体系表现出对“粮棉油糖”作物等主要农产品的倾斜，其政府补贴强度及参保的政府隐性约束力度明显更强，而对“粮棉油糖”作物之外的水果、蔬菜、杂粮、烟叶、药材等种植作物，作为补贴主体的省级政府受财力限制，难以提升农险保费补贴覆盖面，同时现有的农险产品精算依然遵循“直接物化成本核算”的基本模式，从而导致对水果、蔬菜、杂粮、烟叶、药材等经济类作物的定损标准偏低、成本覆盖不完全，形成了实际上的农险市场产品设计与农户需求的脱节，导致农户出现“想保的不得保、能保的不愿保”的参险意愿不足问题。最终导致“粮棉油糖”作物种植占比较高的省份农户参保率也较高，呈现出种植结构决定参保意愿的情况。

（三）农户保险认知较低

农户受自身文化素质、经济条件等限制，对农业保险的认知并不高。调查显示，仅有32.6%的农户表示了解农业保险政策，约67.4%的农户对该政策不了解或完全不了解。这说明农业保险在农村的宣传力度依然不足，农户购买农业保险存在“随大流”、被强制保险的情况。出现这种情况的原因主要是：一方面，农户的农业保险知识比较贫乏；另一方面，农户获取农业保险的渠道比较少。尽管我国政策性农业保险发展迅速，但农业保险在农村并没有体现出应有的普惠性，当前农户获取农业保险政策的主要途径仍是村委会或当地政府的宣传，这一比例约为41.70%。传统媒介如报纸、杂志的应用相对较少，比例约为4.91%；而电视、广播依然是信息传播中的主要媒介，占比为16.85%。调查中仅有6.60%的农户通过保险公司获得相关知识，另外，互联网等信息技术在农村开始发挥越来越大的作用，通过手机、电脑了解农业保险的农户占比为10.38%。同时可以看出，依然有8.87%的农户从未获取过任何的农业保险知识。

（四）农户保险满意度较低

农户对政策性农业保险的满意情况是农业保险政策制定和实施的依据，但当前农业保险在农村实施得并不顺利，农户对农业保险的满意度普遍不高。受访农户对现阶段农业保险保障额度不满意的占比为61.97%。其中，36.51%的受访农户认为农业保险的保障额度一般，19.56%的受访农户认为保障额度偏低，5.90%的受访农户认为保障额度太低。对保障额度满意的农户仅有38.03%。超半数的农户认为保障程度一般、保额偏低或保额太低。由此可见农户的需求是多种多样的，应针对不同农户的需要研发不同保障程度的保险产品，增加农户的选择性，以提高农户的满意度。调查统计结果显示，如果保险公司提升保额，愿意保费也同比例提升的农户占比为76.34%；不愿意但会投保的农户占比为20.60%；不愿意也不会投保的农户占比为3.06%。这项调查结果说明农民的保险意识已经逐步增强，也有提高农业保险保障程度的需求，并有支付能力。从整体来看，74.3%的农户认为农业保险政策在农村并没有达到预期效果，不过他们都承认“农业保险是利国利民的好政策”，5.7%的农户表示不信任农业保险政策，认为“农业保险是骗人的”，有20.0%的农户对农业保险的实施表示（非常）满意。尽管当前农户满意度较低，但农业保险在农村的发展前景值得期待，在问到农户对农业保险的态度时，约有89.1%的农户表示支持，仅有2.1%的农户表示反对，8.8%的农户表示不清楚。

（五）农户愿意承担的保费较低

虽然大部分受访农户愿意增加保费，以提高保障程度，但由于农民收入有限，有必要对其保费承受压力进行分析。调查所设保费敏感性问题是："假如每亩农作物保险金额为 600 元，您可以承担的保费为多少?" 承受保费压力的问题是："您所能承担的每亩（头、只）最高自交保费是多少?" 无论是种植业还是养殖业，农户可承担的保费都集中在 20 元以内，占比均超过 50%。在 20 元档以上，随着保费的逐渐增加，愿意承担的农户占比越来越少。愿意承担 80 元以上保费的农户不超过 5%，这说明农户已经具有了一定购买力，但是其所愿意承担的保费仍较低，这说明农业保险并未成为农户日常消费的主要内容。

二、农业保险需求的影响因素分析

本研究以政策性森林保险需求为例进行分析。森林不仅为经济社会发展提供丰富的林木资源，而且肩负着保护生态环境的重任。相比于其他行业，森林行业受弱质性、周期长、面积大、受环境影响大等约束，使得经营森林的风险具有多样性、群发性、巨灾性等特点。据《中国保险年鉴(2018)》统计显示，1965—2017 年，我国共发生森林灾害 75 万多次，经济损失及生态环境破坏程度触目惊心。随着市场经济发展，特别是随着林权制度改革深化，传统以行政手段来化解森林风险的方式逐渐被弱化。政策性森林保险作为规避林业风险的有效手段，是保障林农收入稳定和确保生态安全的重要措施。自 2009 年我国正式启动中央财政森林保险保费补贴试点以来，每年中央一号文件都对森林保险提出明确指导意见；与此同时，财政部与各省级政府也出台文件支持森林保险业发展，足以体现中央和地方政府部门对促进森林保险业已达成高度共识。国家林业和草原局网站统计数据显示，截至 2016 年底，我国森林保险保费收入 32.13 亿元，森林保险金额 1.36 万亿元，森林保险面积 1.49 亿公顷，占全国森林总面积的 70.68%，森林保险发展成效显著。但与普通财产保险及农业保险相比，我国森林保险发展还十分滞后，造成这一情况的原因有很多，其中，森林保险需求不足是困扰我国森林保险发展的关键。进一步分析，林农对森林保险认知不足，森林保费补贴差异化不够，森林保险产品单一，森林保险保障水平不高是制约森林保险需求的重要因素。针对上述问题，若不认真研究和解决，势必会影响林农收入稳定，进而影响国家生态安全及林业可持续发展。如何有效突破林农在森林保险上的支付瓶颈，尽快将其潜在需求转化为有效保险需求，避免出现森林灾害风险冲击导致林农受损，使得森林保险真正成为促进林农增收、林业增效的有效手段，是本研究重点考虑的问题。

（一）模型构建

本部分将运用Probit模型对政策性森林保险需求的影响因素进行回归分析，模型表达式：

$$Y_i = \beta_0 + \beta_1 X_1 + \beta_2 X_2 + \cdots + \beta_i X_i + \mu \qquad (6-1)$$

式（6-1）中，Y_i为被解释变量，代表林农对政策性森林保险的需求意愿；X_1，X_2，…，X_i为解释变量，分别代表影响林农对政策性森林保险需求的各项因素；β_0为常数项，β_1，β_2，…，β_i为各解释变量的系数，μ为随机扰动项。

（二）变量说明与数据来源

1. 被解释变量

本研究的被解释变量为林农对政策性森林保险的需求意愿，考虑到林农家庭户主在家庭中的决策地位，这里特指林农户主对政策性森林保险的需求意愿。针对林农户主对政策性森林保险的需求意愿设置两个选项，赋值情况为“不愿意购买=0，愿意购买=1”。

2. 解释变量

本研究的解释变量主要包括户主受教育程度、家庭经营林业年限、林业经营性收入占总收入比重、森林保险认知态度、林业灾害损失率、森林保险费率、财政森林保险保费补贴比例、森林保险保障水平（见表6-6）。具体说明如下：一是户主受教育程度。该变量反映了林农素质状况，预期受教育程度越高，购买政策性森林保险意愿越高。二是家庭经营林业年限。该变量反映林农生产阅历和经验，预期经营林业年限越长，购买政策性森林保险意愿越高。三是林业经营性收入占总收入比重。该变量反映林农对林业经营性收入的依赖程度。预期林业经营性收入占总收入比重越大，购买政策性森林保险意愿更强。四是森林保险认知态度。该变量反映林农对政策性森林保险重要性认识程度。预期林农对政策性森林保险认知越深刻，购买政策性森林保险的意愿越强。五是林业灾害损失率。该变量反映林农对灾害损失判断对政策性森林保险购买意愿的影响。预期林业灾害损失越高，林农购买政策性森林保险意愿越强。六是森林保险费率。该变量反映林农承受森林保险保费负担程度。预期森林保险费率越高，林农投保意愿越低。七是财政森林保险保费补贴比例。该变量反映政府对林农森林保费补贴支持力度。预期财政森林保险保费补贴比例越高，林农投保积极性越高。八是森林保险保障水平。该变量反映灾害发生后保险公司对林农遭受损失后的补偿程度。预期森林保险保障水平越高，林农投保积极性越高。

本数据来源于课题组 2019 年 7—8 月对湖北省黄冈市所属黄州区、罗田县、英山县、麻城市、红安县、浠水县、团风县、蕲春县、武穴市、黄梅县 10 个县（市、区）的森林保险调查。

表 6－6　变量名称及赋值情况

变量名称	变量赋值
政策性森林保险购买意愿（Y_i）	不愿意购买＝0；愿意购买＝1
户主受教育程度（X_1）	文盲＝0；小学＝1；初中＝2；高中或中职＝3；大专及以上＝4
家庭经营林业年限（X_2）	低于 5 年＝1；5～15 年＝2；15～25 年＝3；25 年以上＝4；
林业经营性收入占总收入比重（X_3）	10%以下＝1；10%～30%＝2；30%～50%＝3；50%～70%＝4；70%以上＝5
森林保险认知态度（X_4）	不重要＝1；一般重要＝2；非常重要＝3
林业灾害损失率（X_5）	10%以下＝1；10%～30%＝2；30%～50%＝3；50%～70%＝4；70%以上＝5
森林保险费率（X_6）	1%以下＝1；1%～2%＝2；2%～3%＝3；3%～4%＝4；4%以上＝5
财政森林保险保费补贴比例（X_7）	20%以下＝1；20%～40%＝2；40%～60%＝3；60%～80%＝4；80%以上＝5
森林保险保障水平（X_8）	10%以下＝1；10%～30%＝2；30%～50%＝3；50%～70%＝4；70%以上＝5

（三）计量结果分析

应用 SPSS18.0 软件，对林农政策性森林保险需求进行 Probit 模型回归估计与检验，回归结果见表 6－7。户主受教育程度和家庭经营林业年限对政策性森林保险购买意愿影响不显著；而林业经营性收入占总收入比重、森林保险认知态度、林业灾害损失率、森林保险费率、财政森林保险保费补贴比例、森林保险保障水平均对政策性森林保险购买意愿有显著影响。其中，森林保险费率系数为负值，表示森林保险费率与林农购买政策性森林保险意愿呈反向变动关系，其他变量系数为正值。

表 6－7　回归结果

变量名称	系数	标准误差	P 值
户主受教育程度（X_1）	0.002	0.832	0.147
家庭经营林业年限（X_2）	0.019	0.674	0.112
林业经营性收入占总收入比重（X_3）	0.689	0.031	0.002***
森林保险认知态度（X_4）	0.224	0.102	0.058*
林业灾害损失率（X_5）	0.422	0.087	0.041**
森林保险费率（X_6）	－0.511	0.095	0.059*
财政森林保险保费补贴比例（X_7）	0.756	0.079	0.021**
森林保险保障水平（X_8）	0.912	0.023	0.001***

注：*、**、***分别表示在 10%、5%、1% 的水平上显著。

户主受教育程度对政策性森林保险购买意愿影响不显著。可能的解释是：受教育程度只反映林农在早期接受文化教育的程度；事实上，后期的学习及实践能力的提升对于林农综合素质的提升更为重要，即所谓的“干中学”。尤其是在当前的信息化时代，获取知识和信息的途径十分便捷，在一定程度上弥补了早期教育的不足。

家庭经营林业年限对政策性森林保险购买意愿影响不显著。家庭经营林业年限越长代表林农积累的林业知识和经验可能越多，但家庭经营林业年限并不直接影响林农是否购买森林保险。例如，若林农经营林业规模偏小，认为购买森林保险不划算，即便林农经营林业年限很长，其购买森林保险的积极性也不高。

林业经营性收入占总收入比重对政策性森林保险购买意愿影响非常显

著。调查发现，林业经营性收入占总收入比重越低的林农，通常常年在外打工，从事林业生产较少，因此该类林农对政策性森林保险无需求或需求较弱；林业经营性收入占收入比重中等的林农，受到灾害风险冲击一定影响但影响不大，因此该类林农对政策性森林保险购买意愿一般；林业经营性收入占总收入比重较高的林农，由于林业经营规模较大，投入成本较高，一旦遭受风险冲击，受影响最大，因此该类林农购买政策性森林保险意愿最强。

森林保险认知态度对政策性森林保险购买意愿影响较为显著。针对“政策性森林保险重要性认识”调查发现，45% 的林农认为政策性森林保险很重要，40% 的林农认为政策性森林保险重要性一般，15% 的林农认为政策性森林保险不重要。针对“是否能看懂森林保险保单条款”调查发现，完全看懂保险条款的占 50%，部分看懂的占 30%，完全不懂的占 20%。表明林农对政策性森林保险的重要性认识越深入，对政策性森林保险了解程度越高，其购买意愿越高。

林业灾害损失率对政策性森林保险购买意愿影响显著。林业灾害损失率可以从两个方面来衡量，一是林业灾害发生后损失程度。二是一年内遭受灾害冲击的次数。调查显示，有 60% 的林农表示曾经遭受过严重的灾害冲击，30% 的林农表示遭受过较大的灾害冲击，10% 的林农表示没有遭受过灾害冲击。另外，有 45% 的林农表示曾经在一年内遭受过 3 次及以上灾害冲击，30% 的林农表示遭受过 2 次冲击，15% 的林农表示遭受过 1 次冲击，10% 的林农表示没有遭受过冲击。由此可见，林农灾害损失率是影响林农政策性森林保险购买意愿的重要因素。

森林保险费率对政策性森林保险购买意愿影响较为显著。森林保险费率的高低会影响林农承担的保费支出的多少。根据前文分析，由于森林保险具有准公共物品及正外部性特征，所以林农对森林保险费率不满意。调查显示，仍然有 15% 的林农认为现行森林保险费率过高，存在交不起保费的情况。

财政森林保险保费补贴比例对政策性森林保险购买意愿影响显著。财政森林保险保费补贴比例有助于林农降低保费支出和激发投保的积极性。

目前，中央及地方财政对公益林与经济林之间的保费补贴比例存在较大差距，这在一定程度上影响了林农对经济林的投保意愿。此外，对于同一类型林木的保费补贴（公益林或商品林）均采取统一标准，没有根据不同区域森林资源禀赋采取差异化的保费补贴，这一问题需要引起有关部门的重视。

森林保险保障水平对政策性森林保险购买意愿影响显著。事实上，林农即使购买森林保险，一般也不愿意看到灾害发生，但一旦灾害发生，林农希望自己遭受的灾害损失能够得到合理补偿。现行的森林保险保障水平主要以恢复造林为主要目标，以“保成本”的原则确定保险金额，如每亩500~800元的保险金额，这远低于林木实际价值，林农利益无法得到保障，严重影响了其投保积极性，调查发现，多数林农希望不断提高森林保险金额，逐步达到保林木价值的水平。

（四）结论与启示

1. 结论

通过构建Probit模型，结合调查数据，对森林保险需求的影响因素进行回归检验。实证结果显示，户主受教育程度和家庭经营林业年限对森林保险需求影响不显著；林业经营性收入占总收入比重、森林保险认知态度、林业灾害损失率、森林保险费率、财政森林保险保费补贴比例、森林保险保障水平对森林保险需求有显著影响。

2. 启示

第一，加大对政策性森林保险宣传力度。建议在新闻媒体和政府网站等开辟森林保险宣传专栏，宣传政策性森林保险的性质、作用和意义，营造良好的舆论氛围；此外，保险公司要重点宣传森林保险条款解释和索赔流程，激发林农对政策性森林保险的有效需求。第二，科学厘定森林保险费率。应结合森林资源、地理信息及相关自然灾害的数据库进行风险区域的划分，综合考虑树种、树龄、立地条件等因素，对不同风险类型的保险费率进行厘定，保险公司也可根据当地的实际情况选取合适的标准确定保险费率。第三，加大财政森林保险保费补贴力度。提高财政森林保险保费补贴，可以有效激发林农森林保险购买意愿；同时应结合不同区域林业资源禀赋制定差异化补贴比例，尤其要提高重点林区和经济落后地区的补贴比例，使得财政森林保险补贴发挥更好的效果。第四，提高森林保险保障水平。目前，森林保险保障水平是以“保成本”的原则来确定保险金额，应逐步达到保林木价值的水平；现行的保障水平主要以损失的林业面积作为补偿标准，并没有考虑林木树种之间的差异，建议根据不同树种的实际价值设定不同的保额，这样不仅能保障林农的利益，而且有助于推动森林经营的科学发展。

第七章

农业保险扶贫政策的减贫效应分析

本章在描述性分析的基础上，基于2014—2018年“中国家庭追踪调查”数据，采用固定效应模型，实证检验了农业保险扶贫政策的减贫效应。

第一节　描述性分析

农业保险扶贫政策特征主要表现：农业保险扶贫政策向中西部地区倾斜、农业保险扶贫政策向贫困户倾斜。

一、农业保险扶贫政策向中西部地区倾斜

2007 年，中央财政正式启动政策性农业保险保费补贴试点，专门针对中西部地区实施了倾斜性农业保险保费补贴政策。2016 年 12 月，财政部对种植业、养殖业、森林及其他品种保费补贴做出明确规定，种植业补贴：省级财政补贴 25%，中央财政向中西部地区补贴 40%、向东部地区补贴 35%；养殖业补贴：地方财政补贴 30%，中央财政向中西部地区补贴 50%、向东部地区补贴 40%；森林补贴：地方财政补贴 40%，中央财政补贴 50%；藏区品种、天然橡胶补贴：省级财政补贴 25%，中央财政补贴 40%。

由此可见，尽管中央财政对东部、中部、西部实施了差异化农业保费补贴政策，但这种差异并不明显。若将东部、中部、西部贫困地区进行对比，不难发现存在 3 种差异：一是产业结构差异。东部、中部、西部贫困地区农业产业占 GDP 比重依次上升，农户经营性收入占比也相应上升。二是地方政府财力差异。东部地区第二、第三产业发达，地方政府财政实力雄厚，对农业保险支持能力较强；而中西部地区属于传统农业，是农牧和商品粮区域，第二、第三产业相对落后，地方政府财政实力有限，无论是保费补贴还是保障水平均与东部地区存在较大差距。三是东部、中部、西部贫困地区分布差异。东部贫困地区只有 2 个，中部地区有 8 个，西部地区有 12 个，由此可知，贫困地区主要集中在中西部地区。

二、农业保险扶贫政策向贫困户倾斜

为充分发挥农业保险政策针对贫困农户精准脱贫功能，中央及各省

（自治区、直辖市）政府陆续出台倾斜性农业保险扶贫政策。2018 年 3 月，保监会下发通知，在深度贫困地区，贫困户农业保险的保费率在已降低 20% 的基础上再降低 10%~30%。2018 年 7 月，广西保监局与财政厅联合印发通知，对广西深度贫困地区的建档立卡贫困户加大倾斜性农业保险扶贫支持力度，将中央财政支持险种保费率下调 20%，免除建档立卡贫困户农业保险自缴保费，农业保险保障金额在原有基础上再提高 25%；同时积极推动贫困户“应保尽保”，贫困户既可以单独投保，也可以集体投保，投保信息经贫困户签字确认方可出单，发生灾害后，严格按投保规定勘查定损，并公布对投保贫困户理赔信息，确保贫困户权益。2017 年 8 月，贵州省财政厅印发通知，针对家禽养殖和蔬菜种植，给予企业、合作社和一般农户 50% 的省级财政保费补贴，给予建档立卡贫困户 70% 的省级财政保费补贴；2019 年 1 月，贵州省财政厅印发通知，对 2019 年拟“摘帽”贫困县、20 个深度贫困乡镇、2760 个深度贫困村给予 20% 的费率优惠，并在全省范围内免除中央财政补贴险种中贫困户自缴部分保费。2017 年 10 月，河南省财政厅印发通知，要求各县（市）财政统筹财政资金，承担贫困人口种养殖业自缴保费，确保贫困人口农业生产不受影响；同时严禁各保险公司自行对能繁母猪、奶牛保险等设置参保限制，确保贫困户应保尽保；此外，要求保险公司面向贫困户开办农机具等财产保险、贫困户短期意外伤害等涉农保险，并将其纳入省财政以奖代补范围。

第二节 计量模型分析

本节通过构建计量模型，实证检验农业保险扶贫政策是否有助于提高贫困农户的收入水平及是否有助于贫困农户脱贫等。

一、模型构建、数据来源与变量说明

（一）模型构建

基于多维贫困理论，农业保险扶贫政策对农户的减贫效应主要体现在

两个方面：一是农业保险扶贫政策是否有助于促进农户收入水平的提高。二是农业保险扶贫政策是否有助于脱贫。基于此，本书构建回归模型：

$$Y_1 = a_0 + \sum_{i=1}^{4} a_{1i} X_{1i} + \sum_{i=1}^{4} a_{2i} X_{2i} + \sum_{i=1}^{4} a_{3i} X_{3i} + \sum_{i=1}^{2} a_{4i} X_{4i} + \varepsilon \quad (7-1)$$

$$Y_2 = \beta_0 + \sum_{i=1}^{4} \beta_{1i} X_{1i} + \sum_{i=1}^{4} \beta_{2i} X_{2i} + \sum_{i=1}^{4} \beta_{3i} X_{3i} + \sum_{i=1}^{2} \beta_{4i} X_{4i} + \varepsilon \quad (7-2)$$

式（7－1）考察农业保险扶贫政策是否能显著提高农户的收入水平，式（7－2）考察农业保险扶贫政策是否能够显著发挥脱贫效应。其中，Y_1 表示贫困户人均可支配收入（取对数），Y_2 表示贫困户的脱贫状况；X_{1i} 表示农业保险扶贫政策变量，X_{2i} 表示相关配套措施变量，X_{3i} 表示贫困户家庭特征变量，X_{4i} 表示地区和时间变量；ε 为随机扰动项。

（二）数据来源

本研究数据来自“中国家庭追踪调查”（CFPS）。该数据库采集范围包括全国 31 个省（自治区、直辖市）的 16000 个样本家庭。CFPS 分别在 2008 年、2009 年开展了测试调查，2010 年开展正式调查，调查内容涵盖了经济活动、教育成果、家庭关系与家庭动态、人口迁移、健康等，样本具有较好的代表性。根据研究需要，本课题使用了 2014 年、2015 年、2016 年、2017 年、2018 年 CFPS 农村家庭问卷的数据，在剔除数据缺省值和非正常观察值后，最终得到 26519 个农村家庭观察值的资料，包括详细的人口特征、农业保险、家庭经济状况等微观数据。

（三）变量说明

被解释变量包括贫困户人均可支配收入（Y_1）和贫困户的脱贫状况（Y_2）。其中，贫困户人均可支配收入是贫困户人口平均的“农户纯收入”。由于农业保险扶贫政策直接减轻了贫困户负担，因此贫困户人均可支配收入更能体现农业保险扶贫政策对贫困户的影响，在进行回归时取对数。贫困户的脱贫状况指将当年确定的国家贫困线作为衡量贫困户脱贫的标准，若贫困户人均可支配收入仍然低于当年国家贫困线标准，则该贫困户未脱贫，反之脱贫。

解释变量。影响减贫的因素较多，不仅涉及农业保险扶贫政策因素，而且与相关配套措施、贫困户家庭特征及区域和时间有关。因此，本研究从以下 4 个维度来选择解释变量。

第一，农业保险扶贫政策变量（X_{1i}）（$i=1, 2, 3, 4$）。该变量包括农业保险费率（X_{11}）、财政保费补贴比例（X_{12}）、自缴保费减免比例（X_{13}）、农业保险理赔金额（X_{14}）。其中，农业保险费率是保险公司收取保险费的标准，通常以当地保险责任灾害损失率为主要依据来确定。为支持农村脱贫，各级政府可根据当地实际情况不同程度降低农业保险费率，用农业保险费占农业保险金额的比例表示；财政保费补贴比例指针对特定种养殖业品种，由中央及地方政府为参保农户提供一定比例的保费补贴，用财政补贴占农业保费的比例表示；自缴保费减免比例是政府针对不同贫困程度参保农户自缴保费部分进行减免的比例，为解决贫困户脱贫问题，各级政府实施了贫困户自缴保费全免的政策，该指标是农业保险政策的关键指标之一，用自缴保费减免额与自缴总额之比来表示；农业保险理赔金额一般与农业保险理赔标准挂钩，理赔标准通常设置起赔点，起赔点为30%，当承保农作物损失率在30%以下时，保险公司不负责赔偿；当承保农作物损失率为30%~70%时，理赔标准按照承保农作物的保险金额和损失率计算赔偿，理赔标准计算公式：赔偿金额 = 各生长期保险金额 × 损失率 × 受损面积；当承保农作物损失率高于70%时，则按该农作物生长期保险金额全额赔付。对贫困户而言，提高农业保险理赔标准意味着放宽理赔限制，提高农业保险赔偿金额，尽可能降低贫困户的风险损失。

第二，相关配套措施变量（X_{2i}）（$i=1, 2, 3, 4$）。该变量包括发展特色产业（X_{21}）、农业技术培训（X_{22}）、社会化服务水平（X_{23}）及金融信贷支持力度（X_{24}）。其中，发展特色产业用贫困农户是否开展了特色产业来表示，若开展了特色产业则取值为1，没有则取值为0；农业技术培训用贫困农户是否接受了相关农业技术培训和指导来表示，若接受了农业技术培训和指导则取值为1，若没有则取值为0；社会化服务水平用贫困农户是否加入了农业合作组织来表示，若加入了农业合作组织则取值为1，若没有则取值为0；金融信贷支持力度用金融机构是否对贫困农户提供信贷支持来表示，若提供了信贷支持则取值为1，若没有则取值为0。

第三，农户家庭特征变量（X_{3i}）（$i=1$，2，3，4）。该变量包括户主性别（X_{31}）、户主年龄（X_{32}）、户主受教育程度（X_{33}）、户主健康状况（X_{34}）等。

第四，地区和时间变量（X_{4i}）（$i=1$，2）。其中，地区变量（X_{41}）和时间变量（X_{42}）分别用来表示地区和年份因素。

变量选择及定义见表7－1。

表7－1　变量选择及定义

变量名称及赋值		均值	标准差
被解释变量	贫困户实际人均可支配收入（Y_1）：取对数	5.31	0.62
	贫困户的脱贫状况（Y_2）：脱贫＝1，未脱贫＝0	0.52	0.34
农业保险扶贫政策变量（X_{1i}）	农业保险费率（X_{11}）：按实际费率计算	0.45	0.23
	财政保费补贴比例（X_{12}）：按实际比例计算	0.80	0.21
	自缴保费减免比例（X_{13}）：按实际比例计算	0.71	0.13
	农业保险理赔金额（X_{14}）：取对数	0.61	0.10
相关配套措施变量（X_{2i}）	发展特色产业（X_{21}）：发展了＝1，没发展＝0	0.34	0.22
	农业技术培训（X_{22}）：接受了农业技术指导＝1，没有＝0	0.27	0.43
	社会化服务水平（X_{23}）：加入了农业合作组织＝1，没有＝0	0.54	0.37
	金融信贷支持力度（X_{24}）：提供了信贷支持＝1，没有＝0	0.26	0.52
贫困户家庭特征变量（X_{3i}）	户主性别（X_{31}）：男性＝1，女性＝0	0.56	0.32
	户主年龄（X_{32}）：以实际年龄计算	45.30	0.46
	户主受教育程度（X_{33}）：小学及以下＝1，初中＝2，高中及以上＝3	1.51	0.21
	户主健康状况（X_{34}）：健康＝1，不健康＝0	0.53	0.31

续表

变量名称及赋值		均值	标准差
解释变量			
地区和时间变量（X_{4i}）	地区变量（X_{41}）：东部=1，中部=2，西部=3	2.27	0.73
	时间变量（X_{42}）：2014—2017 年	2016.00	1.12
样本数（个）		26519	

二、回归结果分析

（一）农业保险扶贫政策对贫困户收入的影响

采用固定效应计量模型（Hausman 检验的 P 值均为 0）得到回归模型(1)。表 7-2 的回归结果表明，对全体样本而言，农业保险扶贫政策变量对农村贫困户收入增长发挥了积极作用，这与农业保险扶贫政策能够有效降低农村贫困户经济负担、减少未来不确定性有关。其中，农业保险费率每降低 1%，农村贫困户人均可支配收入上升 0.53%，且在 5% 的水平上显著，原因是降低农业保险费率能够直接减少农村贫困户的保费支出；财政保费补贴比例每提高 1%，农村贫困户人均可支配收入上升 0.62%，且在 1% 的水平上显著，原因是提高财政保费补贴比例能够有效降低贫困户保费支出；自缴保费减免比例每提高 1%，农村贫困户人均可支配收入上升 1.38%，且在 1% 的水平上显著，原因是提高自缴保费减免比例可以进一步降低贫困户保费支出；农业保险理赔金额每提高 1%，农村贫困户人均可支配收入上升 0.90%，且在 1% 的水平上显著，原因是农业保险理赔金额越高，贫困农户遭受风险损失越小，收入增长就越有保障。

表 7-2　农业保险扶贫政策对农村贫困户收入的影响

模型（1）					
解释变量	系数	标准误	解释变量	系数	标准误
农业保险费率	-0.5321**	0.0324	户主性别	0.0315*	0.0784
财政保费补贴比例	0.6214***	0.0571	户主年龄	-0.1357	1.5864
自缴保费减免比例	1.3785***	0.0198	户主受教育程度	0.5621*	0.0981
农业保险理赔金额	0.9027***	0.0174	户主健康状况	0.4572**	0.0954

续表

模型（1）					
解释变量	系数	标准误	解释变量	系数	标准误
发展特色产业	0.8943***	0.0213	地区变量	Yes	Yes
农业技术培训	0.5462**	0.0789	时间变量	Yes	Yes
社会化服务水平	0.5102**	0.0834			
金融信贷支持力度	0.6901**	0.0754			
R^2	0.5762				
F 值	115.2347				
Hausman 检验 P 值	0.0000***				

注：***、**、*分别表示在1%、5%和10%水平上显著；Yes表示该变量已被控制；所用软件为Stata/SE14.0。

相关配套措施变量对贫困农户收入增长也发挥了正面作用，这与相关配套措施能有效促进贫困户发展农业生产有关。政府帮助贫困农户发展特色产业对农村贫困户人均可支配收入具有显著的正向影响，且在1%的水平上显著，原因是政府帮助贫困农户发展特色产业，确保贫困农户有稳定收入来源；农业技术推广部门为贫困农户提供农业技术培训对农村贫困户人均可支配收入具有显著的正向影响，且在5%的水平上显著，原因是农业技术推广部门为贫困农户提供农业技术培训能够有效降低贫困农户生产的不确定性；提高社会化服务水平对农村贫困户人均可支配收入具有显著的正向影响，且在5%的水平上显著，原因是引导贫困农户加入农业合作组织可以有效帮助贫困农户摆脱产前、产中和产后面临的困境，增强贫困农户抵御风险冲击的能力；提高金融信贷支持力度对农村贫困户人均可支配收入具有显著的正向影响，且在5%的水平上显著，原因是金融机构对贫困农户信贷支持力度越高，贫困农户从事农业生产经营能力越强，收入增长越有保障。

贫困户家庭特征变量对贫困户收入增长影响有较大差异。其中，户主性别、户主受教育程度及户主健康状况等对农村贫困户收入增长具有正向影响，且在10%的水平上显著，说明在贫困农户中，男性在获取收入方面较女性有优势；贫困农户文化程度越高，其获取知识的能力越强，收入增长越有保障；贫困农户身体越健康，其获取收入的能力越强。户主年龄对农村贫困户收入增长影响不显著。

（二）农业保险扶贫政策对贫困户脱贫的影响

为考察农业保险扶贫政策对农村贫困户的脱贫效果，运用固定效应计量模型（Hausman 检验的 P 值均为0）得到模型（2）。由表7－3 的回归结果得到，降低农业保险费率促使农村脱贫户比例上升，但在统计上不显著，原因是降低农业保险费率虽然能减少农村贫困户的保费支出，但对于收入微薄的贫困户而言，降低农业保险费率依然不能从根本上解决贫困问题；财政保费补贴比例每提高 1%，贫困户脱贫比例上升 0.28%，且在10%的水平上显著，但这种影响呈现边际效应递减的趋势；自缴保费减免比例每提高 1%，贫困户脱贫比例上升 0.71%，且在 5%的水平上显著，原因是提高自缴保费免缴比例有助于进一步降低贫困户农业保险保费支出，极大激发了贫困户的农业保险需求，增强了贫困户应对农业风险冲击能力；农业保险理赔金额每提高 1%，贫困户脱贫比例上升 0.84%，原因是农业保险理赔金额越高，贫困户遭遇的风险损失越小，脱贫效果越好。

表 7－3　农业保险扶贫政策对农村贫困户脱贫效果的影响

模型（2）					
解释变量	系数	标准误	解释变量	系数	标准误
农业保险费率	－0.1145	0.1784	户主性别	0.0241	0.3024
财政保费补贴比例	0.2765 *	0.1531	户主年龄	－0.0143	0.0403
自缴保费减免比例	0.7124 **	0.0635	户主受教育程度	0.0138 *	0.5432
农业保险理赔金额	0.8402 ***	0.0331	户主健康状况	0.1546 *	0.0117
发展特色产业	0.6438 **	0.0457	地区变量	Yes	Yes
农业技术培训	0.3219 *	0.0894	时间变量	Yes	Yes
社会化服务水平	0.4974 *	0.0956			
金融信贷支持力度	0.5648 *	0.0543			
R^2	0.5762				
F 值	89.6548				
Hausman 检验 P 值	0.0000 ***				

注：＊＊＊、＊＊、＊分别表示在 1%、5%和 10%水平上显著；Yes 表示该变量已被控制；所用软件为 Stata/SE14.0。

相关配套措施对农村贫困户脱贫也发挥了积极作用。首先，发展特色产业对农村贫困户脱贫具有正向影响，且在5%的水平上显著，原因是通过发展特色产业，不仅为贫困户提供了稳定增收渠道，而且为贫困户脱贫奠定了坚实的基础。其次，农业技术培训、社会化服务水平及金融信贷支持力度对于农村贫困户脱贫均具有正向影响，且在10%的水平上显著，原因是通过开展农业技术培训，增强贫困农户脱贫本领；通过提高农业组织化程度，帮助贫困农户实现小生产与大市场的有效对接；通过提供金融服务，解决贫困农户融资难问题。上述配套措施均是确保贫困户脱贫的有效手段。贫困户家庭特征变量对农村贫困户脱贫影响也有较大差异。其中，户主受教育程度与户主健康状况等变量对农村贫困户脱贫具有正向影响，且在10%的水平上显著；但户主性别与户主年龄对农村贫困户脱贫影响不显著。

由于农业风险冲击，农村地区“一边脱贫、一边返贫”的问题还十分突出，需要引起有关部门的高度重视。一方面，通过对贫困户实施农业保险扶贫政策，可以帮助其摆脱贫困；另一方面，已脱贫的农户若遭受农业自然灾害冲击，可能会返贫。根据2014—2018年“中国家庭追踪调查”数据，以农村地区农户家庭前后两期贫困状况变化为研究对象，分两种情况进行分析：一种情况是将前一期处于贫困状态、本期处于非贫困状态的农户视为脱贫；另一种情况是将前一期处于非贫困状态、本期处于贫困状态的农户视为返贫。根据已调查数据，本研究共采集了7652个农户样本，采取“国家贫困线”和“农村居民人均可支配收入最低的20%”两个贫困衡量标准，从绝对贫困和相对贫困两个维度分析脱贫与返贫情况。2014—2018年，按照国家贫困线标准衡量，在前一期属于绝对贫困的842户贫困户中，本期实现脱贫的达到814户，脱贫率达到96.67%，脱贫效果明显；但按照相对贫困标准衡量，这814户脱贫户中仍有295户处于相对贫困状态，占脱贫户的36.24%，这表明贫困户虽然摆脱了绝对贫困，但相对贫困程度仍较高，贫困脆弱性依然存在。与此同时，2014—2018年，按照国家贫困线标准选取前一期6275户非贫困户，用相对贫困标准衡量，其中有1521户处于相对贫困状态，占比24.24%。这表明，若提高贫困衡量标准，则致贫和返贫情况将更加严重。基于此，需进一步拓宽和提高农业保险扶贫政策的保障范围和程度，使绝对贫困户和相对贫困户均免受农业风险的冲击，增强其脱贫和防止返贫效果。

（三）结论与启示

1. 结论

运用2014—2018年“中国家庭追踪调查”数据和固定效应模型实证检验了农业保险扶贫政策对农村贫困农户的减贫效应，得到如下结论：第一，农业保险扶贫政策能够显著增加农村贫困户的收入水平。第二，农业保险扶贫政策对贫困户脱贫效应存在差异，提高财政保费补贴比例、提高自缴保费减免比例和提高农业保险理赔金额对贫困户脱贫具有显著的正向影响，而降低农业保险费率对贫困户脱贫效果不显著。

2. 启示

一是加大农业保险扶贫政策的宣传和培训力度，激发贫困人口对农业保险的有效需求。实证结果显示，将贫困人口潜在需求转化为有效需求，仅依靠贫困人口看到购买保险后的既得利益很难行得通。因此，需要通过宣传引导和专业知识培训提高农业保险对贫困人口的内在吸引力，这是发挥农业保险扶贫政策减贫效应的前提和基础。二是加大免除贫困人口农业保险自缴保费力度，切实将贫困人口负担降到最低。随着我国农村贫困人口规模逐步缩小及国家财政实力的日益增强，免除农村贫困人口农业保险自缴保费不仅必要而且可行，这是发挥农业保险扶贫政策减贫效应的有效途径。三是进一步提高农业保险保障水平，确保贫困人口在遭受灾害损失时能够得到有效的经济补偿。前文模拟推演结果表明，农业保险合理保障水平应确定为农作物实际收益的60%~80%，低于60%的保障水平难以发挥应有的减贫效果。今后，要进一步提高贫困人口农业保险保障水平，这是确保农业保险扶贫政策发挥减贫效应的关键。

第八章

农村医疗保险扶贫政策的减贫效应分析

本章在描述性分析的基础上，基于2013—2017年国家统计局的“全国农村贫困监测调查”数据，采用固定效应模型，实证检验了农村医疗保险扶贫政策的减贫效应。

第一节　描述性分析

农村医疗保险扶贫政策减贫特征主要表现：贫困患者得到基本救治、有效减轻了贫困人口负担、贫困地区医疗服务能力逐步提升、贫困人口满意度较高等。

一、贫困患者得到基本救治

党的十八大以来，国家卫生健康委、医保局会同有关部门围绕实现贫困人口基本医疗有保障目标，构建防止因病致贫、返贫长效机制，深入实施医疗保险扶贫工程，努力让农村贫困人口有地方看病、有医生看病、有制度保障看病和少生病。以县医院能力建设、“县乡一体、乡村一体”机制建设、乡村医疗卫生机构标准化建设为主攻方向，全面提升贫困地区医疗卫生服务能力；救治预防双管齐下，逐人、逐户、逐病摸清贫困人口患病情况，实行大病和慢性病分类救治；立足基本医保、大病保险、医疗救助三重制度，实现综合保障、梯次减负，实行县域住院“先诊疗后付费”和“一站式”直接结算报销服务；全国范围内大病专项救治病种增加到25种，很多地方在此基础上增加到了30多种。针对慢性病患者落实家庭医生签约服务。据国家卫健委统计，2016—2017年，全国有581万户因病致贫贫困户实现脱贫，占已脱贫人口的34%；2018年，有190.5万户因病致贫的贫困户脱贫；截至2019年6月，全国1435万名贫困大病和慢病患者得到基本救治和健康管理服务。

二、有效减轻了贫困人口负担

为发挥基本医疗保险主体保障作用，我国构建了统一城乡居民医保制度，整体提高了农村居民待遇水平；在做好住院保障的基础上，全面建立城乡居民高血压、糖尿病患者门诊用药保障机制，符合条件的门诊“两病”用药报销比例均达到50%以上。在普惠性提高大病保险待遇水平的基础上，我国对贫困人口执行起付线降低 50%、报销比例提高 5 个百分点、全面取消封顶线的倾斜支付政策。2019 年，全国大病保险惠及 316.3 万贫困人口。通过基本医疗保险、大病保险保障及医疗救助，贫困人口政策范围内个人自付住院医疗费用救助比例不低于 70%，对负担仍较重的还进一步加大了救助力度。我国贫困人口住院和门诊慢特病医疗费用经三重制度综合保障后，实际报销比例稳定在 80% 左右。通过构建基本医疗保险、大病保险、医疗救助三重制度综合保障梯次减负，贫困人口医疗费用负担明显减轻，“从总体来看，贫困人口看病‘有制度保障’基本实现，‘基本医疗有保障’基本解决”。2018 年以来，医疗保险扶贫政策累计惠及贫困人口 4.8 亿人，减轻医疗负担近 3300 亿元，近 1000 万户因病致贫贫困户实现精准脱贫。通过开展三重保障制度、加大深度贫困地区资金的倾斜投入等工作，我国建成了世界上规模最大的基本医疗保障网，最大范围地发挥了防贫、减贫作用。

三、贫困地区医疗服务能力逐步提升

实施“三个一”建设，即每个县至少有 1 个县级公立医院，每个乡镇建设 1 所标准化的乡镇卫生院，每个行政村有 1 个卫生室；开展“一对一”对口帮扶，即全国三级医院与连片特困地区（县）或国家扶贫开发重点县的县级医院开展“一对一”对口帮扶，建立远程医疗网络，以全面提升贫困地区县医院诊疗能力。据统计，全国共组织 1107 家三级医院对口帮扶 832 个贫困县的 1172 家县级医院，三级医院向贫困地区派驻 1 名院长或副院长，并配有至少 5 名医务人员蹲点帮扶。从 2019 年上半年医疗保险扶贫动态管理数据系统看，94.5% 的贫困患者在县域内得到妥善治疗。此外，加大贫困地区重点传染病、地方病综合防控力度，如凉山州艾滋病母婴传播率较 2017 年下降了 25%。贫困地区儿童营养改善项目累计惠及 580 多万名儿童。医疗保险扶贫政策在贫困地区得到了有效实施，取得了显著效果。

四、贫困人口满意度较高

根据中国社会科学院“精准扶贫与共享发展”课题组 2018 年和 2019 年对重庆、湖南、湖北、安徽、河南、新疆、宁夏等约 20 个地区的实地调研结果，建档立卡贫困户对医疗保险扶贫及相关配套措施的满意度均达到 95% 以上。由表 8 -1 可以看出，5 个调查贫困县中有基本医疗保险和大病医疗保险的比例均为 100%，基本医疗保险和大病保险中个人缴费部分享受财政补贴的比例接近 100%，慢性病患者看病年平均自付费用仅为 1928 元，大病患者治疗年平均费用为 8094 元。由此可见，贫困患者看不起病、看病贵等因病致贫问题得到了根本解决。

表 8 -1　5 个调查县贫困户享受医疗保险扶贫政策及相关配套措施执行情况

类别	A 县	B 县	C 县	D 县	E 县
有基本医疗保险和大病医疗保险的比例（%）	100	100	100	100	100
个人缴费部分享受财政补贴的比例（%）	99.7	97.5	100	100	100
慢性病患者看病年自付费用（元）	1918	1992	1097	2495	2138
慢性病患者中有家庭医生的比例（%）	99.3	97.9	99.6	96.4	96.9
其中：体检服务（%）	100	99.5	100	99.2	99.1
健康教育与咨询（%）	100	98	100	96.5	98.2
指导就医和用药（%）	98.5	96.1	99.8	85.2	97.1
送药上门（%）	93	81.5	91.3	53	85
优先预约或优先转诊服务（%）	95.6	89.5	88.6	41.6	78.3
长期处方服务（%）	92	88	80.5	40	68.9
大病患者中到医院看病的比例（%）	97.4	100	100	100	100
大病患者治疗年自付费用（元）	7577	6912	6691	7183	12109
治疗大病无需交押金的比例（%）	73	60	72.5	74.4	74.4
大病住院治疗一站式报销的比例（%）	86.5	80	89.7	93	76.9

资料来源：中国社会科学院“精准扶贫与共享发展”课题组。

从相关配套设施的满意度来看，5 个县受访贫困户对饮水设施、生产生活条件、就医看病、卫生环境等满意度为 100%。这说明健康扶贫使贫困户因病致贫问题得到了解决，在卫生基础设施、医疗服务、安全饮水、居住环境 4 个方面已得到全面改善。尤其是在看病就医条件方面，贫困户评价较高。

第二节　计量模型分析

本节通过构建计量模型，实证检验农村医疗保险扶贫政策是否有助于促进贫困农户增加收入和稳定脱贫等。

一、模型构建、数据来源与变量说明

（一）模型构建

基于多维贫困理论，农村医疗保险扶贫政策对贫困地区贫困农户的减贫效应主要体现在两个方面：一是农村医疗保险扶贫政策是否有助于促进贫困户收入水平的提高。二是农村医疗保险扶贫政策是否有助于贫困户脱贫。基于此，本研究构建如下回归模型：

$$Y_1 = a_0 + \sum_{i=1}^{7} a_{1i} X_{1i} + \sum_{i=1}^{3} a_{2i} X_{2i} + \sum_{i=1}^{6} a_{3i} X_{3i} + \sum_{i=1}^{2} a_{4i} X_{4i} + \varepsilon \tag{8-1}$$

$$Y_2 = \beta_0 + \sum_{i=1}^{7} \beta_{1i} X_{1i} + \sum_{i=1}^{3} \beta_{2i} X_{2i} + \sum_{i=1}^{6} \beta_{3i} X_{3i} + \sum_{i=1}^{2} \beta_{4i} X_{4i} + \varepsilon \tag{8-2}$$

式（8－1）考察农村医疗保险扶贫政策是否能显著提高贫困户的收入水平，式（8－2）考察农村医疗保险扶贫政策是否能够显著发挥对贫困户的脱贫效应。其中，Y_1 表示贫困户人均可支配收入（取对数），Y_2 表示贫困户的脱贫状况；X_{1i} 表示农村医疗保险扶贫政策变量，X_{2i} 表示条件改善程度变量，X_{3i} 表示贫困户家庭特征变量，X_{4i} 表示地区和时间变量；ε 为随机扰动项。

（二）数据来源

本研究数据来自国家统计局的“全国农村贫困监测调查”，该调查对历年农村住户收支与生活状况进行追踪，得到了国务院扶贫领导小组各成员单位的大力支持。调查数据如实记录了脱贫攻坚总体目标的实现进程，客观反映了农村减贫成效，较为全面地展现了中国农户及家庭的经济状况、人口特征、健康状况、医疗费用及医疗保险状况。考虑到农村医疗保险扶贫政策从2013年开始实施，本研究选取该数据库中2013—2017年的22个省（自治区、直辖市）、51个县、153个乡镇、459个行政村、4590户贫困户5年连续统计数据。根据研究需要，对数据缺失值和奇异值进行处理，最终得到20134个农户家庭的观察数据。从地区分布来看，观察数据覆盖东部、中部、西部地区；从时间分布来看，观察数据分布较为平均，能够反映实际情况，具有广泛的代表性。

（三）变量说明

被解释变量。贫困户人均可支配收入（Y_1）。贫困户人均可支配收入指按贫困户人口平均的“农户纯收入”。由于农村医疗保险扶贫政策直接减轻了贫困户负担，因此贫困户人均可支配收入更能体现农村医疗保险扶贫政策对贫困户的影响，在进行回归时取对数。

贫困户的脱贫状况（Y_2）。将当年确定的国家贫困线作为衡量贫困户脱贫的标准，若贫困户人均可支配收入仍然低于当年国家贫困线标准，则该贫困户未脱贫，反之脱贫。

解释变量。影响减贫的因素较多，不仅包括国家医疗保险扶贫政策因素，而且与配套条件改善、贫困户家庭特征及区域和时间有关。因此，本研究从以下4个维度来选择解释变量。

第一，农村医疗保险扶贫政策变量（X_{1i}）（$i=1，2，3，\cdots\cdots，7$）。该变量包括财政保费补贴程度（X_{11}）、门诊报销比例（X_{12}）、住院报销比例（X_{13}）、门诊起付线（X_{14}）、门诊封顶线（X_{15}）、住院起付线（X_{16}）和住院封顶线（X_{17}）。其中，财政保费补贴程度用财政补贴占医疗保费的比例表示；门诊报销比例用门诊医疗报销费用与门诊费用之比表示；住院报销比例用住院医疗报销费用与住院费用之比表示；门诊起付线是报销门诊医疗费用的门槛（取对数）；门诊封顶线是报销门诊医疗费用的上限（取对数）；住院起付线是报销住院医疗费用的门槛（取对数）；住院封顶线是报销住院医疗费用的上限（取对数）。

第二，条件改善程度变量（X_{2i}）（$i=1, 2, 3$）。该变量包括农村人居环境质量（X_{21}）、农村医疗服务水平（X_{22}）和健康宣传教育（X_{23}）。其中，农村人居环境质量主要体现在农村“厕所”革命、垃圾污水处理、饮用水安全巩固提升工程3个指标上，若提升了1个及以上指标则取值为1，没有提升指标则取值为0；农村医疗服务水平主要体现在县级医院、乡镇卫生院、村卫生室标准化建设，若开展了标准化建设则取值为1，若没有开展标准化建设则取值为0；对于健康宣传教育，若开展了健康宣传教育取值为1，没有取值为0。

第三，贫困户家庭特征变量（X_{3i}）（$i=1, 2, 3, \cdots\cdots, 6$）。该变量包括家庭人口规模（$X_{31}$）、老年人和未成年人占比（$X_{32}$）、家庭人均医疗支出（$X_{33}$）、户主文化程度（$X_{34}$）、户主年龄（$X_{35}$）、户主婚姻状况（$X_{36}$）等。

第四，地区和时间变量（X_{4i}）（$i=1, 2$）。其中，地区变量（X_{41}）和时间变量（X_{42}）分别用来控制地区和年份因素。

变量选择及定义见表8-2。

表8-2　变量选择及定义

变量名称及赋值		均值	标准差
被解释变量	贫困户人均可支配收入（Y_1）：取对数	6.20	0.74
	贫困户的脱贫状况（Y_2）：脱贫=1，未脱贫=0	0.64	0.41
解释变量及赋值			
农村医疗保险扶贫政策变量（X_{1i}）	财政保费补贴程度（X_{11}）：按实际补贴比例	0.80	0.11
	门诊报销比例（X_{12}）：按实际报销比例	0.75	0.31
	住院报销比例（X_{13}）：按实际报销比例	0.80	0.12
	门诊起付线（X_{14}）：取对数	6.21	0.20
	门诊封顶线（X_{15}）：取对数	9.21	0.12
	住院起付线（X_{16}）：取对数	8.00	0.17
	住院封顶线（X_{17}）：取对数	12.61	0.34

续表

变量名称及赋值		均值	标准差
条件改善程度变量（X_{2i}）	农村人居环境质量（X_{21}）：提升 1 个指标及以上 =1，选择 0 个指标 =0	0.56	0.32
	农村医疗服务水平（X_{22}）：标准化建设 =1，无 =0	0.31	0.56
	健康宣传教育（X_{23}）：宣传教育 =1，无 =0	0.76	0.11
贫困户家庭特征变量（X_{3i}）	家庭人口规模（X_{31}）：家庭人数（人）	4.04	1.34
	老年人和未成年人占比（X_{32}）：按实际比例	0.67	1.51
	家庭人均医疗支出（X_{33}）：取对数	6.38	0.71
	户主文化程度（X_{34}）：小学及以下 =1，初中 =2，高中及以上 =3	1.57	0.96
	户主年龄（X_{35}）：取对数	3.83	0.14
	户主婚姻状况（X_{36}）：无婚姻缺失 =1，婚姻缺失 =0	0.75	2.24
地区和时间变量（X_{4i}）	地区变量（X_{41}）：东部 =1，中部 =2，西部 =3	2.27	0.87
	时间变量（X_{42}）：2013—2017 年	2015.00	1.03
样本数（个）		20134	

注：变量取对数是为消除该变量取值较大可能造成的负面影响，缩小与其他变量对比差距。

二、计量结果分析

（一）农村医疗保险扶贫政策对贫困户收入的影响

根据式（8－1）采用固定效应计量模型（Hausman 检验的 P 值均为 0）得到回归模型（1）。表 8－3 回归结果表明，对于全体样本而言，农村医疗保险扶贫政策对农村贫困户收入确实能够发挥积极作用，这与农村医疗保险扶贫政策能够有效降低贫困地区贫困户经济负担、减少未来不确定性有关。其中，提高财政保费补贴比例对农村贫困户人均可支配收入具有显著的正向影响，原因是提高财政医疗保费补贴比例能够有效降低贫困户保费支出；提高住院报销比例对贫困地区贫困户人均可支配收入也具有显著的正向影响，原因是住院多为治疗较为严重的疾病，提高住院报销比例能够大幅度减少贫困户的医疗费用支出，降低该项支出对贫困户家庭收入的冲击；而门诊治疗通常为一般性医疗救治，提高门诊报销比例虽然也能够有效降低贫困户医疗费用支出、增加贫困户收入，但相比住院报销，其作用效果相对低一些。贫困户住院报销比例和财政保费补贴比例每提高 1%，贫困户人均可支配收入分别增长 1.22% 和 0.99%。此外，降低门诊和住院起付线及提高门诊和住院封顶线也会不同程度降低贫困户医疗费用支出，有助于增加贫困户收入。

表 8-3　农村医疗保险扶贫政策对农村贫困户收入的影响

模型（1）					
解释变量	系数	标准误	解释变量	系数	标准误
财政保费补贴程度	0.9864***	0.0212	家庭人口规模	-0.0134	3.5478
门诊报销比例	0.3852**	0.1521	老年人和未成年人占比	-0.1140*	0.1478
住院报销比例	1.2187***	0.0103	家庭人均医疗支出	-0.1207*	0.3897
门诊起付线	-0.2452*	0.0976	户主文化程度	0.2036**	0.2147
门诊封顶线	0.7421*	0.1002	户主年龄	-0.0498	2.3549
住院起付线	-0.2365*	0.0841	户主婚姻状况	0.1083*	0.2837
住院封顶线	0.7867*	0.0932	地区变量	Yes	Yes
农村人居环境质量	0.1571*	0.1159	时间变量	Yes	Yes
农村医疗服务水平	0.2004*	0.0935			
健康宣传教育	0.0371	1.5249			
R^2	0.4854				
F 值	98.3576				
Hausman 检验 P 值	0.0000***				

注：***、**、*分别表示在 1%、5% 和 10% 水平上显著；Yes 表示该变量已被控制；所用软件为 Stata/SE14.0。

（二）农村医疗保险扶贫政策对贫困户脱贫的影响

为考察农村医疗保险扶贫政策对贫困地区贫困户的脱贫效果，在式（8-2）基础上运用固定效应计量模型（Hausman 检验的 P 值均为 0）得到模型（2）。表 8-4 回归结果表明：提高财政保费补贴比例对农村贫困户脱贫具有显著的正向影响，即财政保费补贴比例每提高 1%，贫困户比例下降 0.37%，但这种影响呈现边际效应递减的趋势。提高住院报销比例对贫困地区贫困户脱贫具有显著的正向影响，住院报销比例每提高 1%，贫困户比例下降 0.85%，原因是提高住院报销比例有助于大幅度降低贫困户医疗费用支出，增强贫困户应对大病风险冲击的能力，有利于实现脱贫；而提高门诊报销比例对农村贫困户脱贫效果不显著，这是因为尽管提高门诊报销比例对农村贫困户增收有一定正向影响，但效应不明显，因而对贫困户脱贫的影响也不显著；降低门诊起付线和住院起付线、提升门诊封顶线和住院封顶线对农村贫困户脱贫效果均不显著，原因是上述制度安排只是增加了贫困户获取疾病治疗的机会，没有直接减少贫困户的自付医疗费用，不足以使其摆脱贫困状况。

表 8-4　农村医疗保险扶贫政策对农村贫困户脱贫效果的影响

模型（2）					
解释变量	系数	标准误	解释变量	系数	标准误
财政保费补贴程度	-0.3674*	0.1324	家庭人口规模	-0.0356	3.8765
门诊报销比例	-0.0863	1.3621	老年人和未成年人占比	0.2378*	0.1907
住院报销比例	-0.8521**	0.0827	家庭人均医疗支出	0.1832*	0.2038
门诊起付线	0.1101	1.0121	户主文化程度	-0.1846*	0.2145
门诊封顶线	-0.0963	1.2103	户主年龄	0.0531	3.7843
住院起付线	0.0964	1.1452	户主婚姻状况	-0.0975	1.5275
住院封顶线	-0.1045	1.0897	地区变量	Yes	Yes
农村人居环境质量	-0.0367	1.6548	时间变量	Yes	Yes
农村医疗服务水平	-0.1957*	0.1147			
健康宣传教育	-0.0468	1.5472			
R^2	0.3647				
F 值	87.5872				
Hausman 检验 P 值	0.0000***				

注：篇幅有限，此处没有列出其他变量的回归结果。***、**、*分别表示在1%、5%和10%水平上显著；Yes 表示该变量已被控制；所用软件为 Stata/SE14.0。

贫困状况并非处于静止状态，而是处于动态变化中。当前，农村地区“一边脱贫、一边返贫”的问题还十分突出，需要引起有关方面高度重视。一方面，对贫困户实施农村医疗保险扶贫政策，可以帮助其摆脱贫困；另一方面，非贫困户由于大病冲击可能会返贫。根据 2013—2017 年国家统计局的“全国农村贫困监测调查”数据，以农村地区农户家庭前后两期贫困状况变化为研究对象，分两种情况进行分析：一种情况是将前一期处于贫困状态、本期处于非贫困状态的农户视为脱贫；另一种情况是将前一期处于非贫困状态、本期处于贫困状态的农户视为返贫。根据数据可得性，本研究共采集了6532个农户样本，采取“国家贫困线”和“农村居民人均可支配收入最低的20%”两个贫困衡量标准，从绝对贫困和相对贫困两个维度分析脱贫与返贫情况。2013—2017年，按照国家贫困线标准衡量，在前一期属于绝对贫困的751户贫困户中，本期实现脱贫的达到712户，脱贫率达到94.81%，脱贫效果明显；但按照相对贫困标准衡量，这712户脱贫户中仍有253户处于相对贫困状态，占脱贫户的35.53%，这表明贫困户虽然摆脱了绝对贫困，但相对贫困程度仍较高，贫困脆弱性依然存在。与此同时，2013—2017年，按照国家贫困线标准选取前一期5781户非贫困户，用相对贫困标准衡量，其中有1231户处于相对贫困状态，占比21.29%；在本期因为大病冲击陷入绝对贫困的达到637户，返贫率为11.02%。这表明，若提高贫困衡量标准，则致贫和返贫情况更加严重。基于此，需进一步拓宽和提高农村医疗保险扶贫政策的保障范围和程度，使绝对贫困户和相对贫困户均免受疾病风险的冲击，增强其脱贫和防止返贫效果。

（三）结论与启示

1. 结论

本章利用2013—2017年国家统计局的“全国农村贫困监测调查”数据和固定效应模型，实证检验了农村医疗保险扶贫政策对农村贫困人口的减贫效应，得到如下结论：第一，农村医疗保险扶贫政策能够显著提高农村贫困户的收入水平。第二，农村医疗保险扶贫政策对贫困户脱贫效果存在差异，提高财政保费补贴比例和住院报销比例对贫困户脱贫具有显著的正向影响，而提高门诊报销比例、降低起付线、提升封顶线对贫困户脱贫效果影响不显著。

2. 启示

一是对于农村地区贫困户，在稳步提高财政保费补贴比例、门诊和住院报销比例的基础上，进一步降低门诊和住院起付线，提高门诊和住院封顶线，确保农村医疗保险扶贫政策发挥更大的减贫效果。二是针对农村地区农户“一边脱贫、一边返贫”的问题，要按照相对贫困标准将农村相对贫困户纳入农村医疗保险扶贫保障范围，确保农村地区脱贫攻坚取得实实在在的成效。具体而言，在加大对绝对贫困户政策倾斜力度的前提下，将相对贫困户纳入保障范围，对其实施适度倾斜的医疗保险扶贫政策。对于绝对贫困户和相对贫困户实施的医疗保险政策，既要做到差异化，又要有效防止“待遇悬崖”。此外，需完善健康扶贫动态管理机制，随时掌握贫困变化的动态基本信息，按照规定标准和程序及时将因病返贫的农村贫困人口纳入建档立卡贫困户，确保其及时享受倾斜性医疗保险扶贫政策，这也是今后进一步发挥农村医疗保险扶贫政策功能需要重点关注的问题。三是做好农村地区医疗保障的配套服务，如改善农村地区人居环境、提高农村医疗服务水平，以及加大健康知识的宣传与普及力度，以增强农村地区农户预防和治愈疾病的能力。

第九章

新型农村社会养老保险政策的减贫效应分析

本章从收入再分配效应、挤出效应及逆向选择等视角，通过构建相关指标，采用计量模型分析方法系统分析了新型农村社会养老保险政策的减贫效应。

第一节　收入再分配效应

本节在分析收入再分配效应概念及其基本原理的基础上，选取相关指标对新型农村社会养老保险政策的收入再分配效应进行了测算。

一、收入再分配效应概述

收入再分配是政府介入新型农村社会养老保险的主要动机之一，其效应是否合理直接体现了该制度的公平性和可持续性。由此可见，新型农村社会养老保险属于国民收入再分配范畴。从理论上来看，由于新型农村社会养老保险能够有效增加农村老年人收入、提升老年人生活质量、缓解老年人贫困状况，其重要性日益显现，必将成为未来农村养老保险的主导模式。从经济学视角看，由于受参保人收入、缴费年限、寿命长短等因素影响，其领取养老金现值与缴费现值不一定相等，其差额可定义为净受益。若净受益为零，则不存在收入再分配效应，若净受益不为零，则存在收入再分配效应。如表9－1所示，甲参保人缴费现值大于养老金领取现值，则存在负向收入再分配效应；乙参保人缴费现值等于养老金领取现值，则不存在收入再分配效应；丙参保人缴费现值小于养老金领取现值，则存在正向收入再分配效应。

表9－1　新型农村社会养老保险收入再分配效应

参保人	缴费现值	领取现值	缴费现值与领取现值比较	收入再分配效应
甲	M_1	N_1	$M_1 > N_1$	负向收入再分配效应
乙	M_2	N_2	$M_2 = N_2$	无收入再分配效应
丙	M_3	N_3	$M_3 < N_3$	正向收入再分配效应

新型农村社会养老保险的收入再分配效应主要包括代际间收入再分配效应和代际内收入再分配效应。其中，代际间收入再分配效应主要通过现收现付的方式来实现；代际内收入再分配效应主要通过对不同群体实行不同的养老保险缴费率或养老金计发办法来实现。在新型农村养老保险制度

建立初期，大多采取现收现付制，表现出较强的代际财富转移模式；但受人口老龄化的影响，代际财富转移危机日益加大，代际财富转移逐渐上升为主要模式。

随着经济社会的发展、医疗技术的进步、生活方式的转变及健康意识的提高，人均寿命提高已成为必然趋势。对于个体而言，预期寿命延长无疑会增加人口福利；但对于政府和保险公司而言，长寿则意味着养老金支付时间延长，面临收不抵支等系统性风险，导致老年人领取养老金不足，在无其他替代收入的情况下，老年人面临负向收入再分配，必然会陷入贫困。从政策制定者视角对农村长寿风险进行分析发现，不合理的社会养老保险政策不能适应人均寿命延长的客观现实。作为个体，个人缴费与养老金领取在很大程度上由预期寿命决定。当预期寿命与实际寿命相等时，缴费现值与养老金领取现值实现平衡；当实际寿命大于预期寿命时，领取的养老金难以支持其老年期间的费用支出，个人养老面临贫困危机。由于个人很难准确判断预期寿命，因而往往无法做出社会养老保险最优化选择。

二、收入再分配效应测算

假定以2009年（“新农保”试点年）为基准年，所有符合条件的农民在2009年均参保，养老金领取年龄为60岁，参保人员平均死亡年龄为75岁，基础养老金按照CPI指数动态调整，集体经济不补贴个人账户，地方财政对参保缴费补贴保持30元/年不变，且对各缴费档次补贴额相同。基于此，选择净受益模型来解释代际收入再分配效应。净受益是新型农村社会养老保险制度下不同参保年龄、不同缴费档次参保人的领取养老金现值与缴费现值的差额。其中，参保人参保年龄在16～59岁，缴费档次分100元/年、300元/年、500元/年3个缴费档次。养老金领取按照基础养老金和个人账户养老金计发，其中基础养老金采用“普惠式”计发，个人账户养老金根据精算原则计发。黄丽等（2014）运用保险精算模型对新农保收入再分配效应进行了研究，构建参保农民总净受益模型：$R = R_1 + R_2$，其中，R 为参保农民总净受益额，R_1 为基础养老金净受益额，R_2 为个人账户净受益额。本研究借鉴上述模型对不同缴费档次参保人总净受益额进行测算，测算结果见表9－2所示。

表9－2　不同年龄和缴费档次参保人净受益额测算结果

单位：元

年龄	100元/年	300元/年	500元/年	年龄	100元/年	300元/年	500元/年
	净受益额	净受益额	净受益额		净受益额	净受益额	净受益额
16	6553	4451	2348	40	7508	6893	6239
18	6661	4724	2787	42	7561	7008	6455
20	6763	4982	3202	44	7611	7135	6659
22	6859	5225	3592	46	7635	7197	6759
24	6949	5455	3961	48	7638	7205	6772
26	7034	5671	4305	50	7644	7219	6794
28	7114	5874	4635	52	7651	7238	6825
30	7190	6066	4943	54	7661	7261	6862
32	7261	6247	5234	56	7671	7289	6906
34	7328	6418	5508	58	7683	7319	6955
36	7392	6579	5766	59	7690	7336	6981
38	7451	6730	6009	60	7920	7920	7920

注：净受益额是以2009年为基年、以60岁为时点的养老金领取现值与缴费现值的差额。

由表9－2可以看出，新型农村社会养老保险制度试点模式中，不同参保年龄农民的净受益额有较大差距。纵向来看，100元/年、300元/年、500元/年3个缴费档次中，在16～59岁，参保年龄越大，净受益额呈现上升态势，说明农村社会养老保险试点模式实现了财富从年轻一代向年老一代转移，具有一定的代际收入再分配效应。从横向看，在参保年龄相同的情况下，缴费档次越低的参保人的净受益额越大，原因是采取固定额度缴费和参保补贴的方式，个人账户积累基金将会累退式增长，这将鼓励农民选择较低的缴费档次。根据对辽宁省第一批新型农村社会养老保险试点县——阜新市彰武县的问卷调查，已参保的农户中有88%的农民选择最低档次100元/年。建立固定费率缴费方式和弹性补贴机制可能有助于改善这种不公平的缴费机制，激励农民选择较高缴费档次，从而增加缴费积累，这需要进一步调整参数进行模拟分析和经验数据来验证。

此外，我们还可以通过测度收入分配差距来评价收入再分配效应。假定初始收入为市场收入，即家庭成员通过各种生产要素获得的居民收入，包括工资性收入、经营性收入和财产性收入；再分配收入是市场收入扣除养老保险缴费后，再加上养老金。本文利用 Musgrave（1948）提出的 MT 指数来比较市场收入、再分配收入的分布情况及其变化，即为衡量收入分配差距，定义其为市场收入的基尼系数 G 减去再分配收入的基尼系数 G^*，用公式表示：$MT = G - G^*$，公式中，若 MT 为正值，说明养老保险降低了收入分配的不平等，具有正向收入再分配效应；若 MT 为负值，说明养老保险拉大了收入差距，具有负向收入再分配效应。衡量再分配效应的公式：$MT(\%) = \frac{G - G^*}{100G^*}(\%)$。本研究以个人为单位研究养老保险制度的收入再分配效应，结合中国健康与养老追踪调查（CHARLS）2013 年的调查数据，得到 14 个省份总计 26325 个样本，测算收入分配差距结果见表 9－3。

表 9－3　城乡养老保险收入分配差距的测算结果

变量	城镇居民	农村居民
G	0.4598	0.5472
G^*	0.4233	0.5445
MT	0.0365	0.0027
MT（%）	8.62	0.50

由表 9－3 可以看出，在城镇，养老保险制度在很大程度上降低了城镇居民的收入分配差距。具体来看，城镇居民市场收入基尼系数为 0.4598，再分配收入基尼系数下降至 0.4233，MT 为 0.0365，MT（%）高达 8.62%。在农村，农村居民市场收入基尼系数为 0.5472，再分配收入基尼系数下降至 0.5445，MT 为 0.0027，MT（%）为 0.5%。由此可见，虽然城乡养老保险制度均产生了正向收入再分配效应，缩小了收入差距，但相对而言，农村社会养老保险产生的正向收入再分配效应更低，对缩小农村居民收入差距的效果更小。

第二节　挤出效应

本节在分析挤出效应概念及其基本原理的基础上，通过构建模型对新型农村社会养老保险政策的挤出效应进行实证检验。

一、挤出效应概述

挤出效应是新型农村社会养老保险制度的实施对社会救助、社会福利及家庭养老的替代程度。挤出效应可以从政府和家庭两个层面分析。从政府层面来看，农村养老保障包括新型农村社会养老保险、社会救助和社会福利 3 个方面。其中，社会救助是政府为特困人员提供的最低生活保障制度，位于社会保障体系的底部，只提供给“穷人”，受助者不需要履行缴费义务或其他义务，但需要接受家庭经济状况调查；社会福利是政府针对特殊群体（高龄老年人、老年残疾人等）提供长期护理补贴和高龄津贴，受助者既无需履行缴费义务，也无需接受家庭经济状况调查。随着农村人口老龄化趋势加剧，以及财政保障能力的限制，国家在社会救助和社会福利方面只能针对农村特殊老年群体提供最低风险保障，且保障范围相对有限。新型农村社会养老保险作为一种分散风险的重要工具正日益受到重视。与其他分散风险方式相比，新型农村社会养老保险具有准入门槛低、参保基数大、风险应对能力强的特点，能够给参保人员提供更加稳定的津贴收入，更能与农村老年人增加财富却无力承担过高风险的需求相契合。从理论上讲，新型农村社会养老保险对社会救助、社会福利存在一定程度的挤出效应（见图 9－1）。

从家庭层面来看，由于新型农村社会养老保险改变了农村家庭的收入预算约束，使得老年人的经济来源、居住安排和照料模式发生了转变，进而影响了农村家庭关系、家庭结构与规模。由此可见，新型农村社会养老保险对传统家庭养老模式产生了深远影响。新型农村社会养老保险对农村家庭养老的挤出效应主要表现：一是新型农村社会养老保险对老年人居住安排的影

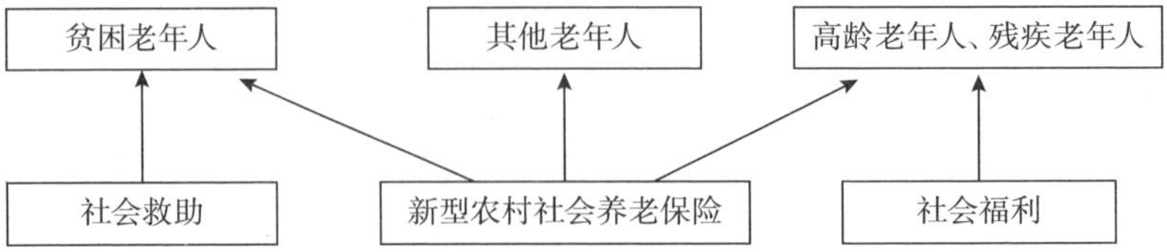

图 9－1　新型农村社会养老保险挤出效应示意图

响。在养老金及身体健康有保障的情况下，部分老年人基于自身隐私和自主性，一般倾向于与子女分开居住；另一部分老年人由于领取大额养老金但身体状况欠佳，考虑家庭和谐因素，老年人与子女均愿意共同居住，在不给子女增加经济负担的情况下，老年人可以得到子女的照料。二是新型农村社会养老保险对老年人经济来源的影响。若子女赡养老年人只为满足其生活需要，则老年人领取养老金将会使子女对老年人的支出减少；若老年人身体健康且能帮助子女从事农业劳动、照看子女的孩子及料理家务等，即使老人领取养老金，子女对老年人的支出也不会减少。由此可见，从理论上讲，新型农村社会养老保险同样对家庭养老产生了挤出效应。

二、挤出效应的实证检验

类似 Becker（1981）的研究，这里构建一个新古典家庭决策模型。其中，家庭由老年父母和成年子女组成。在给定的家庭预算约束下，父母和子女共同决定居住安排、老年生活照料及各自的消费水平，从而达到整个家庭的效益最大化。其中，居住安排包括父母独居、父母与子女同住及机构养老 3 种模式，不同居住安排面临不同的预算约束，并伴随着不同的老年照料模式和代际转移水平，从而产生不同的效益水平。当老年人领取养老金后，会相应改变预算约束，从而可能会带来居住安排、老年生活照料模式及消费水平的变化，这种变化在很大程度上体现了代际转移支付的结果。为评估新型农村社会养老保险对家庭养老的挤出效应，这里采用 Probit 模型，利用中国健康与养老追踪调查（CHARLS）2008—2011 年的数据，受访老人总计 3761 人，其中参保老人和未参保老人人数分别为 803 人和 2958 人。估计结果见表 9－4。

表 9－4　新型农村社会养老保险对家庭养老挤出效应的估计结果

居住安排		老年生活照料		主要经济来源	
独自居住	0.045 * (0.021)	配偶照料	－0.035 (0.044)	自己或配偶	0.013 (0.020)
与子女同住	－0.037 ** (0.019)	子女照料	－0.107 ** (0.046)	子女供养	－0.081 *** (0.002)
住养老院	0.004 (0.004)	雇人照料	0.101 ** (0.049)	政府补助	0.001 (0.013)

注：括号中显示了由 Bootstrap 产生的稳健性标准；＊＊＊、＊＊、＊分别表示在 1%、5%和 10%的水平上显著。

由表 9－4 可知，从居住安排来看，参保老年人独自居住能力明显增强。新型农村社会养老保险使得参保老年人独自居住的比例上升了 4.5 个百分点，与此同时，参保老年人与子女同住的比例下降了 3.7 个百分点。从老年生活照料来看，参保老年人对子女的依赖性明显下降，雇人照料明显增加。新型农村社会养老保险使得参保老年人对子女依赖的比例下降了 10.7 个百分点，雇人照料的比例上升了 10.1 个百分点。从老年人的主要经济来源来看，参保老年人对子女的经济依赖明显下降。新型农村社会养老保险使得参保老年人的经济来源主要由子女供养的比例下降了 8.1 个百分点。由此可见，参保老年人独自居住的比例在上升，与子女同住的比例在下降；参保老年人雇人照料的比例在上升，由子女照料的比例在下降；参保老年人的经济来源表现为对子女依赖在下降。

为进一步探讨新型农村社会养老保险对不同类型老年人养老模式的挤出效应，这里按健康状况（好与差）、年龄（80 岁以下及以上）、收入（中位数以下及以上）对老年人养老模式进行分组估计，估计结果见表 9－5。

表 9－5　新型农村社会养老保险对不同类型老年人家庭养老挤出效应的估计结果

类型		健康状况		年龄		收入	
		较好 N＝1598	较差 N＝2163	80 岁及以下 N＝1447	80 岁以上 N＝2314	中位数及以下 N＝1681	中位数以上 N＝1778
居住安排	独自居住	0.106 ***	－0.023	0.097 ***	－0.003	0.009	0.077 **
	与子女同住	－0.074 ***	0.004	－0.067 **	－0.008	0.014	－0.083 ***
	住养老院		0.004	－0.002	0.010	0.005	0.004

续表

类型		健康状况		年龄		收入	
		较好 N = 1598	较差 N = 2163	80 岁及以下 N = 1447	80 岁以上 N = 2314	中位数及以下 N = 1681	中位数以上 N = 1778
老年生活照料	配偶照料	—	-0.035	0.001	-0.038	—	-0.091
	子女照料	—	-0.108 ***	-0.501	-0.087 *	-0.038	-0.166
	雇人照料	—	0.102 *	—	0.095 *	—	0.209 *
主要经济来源	自己或配偶	0.014	0.017	0.002	0.026	0.006	0.018
	子女供养	-0.087 **	-0.080 ***	-0.075 **	-0.089 ***	-0.082 **	-0.080 **
	政府补助	-0.016 **	0.019	-0.025	0.024	0.016	-0.011

注：＊＊＊、＊＊、＊分别表示在1%、5%和10%的水平上显著。

由表9－5可知，从居住安排来看，对健康状况较差、年龄在80岁以上及经济收入在中位数及以下的参保老年人居住安排影响不显著；健康状况较好、年龄在80岁及以下、经济收入在中位数以上的参保老年人独自居住的比例分别上升了10.6个、9.7个和7.7个百分点，而与子女同住的比例分别下降了7.4个、6.7个和8.3个百分点。从老年生活照料来看，健康状况较差、年龄在80岁以上以及经济收入在中位数以上的参保老年人雇人照料的比例分别上升了10.2个、9.5个和20.9个百分点，而由子女照料的比例分别下降了10.8个、8.7个和16.6个百分点。从主要经济来源来看，参保老年人无论健康状况、年龄及经济收入如何，均对子女供养的依赖程度有所下降。由此可见，参保老年人只要身体状况良好、经济收入有保障，其独自居住的意愿更明显；而身体状况较差、年龄偏高、经济收入有保障的参保老年人选择雇人照料的比例在上升。

第三节　逆向选择问题

本节在对逆向选择概念及其基本原理分析的基础上，通过构建模型，对新型农村社会养老保险政策的逆向选择进行了实证检验。

一、逆向选择概述

逆向选择是在信息不对称的情况下，为实现个人福利最大化，预期寿命长的个体愿意并购买新型农村养老保险，而预期寿命短的个体不愿意购买。在老龄化背景下，由于个人缴费人群数量不足，养老保险个人账户基金出现缺口，最终导致新型农村养老保险面临不可持续性风险。逆向选择是农村养老保险市场中常见的一种现象，会造成农村养老保险市场的失灵。究其原因，一方面，健康状况较差的贫困人口对养老保险需求不足，在基本生活尚未得到满足的情况下，很难对养老保险产生有效需求；对未来寿命的悲观预期、对养老保险产品缺乏了解、投保人对保险的信任感、个人开支及家庭规模等均是制约贫困人口对养老保险需求的主要因素；另一方面，农村养老保险市场是一个风险较大的市场，人寿保险公司之所以愿意从事农村养老保险市场业务，并能够承担风险，前提是保险公司可以较为准确地预测风险，并把风险由众多人来分摊。但问题是保险公司只能预测人群中的平均风险，而不能区分人群中的个体风险。人寿保险公司事前不知道投保人的风险程度，从而使得养老保险水平不能达到对称信息情况下的最优水平。

二、逆向选择的实证检验

通过理论模型推导可以发现，自愿选择的养老模型存在逆向选择的问题。基于 Yaari（1965）的两阶段消费者决策模型，构建个人养老保险需求模型：$Y_i^* = \alpha expage_i + \beta X_i + \varepsilon_i$。其中，$Y_i^*$ 表示潜在的效用，$expage_i$ 是预期寿命，X_i 是其他影响效用的控制变量，α、β 是待估计的参数，ε_i 是误差项。若个体的预期寿命高于人均预期寿命，则个体养老保险的边际效益越大，人们对养老保险的需求越多。相反，个体预期寿命低于人均预期寿命，则个体养老保险的边际效益越小，人们对养老保险的需求越少，这就造成了养老保险中的逆向选择问题。这里使用 Logit 模型分析农村居民预期寿命对新型农村社会养老保险选择的影响，同时使用分位数回归（Quanetile Regression）分析预期寿命对新型农村社会养老保险缴费的影响。数据源自2016年中国健康与养老追踪调查的全国基线调查数据，有效样本4083个。被解释变量为新型农村社会养老保险的缴费档次，设100元/年、300元/年、500元/年3个档次。解释变量分为4个类型变量，第一类是受访者对75岁寿命预期变量，分为不太可能、可能、很有可能；第二类是人口社会学特征变量，包括性别、年龄、教育、婚姻、家庭子女个数、家庭人均收入；第三类是个人健康和医疗保险变量，包括慢性病的数量、购买医疗保险；第四类是个人行为及风险偏好变量，包括吸烟、喝酒。回归估计结果见表9-6。

表9-6　不同变量对缴费档次选择影响的估计结果

解释变量		被解释变量：缴费档次选择		
		100元/年	300元/年	500元/年
75岁寿命预期变量	可能	-0.011 (0.026)	0.004 (0.012)	0.035* (0.018)
	很有可能	-0.027 (0.030)	-0.002 (0.013)	0.048** (0.022)
人口社会学特征变量	女性	-0.000 (0.034)	-0.025* (0.015)	0.038* (0.020)
	年龄	-0.002 (0.002)	0.000 (0.001)	-0.000 (0.001)
	已婚	-0.100*** (0.026)	0.017 (0.011)	0.050*** (0.014)
	教育：小学	-0.130*** (0.031)	0.033** (0.017)	0.057** (0.022)
	教育：初中	-0.110*** (0.035)	0.023 (0.018)	0.067** (0.026)
	教育：高中及以上	-0.183*** (0.050)	0.048 (0.032)	0.045 (0.036)
	家庭子女个数	-0.003 (0.011)	-0.006 (0.005)	-0.011 (0.007)
	家庭人均收入	-0.070** (0.027)	-0.014 (0.012)	0.037** (0.017)
	家庭人均收入平方	0.010* (0.006)	0.003 (0.002)	-0.007* (0.004)

续表

解释变量		被解释变量：缴费档次选择		
		100 元/年	300 元/年	500 元/年
个人健康和医疗保险变量	慢性病的数量	0.015 * (0.008)	-0.009 ** (0.004)	-0.001 (0.005)
	购买医疗保险	0.007 (0.065)	0.027 (0.019)	0.017 (0.034)
个人行为及风险偏好变量	吸烟	-0.006 (0.032)	-0.015 (0.012)	0.011 (0.020)
	喝酒	0.077 *** (0.024)	-0.016 * (0.010)	0.027 * (0.016)

注：＊＊＊、＊＊、＊分别表示在1%、5%和10%的水平上显著，括号内为相应的边际效应。

由表9-6可知，认为可能活到75岁的参保农村居民选择缴费档次500元/年较参照组（认为自己不太可能活到75岁的农村居民）上升了3.5个百分点；认为很有可能活到75岁的参保农村居民选择缴费档次500元/年较参照组上升了4.8个百分点。这反映了农村居民对自己预期寿命越高，其选择较高缴费档次的意愿越高，反之越低。由于新型农村社会养老保险个人账户的计发系数为139个月（约为12年），当参保老年人领取年限低于12年时，其个人账户不存在基金缺口，而当领取年限超过12年时则存在缺口，且缺口额随着年龄的增长扩大。在年龄相同的情况下，缴费档次越高所带来的个人账户基金缺口越大。根据以上判断，若某个体缴费年限为15年，政府每年补贴30元，基金收益率为3%，分别对缴费档次为100元/年、300元/年和500元/年3个档次的个人账户基金缺口进行测算，测算时采用精算模型进行模拟。从测算结果来看，缴费档次为500元/年的基金缺口是100元/年的3倍。由此可见，当前新型农村社会养老保险的逆向选择问题较为明显，且随着我国人均预期寿命的提高和农村老龄化进程的加快，新型农村社会养老保险的逆向选择问题可能会进一步加剧。

第十章

保险政策的国际经验及启示

本章从农业保险政策、医疗保险政策及农村养老保险政策等维度系统总结了主要发达国家保险政策的经验，并从中得出启示。

第一节　农业保险政策的国际经验及启示

本节主要对美国、日本及加拿大 3 个国家的农业保险政策经验进行了总结，并得出相应启示。

一、美国

（一）美国农业保险发展历程

1. 保险试行期（1938—1979 年）

从 19 世纪末到 20 世纪初，商业化农业保险经营不善是导致美国农业保险市场萎缩的重要因素。自 20 世纪 30 年代经济大萧条后，为振兴农业经济，美国于 1938 年颁布了《联邦农作物保险法》，并创立了联邦作物保险公司（FCIC），专门负责全国农作物保险经营与管理。1945 年，农作物保险费率厘定不再以农场为单位，而是以县为单位，且农民可以自由选择不同的保障水平及保险金额。1970 年，政府进一步为不同类型农场提供相应农业保障。在农业保险试行期间，美国农作物保险标的范围逐步扩大，包含棉花、玉米、烟草等重要农作物；但在此期间，美国农作物保险承保面积还十分有限，农民参保率较低。

2. 快速发展阶段（1980—1995 年）

1980 年，美国政府颁布了《联邦农作物保险法（1980）》，该法案将农业保险作为重要社会保障形式，并展开多灾害作物保险（MPCI），对农作物分别提供 50% 、65% 和 75% 3 种产量保障水平，并提供 1. 45 美元/蒲式耳[①]、1. 65 美元/蒲式耳和 2. 3 美元/蒲式耳 3 种价格保障水平。为鼓励农民参保，政府对农业保险保费提供补贴，其中，对 55% 和 65% 的农业保障水平提供的保费补贴率为 30%，对 75% 的保障水平提供的保费补贴率为

---

① 英美制容量单位，英制 1 蒲式耳 =36. 37 升，美制 1 蒲式耳 =35. 24 升。

16.9%。1981年，联邦作物保险以公私合营、共享利润、共担风险为主要特征。1994年，政府进一步提高农作物保险保费补贴水平，例如，55%、65%、75%和85%的保障水平，其对应的保费补贴率分别为46.1%、41.7%、23.5%和13.0%。此外，1994年法案对享受各种优惠的农民实行强制性购买农作物保险的政策，在此背景下，巨灾保障保险（CAT）应运而生，农民参保农作物享有基本保障，按认定的生产历史产量（APH）提供50%的产量保障，按期望市场价格提供60%的价格保障，由政府提供全部保费补贴，农民只需缴纳50美元的注册费。1994年法案实施后，农民参与农作物保险占比快速上升，承保农作物从1980年的30种扩大到47种。1995年，农作物承保面积达到2.2亿英亩[①]，占当年可保面积的82%。

3. 政府退出直接经营农业保险阶段（1996—2013年）

1996年，美国成立风险管理局（RMA），并在各州设立办事处，主要从事联邦作物保险及其他风险管理。1998—1999年，政府逐步退出了农作物保险业务经营，取而代之由私营保险公司进行经营和管理，联邦作物保险公司只负责宏观管理、履行监督职责及提供再保险服务。政府进一步强化私营保险公司的功能和作用，允许其从事保险产品创新和研发，并取消相应的保险限制。在此背景下，1996年，私营保险公司创新推出了一系列收入保险产品；自1997年起，收入保险快速发展，并迅速成为美国农作物保险的主要形式。2000年，政府制定了农业风险保障方案（ARPA），针对所有不同保障水平保险产品提高了保费补贴率，其中，55%、65%、75%和85%保障水平下的保费补贴率分别达到64%、59%、55%和38%。2012年，政府设置了补充保险供农户选择，即规定产量低于期望水平90%即可获得补偿，农户只需缴纳30%的保费，政府提供70%的保费补贴，这样保险公司也可获得经营补贴。通过上述调整，私营保险公司承担风险的能力大幅度增强，保险运营效益明显提高。

---

① 英美制面积单位，1英亩=0.004047平方千米。

4. 重视资源环境保护阶段（2014—2018 年）

为保护资源环境，美国进一步调整农业保险政策，由原来的“黄箱”政策转向“绿箱”政策，并加大了农业保险保费补贴力度。为激发农民开展有机农业生产，有效解决有机农业生产所面临的风险需求，2014 年，美国颁布新农业法案，制定了有机农作物价格选择政策，具体包括有机农作物零售价格保险、批发价格保险及合同价保险。与此同时，为推动农业可持续发展，2014 年，政府规定农民必须遵守高侵蚀土地保护和湿地保护要求，只有相关部门审查合格，参保农民才能获取政府农作物保费补贴支持。此外，政府将农作物保险补贴与土地休耕及其他资源保护相结合，重点加强对土地、森林和水资源的保护。

（二）美国农业保险的主要内容

1. 农业保险法

政府主要通过制定法律法规对农业保险经营管理及对农业保险支持加以明确。当前，美国农业保险法主要包括：《联邦农作物保险法》《2014 年美国农业法案》《农场法案》《农业风险防范计划》《联邦预算拨款法》《政府绩效与结果法》等，上述法案为美国农业保险的健康发展提供了坚实的法律法规保障。从 1938 年颁布《联邦农作物保险法》至今，上述法律在实践运行中也得到了相应的补充和完善。

2. 农业保险产品

目前，美国农作物保险产品有 23 种，农作物承保品种约 130 种，保险覆盖农作物面积的 70% 以上。农业保险产品主要包括：真实生产历史（APH）保险、团体风险计划（GRP）、真实收入历史保险（ARH）、美元计划保险（DOL）、团体风险收入保障（GRIP）、团体风险收入保障——收获收入选择（GRIP－HRO）、调整的总收入保险（AGR）和调整的收入保险精简版（AGR－Lite）、区域风险保障保险（ARPI）、收入保障（RP）、排除收获价的收入保障（RP－HPE）、全农收入保障（WFRP）、牲畜保险（LP）、收获保障（YP）、利润保障计划（MP）、降雨指数（RI）、蔬植指数（VI）、巨灾风险保障附加条款（CAT）、高风险选择保险附加条款

(HR－ACE)。在农业保险产品中，收入保险是农作物保险的主要形式。

3. 保费收入与保险金额

1989 年以来，美国农业保险保费收入一直呈上升态势，特别是 2008 年后，上涨势头迅猛。据统计，2008—2018 年，农业保费收入年均达到 95.54 亿美元，其中，大麦、玉米、棉花、高粱、水稻、大豆和小麦等主要农作物的保费收入为 29.54 亿美元，农业保费收入占农业保险总保费的比例高达 83%；农业保险金额年均达到 954.48 亿美元，其中，大麦、玉米、棉花、高粱、水稻、大豆和小麦等主要农作物保险金额达到 311.53 亿美元。

4. 保费补贴

随着农业保费收入增加，美国农业保险补贴也在相应增加。据统计，1989—2018 年，政府对农作物保险财政补贴总计 886.86 亿美元（含费用补贴等），其中，2011 年财政保费补贴达到 74.63 亿美元。1989—1994 年，财政保费补贴率（补贴额/总保费收入）为 0.26；1995—2008 年，财政保费补贴率为 0.57；2009—2018 年，财政保费补贴率为 0.62；2001—2018 年，财政保费补贴率达到 0.61。从具体补贴金额来看，2001—2018 年，政府财政保费补贴额年均 17.294 美元/英亩，是 1989—2000 年的 4.38 倍。

5. 农业保险经营效率

据统计，1989—2003 年，美国农业保险经营损失率（保险赔付额/总保费收入）较高，平均为 1.12；自 2003 年后，农业保险经营损失率均低于 1.00；2003—2018 年，农业保险经营损失率为 0.74，对农业生产保障作用不断增强。

（三）美国农业保险的经验

1. 农业保险范围广泛

美国通常根据多样化的保险需求设计系列保险产品，例如，在设计产量保险时充分考虑保费高低、保险责任、保障水平及补偿条款等因素；在设计收入保险时通常根据期货市场来设定。保险公司设置系列化保费水平与保障水平组合供农民选择，农民根据自身风险预测选择合适的保费品种；农民支付保费水平越高，风险发生时其获取的保障水平越高。此外，美国农业保险范围广泛，除了应对自然风险和市场风险，投保农户遭受其他风险也将给予赔偿。

2. 保费补贴灵活多样

按照《美国农业法案》和《联邦农作物保险法案》规定，不同保险险种、不同保障水平及不同保险单位对应的保费补贴各不相同。例如，保费补贴率通常随保障水平的上升而下降；在保障水平既定时，产量保险保费补贴率一般略高于收入保险；承保对象地理位置越分散、农作物品种越多，保费补贴率越高；农场经营单一作物的保费补贴率低于农场经营多种作物。另外，美国农业保险补贴率也会根据气象变化、农产品价格波动情况及保险公司承保损益变化做相应调整。

3. 农业保险公开透明

美国农业保险实行公开透明的管理制度，相关重大决策制定及调整采取国会听证制度，公众参与度高，任何个人或机构都可以申请农业保险研发补贴，最高可获得联邦作物保险公司高达50%的研发补贴。

4. 实施产量替代和产量等级制度

美国农业保险十分重视数据库建设，在缺乏历史生产数据的情况下，将预定的县域指标产量作为过渡产量，当实际产量低于过渡产量的60%以下时，将过渡产量的60%作为实际历史产量的替代。历史产量数据仅有一年的，最低产量保障点则设定为区域过渡产量的70%；拥有2～4年和5～10年历史产量数据的，分别为区域过渡产量的75%和80%。产量替代和产量等级制度在一定程度上促进了农民参保的积极性和连续性，为费率精算提供了数据支撑。

5. 私营保险公司实行自主经营

1992年，美国颁布了《标准再保险协议》，该协议允许私营保险公司自主经营农业保险，包括保费厘定与分级，并承担相应的收益和风险。私营保险公司根据农民保险需求设计相应的农业保险产品，但需向联邦作物保险公司提交农业保险合同条款或保险费率等。私营保险公司在保留保险产品所有权前提下，经联邦作物保险公司董事会同意，向经营此类保险产品的其他保险供给人索取一定费用，或将所有权转让给风险管理局。另外，在联邦作物保险公司监管下，私营保险公司一般对代理人签单提供较高的佣金和回扣（一般为保费收入的15%~20%）以获得更多保费收入，这提高了保险代理人销售的积极性，使得新开发的农业保险产品迅速售出。

6. 对保险公司提供经营费用补贴

政府除对联邦作物保险公司免征税收外，还对私营保险公司经营农业保险减免1%~4%的营业税及其他税。另外，政府向承办农作物保险的私营保险公司提供20%~25%的经营费用补贴，补贴率与农作物保险经营规模挂钩，这有助于激发私营保险公司提高经营规模及运营效率。按照《标准再保险协议》规定，政府对保险公司的灾损评估费用补贴为其保费的6%，对团体保险产品经营管理费用的补贴率为12%，对其他保险产品的经营管理费补贴率为18.5%。

7. 强化投保人相关责任

根据美国作物保险合同，投保人必须投保其全部种植作物，并与其他政策优惠项目或灾害救助项目挂钩，这种强制性手段在一定程度上确保了参保率。保险合同设置有免责额或免责率，但对免责额和免责率也有限制。风险管理机构根据农业服务部提供的数据信息，利用卫星遥感等技术来识别道德风险，加强对投保人的监督和管理。《2014年农业法案》指出，若上一年由于严重天气灾害造成异常低产，将减少农民在之后年份可获取的保险金额，这一举措也在一定程度上增强了农民灾害预防和及时减损的积极性。

8. 设立完备的风险保障体系

《标准再保险协议》规定，保险公司需设立再保险基金，包括指定风险基金、发展基金和商业基金。在商业基金中，保险公司可保留全部保费收入及相应责任；在指定风险基金中，保险公司可将80%的保费收入让渡政府，并承担相应比例的收益和损失。保险公司根据保单风险来评估再保险决策，自主确定自留保险责任额，一般将风险较低的保单用于商业基金，而高风险保单多用于其他两种基金。当赔付率高于1时，政府担损份额随赔付率提升而增加；当赔付率小于1时，政府分享的收益份额随赔付率下降而增加。

（四）启示

1. 明确政府、保险公司及投保农户权责

明确农业保险管理体制中政府、保险公司及投保农户的权能和职责，强化农业保险规范化管理，建立农业保险共享机制，实现各部门间协同推进。首先，要理顺中央政府与地方政府之间的关系，地方政府要在中央政府的统一管理下探索适合本地的农业保险经营模式。其次，要理顺政府与保险公司、投保农户之间的权责关系，实现各方利益均衡及农业保险市场的健康有序发展。

2. 强化农业保险运行的监管

要进一步修改《农业保险条例》，不断完善监管机制、监管范围、监管内容、监管方式和监管资源配置，为农业保险顺利开展提供法律依据。要增强农业保险市场行为、保险机构内部治理结构和偿付能力监管，强化农业保险财务管理，加大对虚假承保和虚假理赔等行为的处罚力度。严禁政府强迫保险机构签订不合规范的保单，防止产生财政补贴款截留及寻租行为。督促村委及时公示承保及理赔信息，根据保险机构服务质量和绩效进行评价并给予相应奖惩，畅通农民投诉渠道。通过建立历史产量数据库，结合一系列先进技术和合同条款设计，防控农民道德风险的产生。

3. 创新保险产品，发挥市场作用

要以农业保险需求为中心，加强农业保险产品研发、合同条款和制度设计，使农业保险供给结构与需求结构相匹配。明确政府与市场边界，不断转变政府职能，鼓励保险公司开发农业保险新产品、设计保单条款及厘定保险费率，政府主要职责是对保险公司产品设计、服务能力和管理水平等进行评审，提高市场准入门槛，规范保险公司经营行为，促进农业保险市场健康发展。制定合理有效的查勘定损方案，确保理赔公平、公正、公开。大力推广收入保险和指数保险产品，支持多种形式的互助合作保险，探索农业保险与金融有机融合，建立风险共担、收益共享的农业保险机制。

4. 扩大农业保险范围，实施差异化保险补贴政策

政府有责任扩大农业保险覆盖范围，重点是老少边穷地区。要对贫困地区和粮食主产区采取倾斜性农业保险政策，尤其是贫困地区重点发展的优势特色农产品，中央或省级政府可采取全额保费补贴政策。同时，针对不同区域的农业保险实施差异化保费补贴政策和经营费用补贴政策。

二、日本

（一）日本农业保险制度的发展历程

1. 农业保险制度的萌芽与停滞

1868 年，日本建立了公共救济制度，为日本农业保险制度的构建与发展奠定了基础。20 世纪初，日本相继建立了“佃农组合”“日本农民总同盟”“日本农民组合”“全国水平社”等组织，这些组织为日本农业协会与农业共济组织的雏形。此后，日本政府意识到防范和化解农业风险的重要性，开始构建农业保险体系及相关法律制度。1929 年，日本颁布了《牲畜保险法》，该法案明确规定了牛、马死亡保险的具体条款，为日本首部规范农业保险的法律。1938 年，日本又颁布了《农业保险法》，该法案将水稻、小麦、桑树等种植业作物纳入农业保险体系。但基于各方面的原因，上述农业保险政策并没有得到很好的落实，处于停滞状态。

2. 重新恢复农业保险制度

第二次世界大战后，日本农业生产快速发展。为进一步保障农业生产及促进农民收入稳定增长，日本政府积极恢复和完善农业保险政策体系和保障手段。1947 年，日本政府整合了《牲畜保险法》《农业保险法》等法律法规，补充颁布了《农业灾害补偿法》，相继实施了农作物共济、蚕蛹共济、家畜共济、农业设施共济、农机具共济等项目。随着保险组织机制

及农业保险机构的建立，成立了“共济农业协同组合联合会”，并在各都道府县及辖区内市町村成立相应分支机构。1952 年，日本颁布了《农业共济基金法》，该方案对农业共济基金的理赔使用与增值过程进行了详细说明。1957 年，日本进一步优化了农业保险法律法规制度，重点对灾后赔付机制及部分险种的保额进行了改进。随着法律制度逐步健全及相关机构逐步完善，农户参保率稳步提升，到 20 世纪 60 年代，日本共济制农业保险基本能够满足农业发展需要。

3. 进一步完善农业保险制度

为确保共济制农业保险有效开展，1970—2000 年，日本政府对农业共济组织分别进行了 4 次机构重组，农业共济组合总数从 1965 年的 3707 家下降至 2000 年的 372 家。此外，日本政府还对农业保险品种与运行机制进行了完善，先后开展了果树共济项目、旱田作物共济项目、园艺设施共济项目。在此期间，日本政府结合农业共济组织的实际情况，进一步完善相关监管体制和机制。2003 年，日本修订了《农业灾害补偿法》，新修订的版本进一步完善了农业共济机制，为农户提供多样化的共济保障。2014 年 6 月，日本政府创立农业收入保险产品，目的是确保农户收入稳定增长，完善农业风险保障机制。2017 年 6 月，日本重新修订《农业灾害补偿法》，以立法形式对农业收入保险进行确认。此后，日本农林水产省出台了《农业收入保险制度介绍・农业灾害补偿制度改革准备支持项目实施纲要》，进一步推动了农业收入保险制度的快速发展。随着农业保险制度的日益完善，日本农业保险的承保范围继续扩大，农户参保率不断提高，粮食、家畜、果树及其他经济作物等主要农产品均纳入承保范围，对促进日本农业生产发挥了重要作用。

（二）日本农业保险组织体系的架构

1. 运营体系

日本政府规定，所有农户必须加入基层农协组织，因此，农户依托基层农协积极参与农业共济组合。概括起来，日本共济制农业保险运营体系包含两类：由基层农业共济组合、农业共济组合联合会及政府专项账户等组成，由整合后的农业共济组合与政府专项账户等组成。早期阶段，每个市町村只成立 1 个共济组合，随后，为减少中间环节、提高组织效率、降低运营成本，日本又对基层共济组合进行整合，每个基层共济组合大致包含 6 个市町村，覆盖面较大。再后来，部分都道府县又将基层共济组合与联合会功能合并，形成了“一县一组合”。1947 年，日本全国共计 1 万家农业共济组合、46 家联合会。2000 年以来，随着共济机构改革不断推进，基层共济组合与农业共济联合会进一步合并，2017 年，共济联合会仅剩 17 家。由此可见，日本农业保险运营体系在构建多重风险保障机制的同时，通过不断提高组织效率、降低成本等，确保了日本农业保险制度的持续稳定发展。

2. 赔付制度

日本共济制农业保险的运行过程均体现了“多级分散”与“政府兜底”的保障功能。政府向农户、共济组合分别提供保险费补贴和保险经营费用补贴，农户向基层共济组合缴纳共济保费，基层共济组合再向共济联合会缴纳保费，联合会则向政府专项账户缴纳再保险费。风险发生后，政府专项账户对共济联合会进行再保险赔付，农业共济联合会向基层农业共济组合拨付保险金，基层共济组合则对受灾农户进行最终赔付。通过实施上述赔付制度，当投保农户遭受自然风险或市场风险损失时，可以有效得到有政府兜底的共济赔付，确保灾后生产生活得以恢复。

3. 承保品种范围及承保方式

日本根据农产品的重要性及其是否便于保险计算等因素来确定农业保险承保品种范围。首先，由于粮食作物直接影响国计民生，政府通过行政手段对其进行强制性保险安排；将农民保险需求量大且生产规模较大的品种纳入农业保险承保范围；将保费精算厘定较容易的品种列入农业保险保障范围，保费精算厘定困难、市场价格不明确或产量有较大波动的品种则不予列入农业保险保障范围。具体来说，日本共济制农业保险承保品种主要包括水稻、旱稻、麦类、大豆、甘蔗、甜玉米、牛、马、猪、苹果、梨、橘子等。日本共济制保险承保方式、形式多样，农户可自由选择。例如，种植业共济保险承保方式包括“一笔方式”“半抵偿方式”“全额抵偿方式”“灾害收入共济方式”。2016 年，水稻、旱稻等环保品种以一笔方式为主，麦类以收入共济为主；梨、橘子等以半抵偿方式为主，苹果以特定危险方式为主；大豆、甘蔗、甜玉米以全额抵偿方式为主。牛、马、猪家畜共济可分为全头数加入的一般共济和单头数的种公牛、种公马加入的特别共济两种。制度执行初期，承保方式只有一笔方式，后来逐渐推广了全额抵偿与收入共济方式等。

（三）日本农业保险发展的政策引导

1. 实施财政保费补贴政策

日本政府对农业保险的财政补贴主要通过各级共济组织转移给农户，具体包括对农户的保费补贴、共济组织的经营费用补贴、再保险补贴。日本《农业灾害补偿法》规定，在保费补贴方面，按照保险品种及费率不同决定补贴比率的高低。例如，农作物共济保费财政补贴率为 50%，麦类费率在 3% 以下时财政保费补贴率为 50%，超过 3% 时财政保费补贴率为 55%。总体而言，参加共济组合的农户需要缴纳保费总额 50% 左右的费用，其余部分由财政补贴。从险种上看，种植类共济财政保费补贴率不低于 50%，家畜与园艺设施类共济财政保费补贴率略低于种植类。

2. 推进农业保险法制化建设

健全农业保险法律体系是确保农业保险健康发展的前提。1929—2017 年，日本政府从颁布《牲畜保险法》到建立农业收入保险制度，对农业保险相关法律法规进行了多次修改和完善，涉及政府、共济组织、农户等主体，并对农业保险性质、各主体责任、保障范围与费率厘定、组织机构与经营模式、财政补贴与运行方式等进行了系统规定。由此可见，健全农业保险法律体系是完善共济制农业保险体系、规范农业保险市场中各主体行为、提高农业保险经营效率的重要保障。

3. 推进强制性农业保险政策

由于农业保险具有外部性、准公共物品及信息不对称等特征，商业化农业保险模式最终可能导致农户与保险公司陷入“供需双冷”的市场失灵境地。为促进农业生产和确保农产品有效供给，日本实施了强制性农业保险政策。1947 年颁布的《农业灾害补偿法》明确规定了农作物强制性保险的种植面积，规定农作物种植面积超过 0.1 公顷的农户必须购买农业保险。随着农业保险制度不断修订和完善，为进一步降低农户保费负担，日本政府对农作物强制性保险的种植面积有所放松，1957 年，将农作物强制性农业保险种植面积由 0.1 公顷调至 0.3 公顷。另外，日本政府还补充规定，如果农户在农业生产中有借贷行为，则该农户必须购买农业保险。

4. 建立再保险制度

农业保险具有风险概率高、赔付金额大等特征，导致基层共济组合面临巨大的经营风险。因此，为确保农业保险健康发展，建立再保险制度成为必然选择。日本颁布的《农业灾害补偿法》明确指出，农业共济联合会对基层农业共济组合再保险，中央政府对农业共济联合会再保险。当农业灾害发生后，政府将承担相应比例的保险赔偿责任，通常情况下，政府通过再保险机制承担 50%~70% 的保险赔偿责任；若发生重大灾害损失，政府可承担 80%~100% 的保险赔偿责任。因此，实施再保险政策对促进灾后农业生产恢复、保障农民生活稳定、确保共济制农业保险的可持续发展起重要作用。

5. 开展农业统计分析与保险理赔

为保障农业保费厘定的准确性，日本农林水产省统计局对每个地区（都道府县）保险标的农作物历年的生产情况、灾害损失情况及气象水文情况进行统计分析，通过精算得出某地区的风险类型与基准费率，有效避免了逆向选择与道德风险。为保障农业保险理赔的公正性，农业灾害发生后，农户首先向农业共济组合申请理赔，由共济组合遴选灾害评估人员及相关工作人员来勘察定损，确认损失后向共济组合联合会提交灾害损失报告并进行理赔。勘察定损一般通过历史数据与本次农作物最终产量进行对比来确定。若灾害规模较小，则由联合会自行认定损失程度；若灾害规模较大，由联合会向农林水产省报告，由农林水产省认定损失程度。在勘察定损过程中，灾害评估人员发挥着关键作用。另外，为避免道德风险发生，共济组合也在灾后赔付中设置了一定的免赔额。

（四）日本农业保险的功能和作用

1. 有效保障了农业生产

日本政府高度重视农业保险在推进农业现代化中的保障作用。首先，共济制农业保险组织定位为非营利性。政府规定共济制农业保险组织并非商业化的营利企业，由于其收取的保费没有考虑利润因素，因此确定的保费率相对较低，且灾害发生后理赔及时快捷，不存在“惜赔”现象。其次，共济制保险组织高效运作。由于共济制农业保险组织由农民组成，所以，可以快速将农业保险品种需求反馈到保险产品的规划设计中，有效提高了保险产品开发效率及保障功能。最后，确保农业生产及农民收入稳定。由于该制度能够有效弥补产量及价格波动造成的损失，通过实施农业收入保险制度，确保了农业生产及农民收入水平稳定，促进了日本农业可持续发展。

2. 扩大了农业生产规模

地少人多的国情决定了日本传统农业生产模式以小农经济为主。为解决小农经济因规模小导致抗风险能力弱的问题，日本共济组织与农民协会将分散的农户组织起来，通过开展种养殖技术指导，促进了农业生产规模化和专业化水平的提高，不仅提高了农业产业化程度和农业生产效益，而且有效降低了农户的风险预期，化解了农户面临的多重风险，促进了农业投资的增加和再生产能力的扩大。

3. 增强了参保农户的融资能力

1948 年，为促进农业的快速发展，日本政府在鼓励农民购买农业保险的同时，还制定了农业保险抵押贷款等制度。以投保农作物可获取的最高赔款额为抵押，农民可以向银行等金融机构申请农业生产贷款。灾害发生后，农业共济组织向农民赔款的同时，还协助农林水产省为受灾农户提供融资服务。由于有农业保险的保障功能作为坚强后盾，银行等金融机构愿意为参保农户提供各类金融服务和资金支持。

4. 提高了农业生产的科技水平

共济制农业保险组织通过定期为农民开展技能培训与指导，引导农民合理施肥，开展科学化田间管理，进而提高了农民的生产技能和农业生产率。一方面，共济制农业保险组织为农户提供灾害预警、病虫害防治、科学种植或养殖等方面信息与技巧；另一方面，在提供本地区资源环境、土壤水情、过往灾害等地理信息的基础上，共济制农业保险组织还为农户提供有针对性的生产经营管理等方面的建议，如优化种养殖结构，不断提高农户投资回报率。此外，基层共济组织通过向农户推广各类新成果引导农户生产高附加值的农业产品，推进科技成果转化与农业产业化经营有效融合。

5. 规避了道德风险和逆向选择

在共济制农业保险中，由于保险人与投保人之间构建了相互监督机制，较好地解决了信息不对称引发的欺诈骗保问题。实施强制保险和大额赔款补贴政策，有助于共济制保险组织内部开展专业化风险管理，化解经营风险，提高核保理赔水平和能力。此外，通过引导农户掌握农业生产技术，熟悉本地区农业生产条件，了解农作物与家畜生长种养殖规律，且承担农业保险承保、查勘核损、理赔及风险管理等工作，从源头规避了农业保险道德风险与逆向选择问题，确保共济组织的稳健运行及农业生产的顺利推进。

（五）启示

1. 构建互助共济与农业产业化深度融合机制

从上述分析可以看出，共济制农业保险体系在推动日本农业产业化进程中发挥了重要作用。究其原因，共济制农业保险的经营成本较低，产生道德风险与逆向选择问题概率较低，农户之间形成了相互支持与监督的机制。因此，日本多层级的共济农业保险体系值得我国学习和借鉴。将农业共济组织作为农业保险的直接经营主体，既可以降低农业保险经营费用，又可以引导农民开展生产协作，将有限的生产要素资源在生产、保障、销售、培训等方面优化配置，发挥互助共济优势，不断提高农业产业化经营水平。

2. 发挥农业互助保险组织农户主体作用

由于日本农户在农业互助保险组织中处于主体地位，所以相关惠农政策能够通过农业保险互助组织快速下达，一方面有助于农户及时享受农业保险财政补贴；另一方面有助于减少中间环节，提高农业保险运行效率。此外，通过实施强制农业保险制度，确保了农业基础地位和重要农产品的稳定生产与供给。当前，我国应将水稻、小麦、大豆等关系国计民生的大宗农产品纳入强制性农业保险体系。借鉴日本的经验，建立多层级的农业共济保险组织体系，充分发挥农户在农业保险中的主体作用，不断提高农业保险在农业生产中的保障作用。

3. 丰富和完善农业保险法律法规

日本对《农业保险法》《牲畜保险法》《农业灾害补偿法》等法律法规进行多轮修订，对政府政策、机构模式、保障范围、费率厘定、风险分散、补偿形式、从业规范等方面进行了系统完善。相对而言，我国农业保险法律法规建设比较滞后，目前仅有的《农业法》《农业保险条例》等法律体系还有待进一步健全，在组织架构、业务经营、定价核算、巨灾转移等方面还有待进一步完善，尤其是针对农业互助保险机构的相关规定还处于空白状态。因此，需要不断丰富和完善我国农业保险法律体系，逐步引导互助制农业保险的试点，规范开展相关农业保险产品设计业务、资金使用等具体工作，促进农业保险健康运行，促进农业可持续发展。

4. 完善农业再保险机制

日本农业再保险制度通过建立将农业风险进行再分散机制，有效化解了农业保险经营风险，确保共济制农业保险机构的偿付能力和经营稳定性。目前，我国农业再保险险种偏少，业务规模不大，形式单一，无法满足农业再保险需求，尤其是价格保险、地方特色优势农产品保险、天气指数保险、收入保险等再保险制度建设还比较滞后。因此，借鉴日本农业再保险制度的经验，我国应充分发挥资本市场功能，建立多维风险转移机制，积极开展巨灾风险证券化和资产支持计划，利用再保险与证券期货之间的互补性对冲风险，持续扩大农业保险承保能力。在组织机构建设方面，加强农业互助保险组织机构建设，探索将原始农业风险纵向转移，形成“基层互助组织—互助保险总部机构—再保险机构”的三阶段体系，降低农业保险经营费用，不断提高农业保险经营效率。

三、加拿大

（一）加拿大农业保险的地位和发展现状

1. 加拿大农业保险的地位

加拿大的农业历史悠久，早在第一阶段的农业支持政策中就包含农业保险支持政策，且该政策一直持续至今。由此可见，农业保险在加拿大农业支持政策体系中的重要性不言而喻。2013—2017 年，加拿大政府每年对农场主的财政支持均在 20 亿加元左右，其中，对农业保险的支持超过 10 亿加元，这充分显示了农业保险在加拿大农业政策支持体系中的核心地位。此外，加拿大曼尼托巴省农业部在对农业政策支持体系进行评估时发现，农业保险制度受到社会各界的高度肯定，这也说明了农业保险在加拿大农业风险管理体系中发挥着不可替代的作用。

2. 加拿大农业保险的现状

加拿大农业保险十分成熟，农业保险的覆盖率高，农场主参保率为 68%，谷物和油菜籽等作物的农业保险面积覆盖率为 77%，部分省如曼尼托巴省的农业保险覆盖率达到 95%。目前，加拿大农业保险产品主要包括 3 种：第一种是作物产量多灾害险，约占农业保险总保费收入的 80%；第二种是冰雹保险，约占农业保险保费收入的 20%；第三种是近年推出的畜牧价格指数保险，该保险产品主要是为生猪和肉牛养殖农场主提供类似看跌期权的价格风险保障设立的，但目前该保险市场规模较小。从农业保险分布区域来看，目前加拿大农业保险已覆盖全部 10 个省，且主要集中在萨斯喀彻温省、艾伯塔省、安大略省和曼尼托巴省，占加拿大全国农业保险总保额的 86. 6%。

（二）加拿大农业保险的运作机制

加拿大农业保险由联邦政府和省政府共同管理。其中，联邦政府的职责包括：监督各省农业保险运营；提供保费、经营管理费补贴和再保险支持；对省级保险公司的精算结果进行审核和批准。省政府的职责包括：具体监管本省农业保险运营；提供保费补贴和经营管理费补贴；雇佣精算团队对农业保险费率厘定方法进行评估和修改；评估本省农业保险的可持续发展能力。需要注意的是，虽然加拿大农业保险是由国有保险公司具体运营，但不管是联邦政府还是省政府，并不干预保险公司的日常经营，只是根据合同协议对农业保险开展情况进行监管，确保农业保险可持续发展。

加拿大联邦和省政府在农业保险中的合作主要体现在农业保险再保险的安排和支持上。加拿大农业再保险运作可以分为5步：第一步，农场主在3月15日前购买保险，农场主缴纳40%的保费，省政府提供24%的保费补贴，联邦政府提供36%的保费补贴。第二步，保险公司在3月31日确定再保险基金的盈利情况，如果再保险基金亏损且保险公司的盈利超过当年保费收入的50%，保险公司要补缴再保险费，弥补再保险基金的亏损。如果省再保险基金和联邦再保险基金均亏损，则两个基金各得到补缴费用的50%，如果只有一个基金亏损则补一个。第三步，保险公司在4月1日确定两个再保险基金的总盈余情况，如果两个基金合起来还是亏损，则按照规定再次补缴再保险费，可以分15年补缴，补缴数额为亏损总额的1/15。第四步，保险公司补缴再保险费后要缴纳当年的再保险费，具体要看联邦再保险基金、省级再保险基金和保险公司盈余基金的盈亏情况，再保险费的多少根据盈余的比例不同而不同，盈余多则再保险费就少。第五步，12月15日，保险公司确定当年的最终赔付额，如果保险公司账户有盈余，首先由公司进行赔偿，若盈余不足以赔付，则剩下的赔款由两个再保险基金来承担，其中，省再保险基金承担差额的40%、联邦再保险基金承担差额的60%。

（三）启示

1. 明确中央政府和省级政府在农业保险发展中的职责及市场边界

虽然政府有责任为农业保险提供政策支持，但只能充当规则制定者和裁判员的角色，不能干预保险具体事务。加拿大政府对国有农业保险公司的具体运营不直接干预的经验值得借鉴。另外，在加拿大农业保险发展中，联邦政府负责农业保险规划的设计与制定，明确农业保险发展原则和指导框架，由各省政府具体负责本省农业保险管理，并通过农业保险再保险机制发挥中央和地方的协调配合作用。上述做法既能确保农业保险被统一领导，又能充分激发各地的积极性，明确了中央政府和省级政府在农业保险发展中的职责及市场边界。

2. 加强农业保险制度建设

加拿大农业保险政策是伴随着农业发展不断修改完善的，其中，农业保险法律法规制度的修订和完善是重中之重，明确规定了相关主体的责任、权利和义务，有效约束了相关主体的行为，确保农业保险政策有效执行。此外，加拿大对农业保险合同的规定十分全面细致，对相关主体的责任、运作流程和操作办法均有详细规定，对农业保险顺利开展具有很强的指导价值，有效避免了人为因素的干扰，确保了农业保险的可持续发展。

3. 开展对农业保险系列研究探索

加拿大高度重视农业保险政策的研究创新，确保农业保险与时俱进。当前，我国学界虽对农业保险开展了系列研究，但相关基础性理论与实证研究还偏少，对农业保险发展的指导性不足。因此，建议加强农业保险顶层设计研究和深入的实证研究，通过理论与实践创新成果来提高我国农业保险的生命力。

第二节　医疗保险政策的国际经验及启示

本节主要对美国、法国和日本 3 个国家的医疗保险政策经验进行了总结，并得出相应启示。

一、美国

（一）美国的医疗保障体系的构成

为解决贫困问题，美国重视通过制度建设解决贫困人口的生活及医疗保障问题。1937 年，时任美国总统富兰克林·罗斯福指出："我们进步与否，不在于是否为富人锦上添花，而在于是否为穷人雪中送炭!"由于美国是市场经济国家，所以，政府主要通过引入竞争方式实现国民自身医疗保障。基于此，美国医疗保障制度一方面强调市场的力量，大力发展商业医疗保险；另一方面充分发挥政府职能，确保贫困人口的医疗服务，在制定医疗保障制度时高度关注弱势群体。经过长时间的讨论与完善，1965 年 7 月 30 日，时任美国总统约翰逊正式宣布美国联邦医疗保障制度确立。该医疗保障体系包括医疗照顾计划、医疗救助计划及儿童健康保险计划三部分。

1. 医疗照顾计划

医疗照顾计划是美国联邦政府为 65 岁及以上老年人或不足 65 岁的残障人士提供的政府医疗保险。申请者必须是美国公民或美国永久居民，同时申请者本人或配偶已向国家缴纳医疗照顾税 10 年以上。若缴纳不满 10 年，需个人缴纳一定的费用后才能参加这个计划。该计划由联邦政府管理，各州实行统一的政策，共分 A、B、C、D 4 个类别。其中 A 类是住院保险，具有强制性，用于支付患者的住院费、出院后的专业护理费、家庭保健服务费及疾病晚期患者收容所护理费用等。参加者每年可以享受 90 天的住院治疗和 100 天的技术护理，只有在特殊情况下需要个人支付少量费用。B 类是补充医疗保险，由参加者选择性投保，用于支付医生治疗费用、检查费用及 A 类不包括的医疗费和医疗用品费等。C 类是优惠保险，由政府特许的商业保险公司为受益人提供一些额外的医疗服务，如健康护理等。D 类是处方药保险，用于支付医生所开处方药物费。医疗照顾计划中的住院保险（A 类）是强制性的，资金筹集主要来源于政府征收的医疗照顾税，由雇主和雇员分别按工资收入的 1.45%、总计收入的 2.9% 缴纳，自雇者需要缴足 2.9% 的费用；其他部分的保险（B 类、C 类和 D 类）属于自愿参加性质，参加者必须每月额外缴纳保险费。

2. 医疗救助计划

实施医疗救助计划的主要目的是帮助弱势群体获得医疗服务。医疗救助计划由联邦政府和州政府共同承担，其目的是免除弱势群体参加医疗照顾计划的缴费及自付费部分。联邦政府规定的必须救助人群包括三类：一是社会救助对象，主要是需抚养孩子家庭救助项目和补充保障收入救助家庭项目的人群。前者主要救助贫困单亲家庭或一方失业家庭，后者主要救助穷人和残障人士。二是家庭收入低于联邦贫困标准 133% 的 6 岁以下儿童和孕妇。三是某些医疗照顾计划受益者和特殊保护人群，如由于工作收入增加而丧失 SSI 资格的人等。州政府可在此基础上视本州医疗救助资金筹集情况，自行扩大受益人群。从实施效果看，儿童、老年人、残障人士及怀孕妇女是医疗救助计划最主要的受益人群。医疗救助计划申请人必须接受家庭收入和资产审查，救助资金不直接发放给受助者，而是支付给医疗服务提供方。参与医疗救助计划的医生和医疗保险机构必须同意接受规定的补助金标准和用药治疗目录。凡认为符合条件的个人可以向当地社会福利部门提出申请，获批后会收到一张医疗救助卡，接受服务时须出示该卡。医疗救助费用由联邦和州政府按比例承担，联邦政府一般承担全部支出的 50% ~ 80%。总体而言，美国联邦政府采取制度化方式为各州医疗救助提供财政支持。转移支付资金的总量取决于各州前三年的人均收入，联邦政府根据各州的财政实力确定不同的分担比例，对经济落后及财政收入较低的州给予较大比例的资助；对经济较发达且财政收入较高的州给予相对较少的支持。每个州得到的联邦医疗救助专项补助根据法定公式测算，即联邦政府对州的拨款比例 = 1 - （州人均收入的平方 ÷ 美国人均收入的平方 ×0.45），且各州受资助的比例为 50% ~ 83%。联邦政府的具体资助数额上不封顶。为激发州政府提高资助金额，联邦政府资助随州政府资助金额增加相应增加。实际上，对于一些经济水平较低的州，联邦政府支出相对较多，如对密西西比州的资助比例达到 76%。除了医疗救助本身的费用，联邦政府还承担大部分管理费用，管理费用由联邦政府承担 50%，有些方面如控制欺诈的费用，联邦政府给予 90% 的特别补助。

3. 儿童健康保险计划

儿童健康保险计划是一个由联邦政府提供大部分资金、各州政府提供配套资金和具体管理的医疗保险计划。该计划于 1997 年实施，其受益对象主要是年龄在 19 周岁以下、不符合医疗救助准入条件、没有任何保险、家庭收入低于联邦贫困标准 2 倍的儿童及青少年。各州政府在儿童健康保险计划的准入条件和政策制定方面有很大的自由裁量权。参加该计划的家庭在获得医疗服务时仅需根据其家庭收入缴纳少量费用或不缴纳费用。在具体实施中采取以下 3 种方式：一是放宽医疗救助的准入条件，使以前不符合条件的儿童及青少年能够通过儿童健康保险获取医疗救助。二是与医疗救助计划分离，建立一个独立的医疗保险项目。三是两种计划同时实施。

（二）启示

1. 重视顶层设计

医疗保障具有全局性、全民性和基础性特点，虽然也需要“摸着石头过河”式的地方经验，但更需要在制度构建初期就做好顶层制度设计，并果断决策，尽快形成统一的制度安排。否则，“碎片化”的制度不仅会增加制度协调成本，而且会增加制度改革难度。

2. 强化公平

公平是医疗保障的核心价值追求。政府建立覆盖全民的医疗保障体系不是为高收入者提供更好的医疗服务，而是首先确保低收入者平等地享受医疗服务。美国的医疗保障制度已尽量避免弱势群体因缺钱或无法使用医疗机构和医疗服务的便利条件而得不到医疗保障。

3. 持续完善

医疗保障制度的健全和完善须经历长期的过程。美国的医疗保障制度经历了数十年发展完善，目前还在持续完善中。这表明，任何一项制度都需要在实际运行中改革创新、发展完善，世界上并不存在最完美的医疗保障制度。要认真研究学习各国医疗保障制度的优点，通过消化吸收，使其为我国医疗保障制度的建立完善所用。

4. 大力实施儿童医疗救助

美国医疗保障制度对儿童高度关注，其他发达国家的医疗保障制度也多对儿童给予了特殊的关注。这是因为医疗保障对儿童而言尤为重要，不仅直接影响儿童的身心健康，而且关系到家庭这个最小社会单元的幸福与和谐。低收入家庭保障能力有限，如果没有政府给予及时的救助，儿童的生存权将会受到威胁。因此，医疗保险、医疗救助需要专门针对儿童开展制度设计，当低收入家庭儿童患重病时，整个家庭将会面临难以想象的灾难，由此导致的冲击社会道德和人们心理底线的事件时有发生。因此，必须把儿童医疗保障放到更为突出的位置。

5. 强化中央财政资金分担机制

以中央财政为主的资金分担机制是医疗保障制度的基石。美国低收入人群医疗保障制度坚持政府主导的策略，并由中央政府承担主要的财政责任，这是基于政府税收应主要用于民生事业的理念确定的。近年来，我国中央财政不断调整支出结构，用于医疗方面的支出逐年加大，已经成为医疗保障制度最主要的资金来源之一。在进一步深化医改过程中，中央财政应将重点放在对低收入人群的医疗救助方面，大幅度增加对医疗救助的投入，从根本上解决包括贫困儿童在内的低收入人群的重特大疾病医疗救助问题。

二、法国

（一）法国医疗保障体系的构成

1. 基本医疗保险制度

法国基本医疗保险制度分为三类：一是工商业企业职工保险，覆盖工商企业雇员。二是农业社会保险，覆盖农业从业人员。三是独立劳动者社会保险，覆盖非雇用制劳动人员，主要指自由职业者和个体工商户等。除上述三类保险外，法国还设有特殊行业医疗保险，参保对象主要为铁路、矿业、海运及煤电等部门工作人员，如法国国家铁路公司医疗保险制度。尽管法国划分了不同医疗保险制度，但缴费和赔付原则没有区别。

2. 补充医疗保险制度

由于法国强制性医疗保险对医疗费用补偿比例仅为77%左右，因此多数居民都购买了形式多样的补充医疗保险，主要包括互助型补充医疗保险、商业补充医疗保险和其他集体性补充医疗保险等，其中互助型补充医疗保险占补充性医疗保险的比例最大，达到56%；商业补充医疗保险和集体性补充医疗保险比例分别为24%和20%。

3. 医疗救助制度

法国基本医疗保险权益是建立在职业活动基础上的，因此强制性基本医疗保险并不包含全体居民。1999年，法国颁布了《贫困者医疗救助法案》，将不属于固定就业群体的社会贫困人员及没有足够劳动收入缴纳社会保险费的人群囊括到医疗救助制度内，社会贫困人群无需缴纳保险费，由国家财政确保他们能够享受到与就业人群平等的医疗救助权益。因此，法国实现了全体居民医疗保障的全覆盖。

（二）法国低收入人群医疗保障制度

1. 构建再分配机制

再分配机制主要包括连带参保机制和重大疾病风险保护机制，这两种再分配机制对于降低低收入人群医疗负担发挥了不可替代的作用。其中，连带参保机制是在不同收入居民之间的纵向再分配，主要将不具有被保险资格但与被保险人之间具有家庭血缘关系的配偶及子女纳入医疗保险范围，并与被保险人享有相同的医疗保险待遇，即所谓的“一人参保，全家受益”。重大疾病风险保护机制是不同健康程度人群之间的横向再分配，由于低收入人群的健康水平普遍低于高收入人群，通过重大疾病风险保护机制，低收入参保人可将巨额医疗费用予以全额报销，这部分费用占整个医疗保险费用总额的64%。由此可见，该机制可以帮助低收入群体有效防范因病致贫问题。

2. 全民医疗保险制度与补偿医疗救助津贴制度相结合

法国针对低收入群体采取全民医疗保险制度与补充医疗救助津贴制

度。其中，全民医疗保险包括全民医疗基础保险和全民医疗保险补充险两种，全民医疗基础保险的受益人可以免费获得与基本医疗保险参保人同等的医疗保险待遇，享受基本医疗保险所有的全额赔付项目，但也要履行基本医疗保险制度规定的相应义务，即个人要承担规定内的自付费用，主要包括医生诊断费和药品费的自付部分。覆盖对象是贫困人群或低收入人群。法国的全国最低雇用工资标准为1500欧元/月，企业全职职工都必须达到这个标准，因此都必须参加企业职工的基本医疗保险制度。年度收入在9601欧元以下的家庭属于贫困家庭，可以申请获得医疗保险基础保险，若家庭年收入超过相应标准，但其雇佣合同是临时工作合同，因无法持续工作获得足够收入缴纳基本医疗保险费的家庭，申请人需按家庭收入的8%缴纳医保费用便可享有全民医疗保险资格，目前，这类参保人只占全民医疗保险受益人的3%。全民医疗保险补充险提供免费的补充医疗保险权益，全民医疗保险补充险受益人享受基本医疗保险补偿范围内所有项目无需缴纳任何自付费用，根据法律，甚至可以免费享受固定限度内的牙科治疗、眼科及某些医疗设备服务。目前，享受全民医疗保险补充险人群占各种补充性医疗保险人口的7.4%。补充医疗救助津贴制度是为收入略高于全民医疗保险制度规定的收入标准的人群也能享受补充医疗保险而设立的，该制度创立于2004年8月31日，覆盖对象是家庭收入略高于全民医疗保险制度所规定的家庭年度收入上限至135%范围内的低收入边缘人群；2014年申请享受补充医疗救助津贴制度的收入标准是家庭年人均收入为8645~11600欧元。这部分群体可以利用补充医疗救助津贴购买私人补充医疗保险或提高补充医疗保险待遇。由于补充医疗保险制度的保险费与受益人年龄和家庭人数有关，补充医疗救助津贴额度根据受益人的年龄和家庭人口数，从100欧元到500欧元不等，可以支付医疗保险费用的60%~70%。

（三）启示

1. 所有参保人的医疗保障权益均有法律保障

法国医疗保险制度均是在法律基础上建立与发展的。1898年颁布工伤法，该法案是法国首部社会保险法案，规定工人出现工伤时由雇主承担治疗和赔付责任；1928 年和 1930 年颁布强制性社会健康工伤保险法案；1945 年颁布基本社会保险法案；此后陆续颁布了一系列法律条款，使医疗保险范围不断扩大；1999 年颁布医疗救助法，将贫困人群或低收入人群纳入基本医疗保险体系；2004 年颁布朱佩法案，该法案进一步对保险范围进行了修改和完善。由此可见，法国将所有参保人的权利义务都纳入法律并明确界定，有效保障了低收入人群的平等医疗保险权益。

2. 将弱势人群的医疗保障上升至国家层面

法国设立多元化和多样化医疗救助制度主要是基于社会和谐及团结一致的社会福利思想。在全民医疗保险制度实施前，法国贫困人口医疗救助均由各地方政府来承担，贫困人口需要多次重复申请救助，不仅手续繁杂，而且不同地区救助水平存在较大差异。以全民医疗保险制度取代医疗救济制度，不仅为低收入群体提供了完备的医疗风险保障，而且将医疗保障责任从省级层面上升至国家层面，最终有助于整个国家团结一致、和谐融洽。

3. 有效降低了贫困人群或低收入人群的医疗负担

从宏观层面来看，将基本医疗保险制度和医疗救助制度有机结合，通过构建横向和纵向再分配机制，为低收入人群医疗保障提供了制度保障。从微观层面来看，通过构建连带参保机制、全民医疗保险制度及补偿医疗救助津贴制度将贫困人群、低收入人群及贫困边缘人员纳入医疗保险制度。从保障范围来看，法国医疗保障制度不仅为低收入人群提供了与普通参保人一致的基本医疗保险权益，而且免费提供了补充医疗保险权益。通过采取全方位多层次的综合性保障措施，法国居民医疗卫生费用的个人自付比例只有 8%，如果将人口按收入从低到高分为 D_1 到 D_{10} 10 个组，其中最低收入组 D_1、D_2、D_3 个人自付费用支出比例仅为 4%，而最富裕组 D_{10} 个人自付费用支出比例只有 13%。

4. 不断优化医疗保险资金来源结构

法国医疗保险基金最初来源于企业和员工的缴费，20 世纪 90 年代以后，医疗保险资金来源不断优化。1991 年设立了一般性社会分摊税，该税是对全体社会公民的所有收入进行征税，包括养老金、社会福利收入、财产或投资收入及博彩收入等。据统计，一般性社会分摊税中约有 70% 用于基本医疗保险。随着经济社会发展，法国居民家庭收入来源日趋多元化，其中，劳动收入占家庭收入的比重不断下降，资本及其他收入占比不断上升，尤其是富裕阶层来自资本或其他财产性收入比重更高，因此，征收一般性社会分摊税无疑具有明显的收入再分配效应。此外，法国还通过对烟草、酒精、汽车或药品类产品征收附加税补充医疗保险基金的不足。

三、日本

（一）日本医疗保险体系的构成

1. 职域医疗保险

职域医疗保险是由企业和雇员共同缴纳保费的医疗保险制度，其缴费高低与其收入水平成比例。根据居民职业性质不同，职域保险可分为健康保险、船员保险、共济组合等。其中，健康保险又分为以中小企业雇员为保险对象的协会健康保险（简称协会健保）及以大企业雇员为保险对象的健康保险组合。健康保险是依据《健康保险法》建立的。该法规定，雇员在 5 人以上的企业，其雇员及其家属都必须加入健康保险。这里所指的雇员主要是正式雇员，即通常所说的“正社员”，是日本终身雇佣制度下与企业签订了正式用工合同的雇员。此外，也包括一部分虽然不是正式雇员，但雇佣时间较长的非正式雇员（连续雇佣 2 个月以上者）。中小企业雇员的医疗保险原来由中央政府统一运营管理（简称政管健保），现在由全国健康保险协会管理，简称协会健保。雇员人数在 700 人以上的大企业的医疗保险由企业或行业建立的保险机构——“健康保险组合”（简称健保组合）进行管理。

船员保险是考虑到船员工作的特殊性，根据《船员法》第 1 条以船舶所有者雇佣的船员为保险对象的医疗保险制度。综合性船员保险制度建立于 1939 年，是以船员为保险对象，包括医疗、年金、劳动保护、失业保险等在内的综合性保险制度，制度建立初期运营主体为政府。1986 年，船员保险制度经过改革后，船员年金保险从制度中分离转出，纳入厚生年金制度。2010 年，劳动保护、失业保险等内容也从制度中分离出去，分别纳入劳灾保险和雇用保险制度。目前，船员保险的经营主体为全国健康保险协会。

共济组合即互助组织。日本将公务员等的保险机构称为“共济组合”。一般分为“国家公务员共济组合”“地方公务员共济组合”“私立学校教职员共济组合”等。国家公务员和地方公务员的共济组合分别依据 1948 年的《国家公务员共济组合法》和 1962 年的《地方公务员共济组合法》建立，由各共济组合负责运营管理。私立学校教职员医疗保险原来也是以一般雇员为保险对象的健康保险的组成部分，1953 年从健康保险制度中分离转出，成立了私立学校教职员共济组合，由依据《私立学校教职员共济法》成立的独立机构“私立学校振兴、共济事业团”专门负责运营管理。

2. 地域医疗保险

地域医疗保险是以个体经营者、非正式雇员（临时工）等为保险对象的国民健康保险组合（简称国保组合），以及以农业从业者、年金生活者（正式雇员退职后）、居住在日本的外国人等为保险对象的市町村国民健康保险（简称市町村国保）。在职域医疗保险中丧失参保资格的人也可申请参加国民健康保险。国民健康保险在日本医疗保险制度中发挥着极其重要的作用，因为该制度保障了所有未被职域健康保险涵盖的人群，覆盖了各类分散国民，确保了日本全体居民享受医疗保障，因此被称为“全民皆保险”的基石。

3. 高龄老年人医疗保险

高龄老年人医疗保险制度的保险对象是 75 岁以上的老年人或 65 岁以上不满 75 岁的卧病在床的老年人。高龄老年人医疗保险依据 2008 年《确保高龄老年人医疗法》建立，是应对日本老龄化程度不断加深而在医疗保险领域采取的特殊政策。该制度建立前，高龄老年人依据不同身份加入不同类型的医疗保险制度，2008 年以后，其从各医疗保险制度中分离转出，独立运营。高龄者医疗保险制度由市町村来执行，但经费来源则是由各都道府县通过建立“地区联合”来统筹，该制度是为平衡各医疗保险制度间的医疗支出负担而设立的。

4. 老人保健制度

老人保健制度是针对年满 40 岁中老年人设立的，其目的是提高该类群体的国民身体素质，该制度包括医疗服务和保健事业。其中，保健事业是针对所有 40 岁以上的日本居民开展的提升健康意识和身体素质的活动，具体包括发放健康手册，进行健康教育、健康检查、康复训练等医疗以外的保健活动。

（二）启示

1. 重视顶层设计

日本医疗服务和医疗支出水平高，原因是政府高度重视医疗保险制度的顶层设计。例如，日本《老人保健法》第 1 条明确提出，老人保健法的目的是确保老年人健康及得到相应的医疗，通过实施疾病预防、治疗、康复训练等综合性保健事业促进国民保健事业发展和提高老人福祉水平。

2. 医疗服务的公益性

日本虽然以民间医院提供医疗服务为主（80% 左右），但通过法律强制规定医疗服务机构不能成为营利性机构，且利用医疗保险报销的“计点付酬”制度等，有效避免了较高的医疗服务价格。日本没有所谓的医疗“守门人”制度。日本居民无需经初级诊疗机构转诊，可以自由地到任何医疗机构就诊。

3. 实施过程灵活多样

在国民健康运动中，倡导个人良好生活习惯以改善健康状况，针对不同人群设计多样化指标，针对人生不同阶段对其健康影响最大的因素安排不同活动。例如，在婴幼儿阶段，由于影响婴幼儿最大的因素是年轻母亲，因此，在指标中专门设计年轻母亲参加健康讲座的参加率。

4. 关注中老年人健康保健

针对中老年人生理特征，建立中老年人保健制度，不仅为中老年人开展疾病治疗，同时为其开展相关健康保健。例如，通过提供体检、疾病预防、医疗康复等保健项目，为中老年人提供更高水平的健康保障，全面提升其健康水平和身体素质。

5. 特设老年人医疗保险制度

日本为应对老龄化挑战，单独将75岁以上老年人分离出来，创设了高龄者医疗保险制度并对其账户进行财政补助；将其他账户中65岁以上的高龄者及退职者转入市町村国保账户统一管理，并对该账户进行集中的财政补助。在个人医疗费用中，65岁及以上老年人医疗费占总费用的比重约为62%，其他年龄段医疗费用仅占38%。由于各地老人比例不同，缴费和财政负担不均衡，因此，特设老年人医疗保险制度，可以有效平衡各地医疗保险支出压力。

6. 医疗保险终身缴费

由于参保人年龄与健康状况存在差异，医疗保险缴费率有所不同。但从收入公平的角度出发，实行医疗保险终身缴费制度，缴费多少只与收入水平等挂钩，而不只是考虑年龄因素，因此，即使是对75岁以上高龄者也没有特殊的照顾政策。

第三节 农村养老保险政策的国际经验及启示

本节主要对日本、德国和法国3个国家农村养老保险政策经验进行了总结，并得出相应启示。

一、日本

（一）日本农村养老保险制度的发展历程

1. 初创阶段

日本农村养老保险制度始于医疗保险，萌芽于20世纪30年代初，当时为了解决农村医疗设施不足及农民医疗费用负担重等问题，建立了由农民参加的“普通国民健康保险互助会”，但其覆盖范围较小，保障程度低。1938年7月，首次制定主要面向农村居民的“国民健康保险法”，标志着农村居民的公共医疗保险正式起步。20世纪40年代初，农村医疗保险得到较快普及与推进。到1944年，几乎全国所有的市町村都实施了国民健康保险。

2. 重建阶段

第二次世界大战结束初期，日本陷入极度困难，近1/3的日本国民需靠救济才能生存。1950年，从保障国民最低生活水平出发，日本对“生活保护法”进行了修改。20世纪50年代中期，日本政府着手酝酿建立面向农民、个体经营者的国民养老保险制度。1959年，首次颁布了“国民养老金法”，将原来未纳入公共养老保险制度的广大农民、个体经营者依法强制纳入社会养老保险体系。1961年在全国所有市町村实施，并强制要求全国的农户、个体经营者等无固定职业和收入者均必须加入这一医疗保险。20世纪60年代，以农村公共医疗和养老保障为支柱的农村社会保障体系初步建立并得到迅速普及，标志着日本进入“国民均年金”的福利时代。

3. 补充阶段

1970年，日本政府制定《农业劳动者年金基金法》并于1971年1月实施。该法鼓励农民离开土地，农民年金的加入采取自愿原则，完全尊重农民个人意愿，农民因进城或年龄因素转让土地经营权后，在支付其国民年金的基础上，进一步支付年金，财政补助的比例根据参保者的年龄及参保年限实行不同的补助标准。1973年，制定《老人医疗费支付制度》，1982年颁布《老人保健法》，1986年和1991年两次对《老人保健法》进行了修正，1989 年制定《高龄者保健福祉推进十年战略》，1997 年底首次正式颁布《护理保险法》并从 2000 年 4 月起实施。到 20 世纪末，日本已建立起完全覆盖农村地区，包括广大农村居民加入的公共医疗、养老、护理等保险和公共福祉及老人保健等在内的、比较齐全的农村养老保险制度。

4. 完善阶段

从 20 世纪末起，日本社会保障进入重大转折时期，农村养老保险制度面临深刻变化。2004 年，日本通过一系列年金课税制度的改革，国家财政提高了对国民年金的负担比例。在此阶段，农村人口的老龄化（65 岁以上）比例不断上升，先于城市步入老龄化阶段。此阶段有 3 个问题较为突出：一是从经济发展来看，日本已经进入经济的低速增长期，政府为解决财源不足问题，养老保险交纳额度不断上升、支付额度呈下降趋势。二是从人口方面看，农村青壮年劳动力大量流失，人口老龄化已经成为重要问题。三是从保障水平看，面对农民养老保障需求的增加，农村的养老保障水平相对较低，已满足不了农村的特殊需求。日本主要通过解决以上 3 个问题来完善农村养老保险制度。

（二）日本农村养老保险的特点

1. 全民养老保险

从 1961 年开始，日本实行了“全民皆保险”的养老保险制度，这标志着日本全体国民在达到法定年龄后均享有加入养老保险的权利和义务。

2. 多层次管理运营主体

公共养老金（第一、第二层次）由政府运营并强制公民加入。政府作为第一层次基本养老金管理运营的主体，负担全部养老金支出的 1/3 和全部行政管理费用；第二层次的厚生年金和共济年金，政府也承担了全部的行政管理费用。非公共养老金（第三层次）则由企业自主运营，政府没有提供财政支持。

3. 现收现付和确定给付型养老金计划占主导地位

日本的绝大多数养老金计划都是现收现付和确定给付型。随着 2001 年

10 月《确定交费养老金法案》的实施，出现了确定缴费和基金制相结合的养老金计划，但总体而言，这类养老金计划在整个养老金体系中所占比例很小。

4. 养老金给付的指数化特征

基本养老金给付额不但与每年的消费者物价联动，而且每过 5 年要根据国民实际生活水平进行调整。养老金计划与收入成比例的给付部分也参照过去收入和物价水平呈指数化变动。2000 年 4 月后，日本政府规定基础养老金及雇员养老金给付不再与实际生活水平或社会平均工资水平挂钩，仅与物价水平挂钩。

（三）启示

1. 立法先行，养老保险法律法规体系完备

纵观日本养老保险制度的发展历程，从其开始建立就走上了法制化道路，有完备的法律政策支撑，并能在不同的经济发展时期根据社会情况变化，适时调整养老保险立法重心，形成多层次、全方位、一体化的养老保险法律法规体系，迅速建立、普及和完善覆盖全民的养老保险制度。虽然日本也曾存在城乡二元分化现象，但在养老保险制度设计上遵循城乡一体化思路。首先，从法律上强制全体国民参加基础性国民年金，不论参保人的职业收入和身份，采用统一的缴费标准和给付水平，并且对低收入者和无能力缴纳保费者给予免费享受国民养老金的扶助政策，从立法的角度确保了每位民众公平享有国家提供最基本养老金的权利。其次，在解决农民养老问题时不仅把农民纳入全民普享的国民年金制度，而且根据农民的客观经济条件和养老需求水平的不同，设计了多层次的农民养老金制度，并与政府在各个时期的农业政策相结合，从参保农民的年龄、务农时间进行资格限制，从资金来源、资金管理等方面严格要求，通过免税政策鼓励农民转让其土地经营权，各个时期出台的农民养老金政策都是在法律的规范下进行的。

2. 政府在制度立法、财政投入等方面起到决定性的主导作用

日本“全民皆年金”养老保险制度的建成和有效运行离不开政府在立

法规范、制度设计、财政支持、基金监管等方面起到的决定性作用。首先，日本多层次的养老金制度结构设计是在政府的主导下根据各个时期经济社会发展的需要，不断出台法律法规，完善体系设计，扩大覆盖范围，提高统筹层次。经过多年的发展，日本在老年人养老、就医和护理服务等方面出台了大量周密、配套的法律性文本，形成了大而全的老年人养老保险法。其次，多层次养老金制度的健康运行离不开政府的财力支持，日本政府除了负担国民年金制度运行的行政管理费用，还负担保险缴费总额的1/3的费用，并在经济发展日渐低迷的情况下，把负担额所占比例提高到1/2，还要承担包括厚生年金和共济年金在内的制度运营监管费用。显然，政府在关系国计民生的社会保障领域具有不可推卸的责任，这是社会养老保险制度的根本所在，也是政府地位的重要体现。

3. 构建基础制度统一和多层次的养老保险体系

日本养老保险制度尽管在初建时也是针对不同身份的社会群体分别建立了互不相通、标准各异的养老金制度，但经过多年的发展，尤其是设定了全民共享的国民年金制度，以及积极推进厚生年金和共济年金的一体化改革后，基本上实现了公共养老金制度的统一，同时为了更好地满足不同经济条件老年人的各种养老需求，尽量缩小不同群体间养老金水平的差距，日本政府在基础层次的国民年金“保底”基础上，又建立了多层次、立体化的农民养老保险体系，并通过国家财政补贴和免税政策，使缴费能力较低的农民及其配偶也得到了基础性养老金，调动了农民的参保积极性，实现了全社会养老资源的整合，提高了养老服务的质量和效率。

4. 制度建设的渐进性

日本养老保险制度的建设和扩展基本上遵循了“先城市、后农村”“先正规就业者、后非正规就业者”“先分立、后统一”的发展路径。从20世纪50年代开始，日本政府先后出台并多次修正了以企业雇员和各类公务员为对象的养老保险法律法规，定型了国民年金、厚生年金和共济年金为主体的双层结构公共年金制度，然后逐渐把个体经营者和农民及其配偶纳入其中，这完全符合社会保险制度发展的一般规律，即只有先在具有稳定劳动关系和劳动收入的雇员中建立全面的养老保险制度，才有可能进一步发展成覆盖全体社会成员的养老保险。另外，农民养老保险制度设计与政府在各个时期的农业政策相结合，并为了不断缩小与其他群体养老金差距，逐步建立和充实了农民自愿参加的补充性养老金制度和商业型养老保险。由此可见，社会养老保险制度从城市延伸到农村是经济发展到一定阶段，具备一定社会经济政治条件后的产物。

二、德国

（一）德国农村养老保险制度的发展历程

19 世纪 80 年代，德国城市化和工业化水平不断提升，与此同时，劳资矛盾不断尖锐，给社会造成了很大的不稳定。德国政府为了缓和国内尖锐的劳资矛盾，颁布了《社会保险法》，有效地消除了社会问题，维护了社会稳定，同时为德国现代社会保险制度的建立和发展奠定了坚实可靠的基础。1886 年 5 月，德国政府颁布《关于农业企业中被雇佣人员工伤事故保险法》，这部法律的颁布被认为是德国农村社会保险体系的开端。1886 年 5 月，德国颁布《关于农业企业中被雇佣人员工伤事故保险帝国法》，在该法案中，政府第一次提出要保障农业中的从业雇员。1951 年，德国颁布了《农民养老保障法》，真正意义上的正式的农村养老保险制度开始建立。1957 年，德国政府颁布《农民老年救济法》，标志着德国开始实行强制性的农村养老保险制度。1995 年，德国颁布了《农业社会改革法》。2014 年 5 月，德国政府进行了一系列养老保险政策措施改革。一系列的改革措施不仅提高和保障了农村农民参保者的退休养老权利，而且提高了他们的养老金待遇水平。经过多年的完善，德国至此形成了比较科学完善的农村养老保险体系。

（二）德国农村养老保险的特点

1. 立法先行

德国在探索建立现代社会保障制度过程中，先后颁布了多部社会保障法案。1951 年，德国颁布了《农民养老保障法》，标志着德国单独的农村养老保险制度真正开始实施。1995 年，德国颁布了《农业社会改革法》，这部法案对农村养老保险制度中一些不合理的规定进行了改革。德国这种立法先行的理念使德国的农村养老保险具有法律强制性，不仅有效地保障了农村老年人的晚年生活，而且规范了农村养老保险制度的运营。

2. 农村养老保险专门化与多层次化

德国把农民与其他就业人员区分开，为其建立了一套单独的农村养老保险制度，使农村养老保险自成体系，实现专门化，以保障农民的养老生活。与此同时，德国还建立了包括职业年金、个人储蓄养老计划和商业保险在内的多层次农村养老保险，多层次的农村养老保险更加全面、充分地保障了农村老年人的晚年生活。

3. 自治管理，农民充分参与

德国农村养老保险机构各自治单位设有代表大会，职责主要是发布各项政策措施，制定各项具体工作。代表大会成员有雇主农场主和独立从业者，而代表大会选举出的董事会主要负责管理养老保险基金和拟订财政计划。农民和农场主代表加入代表大会，一方面可以有效监督农村养老保险制度的实施；另一方面也保证了他们行使各项权利，使其各方面利益诉求能够得到充分的表达。

（三）启示

1. 加强立法，提高立法层次

德国农村养老保险制度实践的成功给我们启示：一项政策的成功推行需要政府加强立法，不断完善相关的法律体系。我国除了 2011 年颁布的《社会保险法》，直到现在都还没有一部正式的针对农村养老保障的法律，无法满足农村养老保险制度正常运行的需要。因此，政府可以考虑出台一部相关的农村养老保险法，使农村养老保险在运行过程中有章可循、有法可依，规范运行。

2. 建立多层次的农村养老保险体系

在德国，农村养老保险主要有两个层次，第一层次是法定养老保险，它由国家立法强制规定。第二层次是自愿保险及包括职业年金、商业保险和个人储蓄养老计划等在内的其他形式，主要由农民自行决定是否参保。多层次的养老保险体系，一方面可以缓解政府的养老支出的财政资金压力；另一方面可以满足不同层次的农民的养老需求，同时可以更好地应对人口老龄化的挑战。这就要求我国在建立农村养老保险制度时，要从多元化和多层次角度出发，不断完善农村养老保险制度，构建多层次的农村养老保险体系，满足农民养老多样化的需求。

3. 加强管理组织建设

在我国广大农村地区，农民人口数量众多，随着经济的发展，农村人口流动性越来越强，这使得农村养老保险长期有效的管理实施难度较大。我国社会保障改革历来是为其他改革配套的，管理制度的再造和完善依然面临诸多的困难。政府应重视基层农村养老保险机构的建设，建立独立的基金运营管理机构，培养吸纳专业人才，由专人负责管理基金的发放和保值增值运营，保证农民在年老时能得到及时有力的养老保障。

三、法国

（一）法国农村养老保险制度的发展历程

法国农民的社会保险内容最早出现在 1930 年法国政府颁布的《社会保障法》中，规定把农民同社会上的工人一般对待，规定农民缴纳的社会保险税为其收入的 2%，剩余部分由国家财政补贴。但是当时法国的大部分农民还是依赖建立在互助基础上的社会保障。法国农民的社会保障真正形成于 18 世纪末。当时法国的农民以村子为单位缴纳“社会保障基金”，当农民发生年老、疾病等问题时给予其一定的补助。第二次世界大战后，农村开始有农民自发组织的互助会进行互助养老。农业互助会由农业合作社创立，主要由两个部门组成：农业互助险，依照 1900 年法律运转，为会员覆盖农业风险（工伤、冰雹风险、牲畜死亡及火灾等）；人员风险（民享责任及追踪等）管理所有农业人口的社会保障制度（疾病、家庭补贴、退休等），从事农业活动的人，无论是经营者还是家庭帮手、农场或农业组织的职工，都必须加入。农业互助会由农业渔业部控制。农业互助会的资金管理机构积极参与丰富和改善乡村生活条件的活动，还负责卫生活动和社会活动，农业互助保险和农业互助工作由经过选举产生的负责人管理。

职工养老保险制度建立后，1952 年，法国的农民养老保险制度建立。其保险对象包括自己拥有土地的农场主、农业经营者及其家属、农业工薪人员（包括农业工人及其他为农业服务的相关行业职员），以“农业社会互助金”的形式实现。在互助金的来源中，来自体制外的资金支持占总资金的 3/4，其中国家支持部分约占 1/2。1961 年，疾病、生育、残疾也纳入了保险范畴。

法国于 1964 年成立了“国家防范农业巨灾风险基金”。基金的来源包括农民的税收收入和国家的财政补贴。这个基金建立的主要目的是防止农民面临不确定的农业风险。20 世纪 80 年代，法国对农业的社会保障又进行了一系列改革，形成了综合保险和国家救助资金的一套系统，专门对不可保的巨型自然灾害提供保障，这个保险是强制性保险，并且规定了费率。由国家确定自然灾害是否为巨灾，通过国有的再保险公司对受灾户进行经济补偿。2001 年，在保险体系中增加了强制性的人身意外险，2003 年又建立了补充养老保险制度。

（二）法国农村养老保险的特点

1. 实施“农业社会互助金”

在法国，大部分农业社会保险都是通过“农业社会互助金”来实现的，它由“农业互助金管理处”来管理。法国农业社会互助金主要是农民缴纳的保险税。一种是职业的保险税，包括疾病、工伤、残疾、死亡、年老、生育、失业和家庭补贴等各个保险项目；另一种是附加保险税，用于农村社会保险的管理、农民的医疗服务等。法国农村人口中，真正从事农业的人口只占 10% 左右，约有 600 万人。这些人大致可分为两大类，一类是固定领薪人员，包括农业有限公司的经理、雇工，农校的学生、领薪的总经理及这些成员的家属；另一类是非固定的领薪人员，包括农业雇主、农业经营者、农业企业主等。法律规定，农民必须参加养老、医疗、妇保、工伤和残疾等保险，经费主要由国家补贴，加上全国辅助基金、农产品附加税、农民个人缴纳的保险费及其他公共社会保险部门的转移支付组成，固定领薪人员和非固定的领薪人员都按一定比例缴纳保险费，领薪人员按其现金收入和农产品收入两部分计算工资收入来缴纳农业社会保险税，所有的保险金都从工资中直接扣除。非固定的领薪人员根据职业缴纳的保险税依照城镇职工的缴纳比例，以实际收入为基数缴纳保险税的，雇主按雇员的工资总额为雇员缴纳老年保险、雇工的疾病保险、工伤保险等费用。另外，从事土地耕种、蔬菜种植、经营畜牧业等生产活动的企业主所缴纳保险税的计算基数由企业支付给工人的工资总数和企业主本人的工资组成。由于法国的所有农民都参加了农业社会互助金，所以资金积累很高。

2. 享受养老保险补贴

法国农民缴纳的社会保险税主要汇集成农业保险金。从总体上看，法国农业社会互助金 3/4 左右来自外部，其中国家予以支持的部分接近 1/2。法国农民的一切保险待遇都是与农业互助金相联系的。法国农业社会互助金的保险对象和发放标准也分为领薪农业人员和非领薪农业人员两类。互助金的发放标准根据投保者所缴纳的保险金的内容不同而不同。在条件具备的情况下，领薪人员可享受农业社会保险、家庭补贴和工伤补贴。非领薪人员可享受农业经营者的疾病保险、家庭补贴和农村养老保险。领薪者与非领薪者所享受的补贴大致相同，只在个别项目上略有差异。

依据投保人比例较高的保险体制有义务在财政上支持投保人比例较低的体制，农业社会互助金首先用于人口补偿。农业社会互助金用于人口补偿的资金约占资金总数的 28%。此外，农业社会互助金中的家庭补贴占有很大的比例，它由全国家庭补贴金库提供，约占全部资金来源的 4%。具体来说，领薪者与非领薪者在享受家庭补贴方面大致相同，但是个别项目两者不同，如工资补贴、妇女津贴等。农业经营者的养老保险金分为固定部分和非固定部分，固定部分发放给经营者本人及其家属，非固定部分发给经营者本人，金额按退休积分的高低计算。除农民自身缴纳的社会保险税所含的家庭补贴外，国家还通过当年的财政预算给予农民一定的补贴，加上不通过财政预算的农业社会保障建立之初国家给农民的补贴，这两部分合计相当于农业互助金支出的14%。法国的农民作为投保人可以享受部分税收政策上的补贴，补贴的数额约占全部农业社会保障资金来源的27%。

领薪人员可享受农业社会保险、家庭补贴和工伤补贴等社会保险。根据投保者所交纳的保险金的基数不同，非领薪人员可享受农业经营者的疾病保险、家庭补贴和农村养老保险。参加保险的人年满60岁退休且缴费时间达到150个季度的（2003年缴费时间增加到160个季度，即40年），可以享受全额养老金；未达到上述条件的参保人可享受一定比例的养老金；65岁退休但缴费时间未达到标准的也可以享受全额养老金。

（三）启示

1. 建立全国性的社保机构

借鉴法国养老保险基金管理经验，需要建立健全一个全国性并兼顾不同地区特点的农村社会保障管理机构，统一管理运作中国的农村社会保险基金。在我国，多种保障制度并存、过度分割的格局造成了养老保障制度的碎片化。有城镇职工基本养老保险制度、机关事业单位离退休养老制度，各地还有农民工养老保险、农村养老保险、计划生育夫妇养老保险、失地农民养老保险制度、老年津贴制度、农村五保户制度、优抚制度和城市孤寡老人福利制度等。各种制度之间的边界不清晰，无论是在城市还是乡村，都存在着巨大漏洞，应当认真吸取国外及国内已有的教训，整个制度的建设也应当努力从统筹走向统一。管好、用好养老保险基金是中国经济发展和构建安全有效的农村社会保险体系的内在要求。要认真贯彻执行国家的法律规定和财政经济政策，认真执行各部门颁发的有关农村养老保险基金的筹集、运用、监管政策和条例，健全监督机制，建立有序组合的多元养老保险制度体系，实现在制度层面的全覆盖，形成含企业职工养老保险、公职人员养老金制度、新型农村社会养老保险、农村五保供养、城乡居民老年津贴制度、优抚制度等多元制度结构体系。

2. 实行灵活的财政补贴

国家应给予各地区切实的投入，不只是利率上的调整、政策上的支持，还要拿出一定的财政收入支持农民投保的热情。我国是个农业大国，农民多以自然生产为主，收入少且不稳定，所以财政可以考虑把惠农资金用于粮补、农补等来激励农民参保，以扩大新农保的参保来源和覆盖面。在新农保的地方财政补贴中，建议各级政府在确定基准后，每年保持一定的增长比率增加对农村社会保障的投入。根据各市县的发展水平和发展差异确定补贴水平，如果地方财政的确负担不起，中央财政要予以兜底，中央政府还应该注意资金投入的地区结构，保证对我国中西部经济相对落后地区的资金投入支持。

3. 鼓励多样化的养老方式

基于现在农村养老保险还不是很发达的情况，应该主要采取家庭养老和自我养老辅助与养老保险相结合的模式。法国现在农村的老年人虽然可以通过养老保险保证晚年生活，但是家庭养老也有不可忽视的作用。目前，农村的养老模式一般为新农保、家庭养老、五保户制度、社区养老及商业保险等。提高养老保障水平，农村养老应该推进家庭、集体、社区、政府和社会多方参与，形成新型、多样化的农村养老模式。多种养老方式能够形成互补，可以有效地分散风险。在新农保的基础上，政府应该鼓励更多的非营利组织或农民自发组织参与农村老年生活保障，另外，对于农民更高层次的保障需求，有条件的地区可以尝试引入市场机制。建立健全其他相关配套制度措施，研究解决好新农保与被征地农民社会保障、计划生育养老保险、城镇职工基本养老保险等的衔接问题，尤其做好回乡农民工的社会养老保险制度的转续和衔接工作。同时要做好新农保制度与农村五保供养、农村计划生育家庭奖励扶助政策、农村低保、社会优抚等政策制度的配套衔接工作，从而有效保障不同人口群体的广覆盖。

第十一章

保险扶贫政策减贫的路径优化

为提升农业保险扶贫政策、农村医疗保险扶贫政策及农村养老保险扶贫政策的减贫效应，本章分别对其提出了模式创新、机制优化及政策建议。

第一节　农业保险扶贫政策减贫的路径优化

农业保险扶贫政策减贫的创新模式包括“保险＋信贷”扶贫模式、“保险＋期货”扶贫模式等；农业保险扶贫政策减贫的优化机制包括：农业保险扶贫常态化机制，政府主导与市场化运作机制，农业保险风险补偿、防控与评估机制，农业保险法律法规与农户权利保障机制，激励与约束并举机制，扶贫协作机制。在对上述模式和机制说明的基础上，本节提出加大农业保险补贴政策扶持力度、提高农业保险服务能力等政策建议。

一、农业保险扶贫政策减贫的模式创新

（一）“保险＋信贷”扶贫模式

农业保险的主要功能在于确保农户收入稳定，防止因灾致贫或因灾返贫，从这个意义上讲，农业保险是保稳定；农业信贷的主要功能在于支持农户扩大农业生产规模，提高农户收入水平，从这个意义上讲，农业信贷是保发展。考虑到农业保险和农业信贷的功能特点，若将二者结合起来，构建农业保险与农业信贷深度融合的扶贫模式，既能有效帮助农户抵御农业风险冲击，又能通过农业信贷支持农户发展生产、提高收入水平，对巩固脱贫成果及增加农民收入无疑具有重要意义。具体而言，信贷保险扶贫模式主要表现：一是在农业信贷贴息率保持不变的情况下，不断提高农业风险保障水平。此类情况适用于农业风险损失率相对较大的地区。在农业保险市场中，一般而言，农业风险保障水平与保费率呈正相关关系，也就是说，要提高农业风险保障水平，必然要提高保费率。由于农户收入有限，保险公司要提高农户保费率，政府势必要提高财政保费补贴支出。由于多数低收入农户分布在经济相对落后的省域，地方政府财政实力有限，因此，在落后省域财政保费补贴相对固定的情况下，中央政府要加大财政补贴支持力度，确保在降低农户保费负担的情况下提高农业风险保障水

平。因为农业信贷贴息率保持不变，所以农户还本付息相对固定，此时，由于不断提高农业风险保障水平，农业风险损失率无论是高还是低，农户农业收入依然相对稳定，从而减少因灾致贫或因灾返贫现象。由此可见，相比农业信贷，农业保险起主导作用。二是在农业风险保障水平不变的情况下，不断提高农业信贷贴息率。此类情况适用于农业风险损失率较小的地区。由于受农业风险冲击较小，农业生产相对稳定。此时，提高收入水平是重点，而扩大农业生产规模是农户增收的主要途径。在自有资金有限的情况下，农户需要申请农业贷款来扩大农业生产，用于购买种子、农药、化肥等生产资料，因此，如何降低成本成为农户关注的首要问题。为此，政府对农户提高农业信贷贴息率，这样一方面可以有效激发农户的贷款积极性，另一方面有助于降低农户的经营成本。由此可见，在农业风险冲击较小的情况下，农户通过获取贴息率较高的农业信贷，扩大农业生产规模，提高经济效益，促进收入水平快速上升。相比于农业风险，农业信贷起主导作用。三是农业信贷贴息率与农业风险保障水平均提高。此类情况适用于农业风险损失率较高且有优势特色产业的地区。由于该区域农业风险损失率较高，因此需要提高农业风险保障水平，确保农户能够抵御农业风险的冲击，减少收入波动；同时，由于该区域拥有优势特色产业，大力发展优势特色产业具有广阔的发展前景，因此，需要银行金融机构提供信贷支持。一方面，政府为农户提供强有力支持，确保农户收入稳定；另一方面，由于政府向农户提供贷款贴息，银行基于利益最大化目标，考虑到农户经营的特色产业有潜力，且农户收入有保障，愿意为农户提供贷款，这解决了农户虽有产业项目但缺乏资金的问题。此时，农业信贷和农业保险同等重要。

（二）“保险+期货”扶贫模式

“保险+期货”扶贫模式的主要功能是防范农产品价格下跌给农户带来风险冲击。农户向保险公司购买农产品价格保险，保险公司在获取保费收入的基础上，通过在期货市场进行风险对冲来降低自身风险。“保险+期货”扶贫模式是保险与期货两个行业相互配合的金融扶贫新模式，涉及农产品价格保险、场外期权和场内期货三类金融产品的衔接。由于农产品价格波动频繁，保险风险较高，保险公司赔付能力相对有限。基于此，期货市场作为规避风险的重要工具，成为转移农产品价格保险风险的有效途径。“保险+期货”扶贫模式涉及主体有农户、保险公司、期货公司和政府部门等。具体表现：一是农户向保险公司购买农产品价格保险，农户向保险公司缴纳20%的保费，政府及相关机构提供80%的保费补贴。二是保险公司向期货公司购买场外期权再保险，以对冲农产品价格下跌可能带来的赔付风险，分散其全部或部分承保风险。具体而言，保险公司将部分保险费转交给期货公司，与期货公司签订场外衍生品交易协议、买入场外看跌期权，若农产品价格下跌，期货公司将差价支付给保险公司。三是期货公司在期货市场上进行相应的期权操作，进一步转移和分散风险，最终实现风险分散。具体而言，期货公司在期货市场上进行对冲操作，将期货市场中获取的收益按照相应标准支付给保险公司。保险公司可根据市场行情变化，选择合适价格提前平仓，如在价格下跌时选择行权、在价格上涨时选择弃权等。若保险期内产品实际价格低于保险约定价格，保险公司将差额赔付给农户；若保险期内产品实际价格高于约定价格，保险公司不需赔付，农户获取较高市场收益。“保险+期货”扶贫模式在实际运行中需要把握两方面：一是农产品相关价格界定。“保险+期货”模式涉及农产品市场价格与目标价格，当市场价格低于目标价格时，保险公司按照保险合同的约定对农户进行赔付。赔付金额=（目标价格－市场价格）×参保数量。若市场价格高于目标价格，则保险公司无需赔付，农户通过实际市场价格出售可获取更高收益。其中，目标价格需综合考虑农产品的历史价格、价格周期规律、参保时间、国家农业政策来设定。此外，为确保在衍生品市场能够充分对冲承保风险，保险公司还会参考衍生品市场相关期货和期权合约价格，在结合相应期货合约价格的基础上，确定农产品市场价格。由于期货市场交易标的为标准化远期合约，而远期合约标的有价格发现功能，所以选择约定时期内合约的平均价格作为市场价格是较为公允且具有公信力的。二是保险赔付风险对冲。为转移农产品价格下跌导致的保险赔付风险，保险公司需通过期货市场来对冲风险，具体通过期权交易对冲。保险公司按照保险合约条件从期货公司买入看跌期权，以达成风险对冲的目的。之所以没采用保险与期货直接衔接，是因为期权同保险的运作机理类似，具有损失确定、收益无限的特点。期货公司向保险公司卖出看跌期权后，为防止农产品价格上涨带来损失，依托通道业务复制看跌期权，将风险分散给市场中的其他交易者，从而进一步降低自身风险。此外，农业补贴政策配合“保险+期货”模式，有助于实现贫困农户稳定脱贫的目标。一方面，政府相关部门可对农户给予更高的保费补贴；另一方面，农业补贴以保费补贴形式介入，通过保费的市场化定价可实现补贴金额的公开、透明。当农产品价格下跌时，可保障农户获取相应补偿，确保实现收入保障。“保险+期货”扶贫模式与农业补贴相结合，是以生产为前提来提供收入保障，在实现扶贫目标的基础上，还可有效保证脱贫质量。

二、农业保险扶贫政策减贫的机制优化

（一）农业保险扶贫常态化机制

随着2020年脱贫攻坚任务的完成，我国正式进入“后扶贫时代”。如何确保农业持续发展及贫困农户收入稳定增长，构建农业保险扶贫常态化机制是关键。在农业保险扶贫常态化机制运行过程中要坚持以下原则：一是坚持公平、效率及安全原则。传统农业保险扶贫还存在一定程度的“扶强不扶弱”问题，农户享受农业保险扶贫份额相对较少甚至没有，农户农业保险权利保护还存在不公平的现象。因此，农业保险扶贫常态化机制的构建，首先必须遵循公平原则，确保农业保险扶贫制度的科学性与公正性。在坚持公平原则的基础上，需兼顾效率与安全，以确保农业保险扶贫主体利益最大化，实现农业保险扶贫安全且可持续。二是坚持政府权力规制与农民保险权利保护相结合的原则。政府权力规制是保护农民合法权益的基础，也是政府规范履行职能的需要；农民保险权利保护的主要目的是增强农民与农业保险机构平等协商的砝码，监督政府及保险机构等履行保险扶贫义务，推进保险扶贫责任机制构建，拓展和创新农村低收入农户保险权利内容体系。三是坚持防贫与防返贫相结合原则。在后脱贫时代，政府要调整传统扶贫观念，充分发挥市场机制的作用，广泛动员非政府力量

参与扶贫开发，使农业保险减贫效率最大化。新的贫困线标准确立后，一批相对贫困户将会出现，因此应实施常态化农业保险扶贫机制，不断促进政府职能转变，协助农户预防和化解风险，降低农业损失，阻断贫困代际传递，同时有利于拓展保险业发展空间，增强保险业发展后劲。

（二）政府主导与市场化运作机制

由于农业保险具有准公共产品、外部性及信息不对称等特征，农业保险扶贫应与商业化保险有显著区别。农业保险扶贫在政策支持、风险赔偿及监督管理等方面需要政府发挥主导作用。倾斜性农业保险扶贫政策是基于我国农业发展现状与趋势的内在需要来制定并实施的，有助于保护农民稳定农业收入的权利，体现政府在农业保险中的主导地位。倾斜性农业保险扶贫政策要求政府重视农业保险扶贫功能，承担基本保障义务，克服农业保险扶贫瞄准与对象识别不精准、保险项目安排不精准等问题，为确保农业保险有效供给奠定了坚实基础。当前，我国农业保险市场经营模式多样，如“政府补贴推动、商业化运作”的上海安信模式、“商业化运作、综合性经营”的吉林安华模式、“相互式”保险的黑龙江阳光模式等。由于农业保险市场功能定位不精准，多数农业保险市场存在保险风险分担不明确和保险扶持措施不到位等问题，导致农业保险市场失灵与扶贫效果不理想。构建政府主导、市场化运作机制，要求农业保险机构主要由政府投资设立，农业保险机构以实现扶贫等政策性功能为首要目标，根据扶贫对象实际需要开发系列农业保险扶贫项目，有针对性地提供农业保险服务。

（三）农业保险风险补偿、防控与评估机制

农业保险风险补偿机制可以化解农业生产中的自然灾害、意外事故和有害生物风险，是保障农业稳步发展，防止农户因灾致贫或因灾返贫的保险制度。在农业生产过程中，若突发性自然灾害、意外事故、旱灾、病虫害、疫病、疾病等事故发生，造成农业生产经营损失，保险公司依据保险合同应承担相应经济赔偿责任。建立农业保险扶贫风险防控机制是确保农业保险可持续发展的必然要求。首先，建立农业保险再保险制度。由于贫困地区自然灾害频发，农业保险机构无力单独承担农户的风险损失，需要

通过农业保险再保险制度分散农业保险扶贫风险。其次，强化农业保险扶贫监管。一方面，通过在贫困地区设立农业保险扶贫监管分支机构，延伸农业保险扶贫监管链条，提升农业保险扶贫监管水平，防止风险隐患和风险漏洞出现，不断提高农业保险扶贫的有效性；另一方面，改革农业保险行政审批制度，将各地区具有区域特色的保险产品备案审批权限下放到省级及以下保险监督部门。最后，建立农业保险风险防控差异化监管制度。在风险可控情况下，就农业保险机构设立条件、风险监管指标、高管人员任职要求等建立差异化制度，以激励农业保险机构在贫困地区设点经营，强化有效监管，促进农业保险快速健康发展。此外，农业生产经营过程中，农户除面临自然风险外，还面临市场价格波动风险。为此，保险公司和农户需要事先确定农产品目标价格，当市场价格低于目标价格时，农户获取差价赔偿，农户可以根据目标价格评估生产成本从而确定是否生产。收入保险是农业产量保险和价格保险叠加的复合保险，同时承保了由自然灾害、病虫害、病疫等造成的损失，也承担了市场价格下降带来的损失。保险公司也相应对目标价格及农户农业收入进行评估，利用精算技术和大数据资源对农业市场风险、农业生产成本情况进行“供给侧风险评估”和产业竞争力评估。

（四）农业保险法律法规与农户权利保障机制

构建农业保险扶贫法律法规保障机制是推进农业保险扶贫有效开展的前提和基础。首先，我国应构建规范完善的农业保险扶贫法律法规制度，建议在《农业保险条例》中规定农业保险扶贫责任及农业保险扶贫相关法律法规和制度。其次，在构建农业保险扶贫法律法规制度的基础上，通过构建行政法规形式确定农业保险扶贫实施规则。最后，要构建农业保险扶贫供需、运行、风险控制与监管体系。在农业保险扶贫供需层面，建立农业保险扶贫供需协商、差异化调控制度和绩效评价体系，创新农业保险产品、扶贫对象信用能力建设等制度和规范；在农业保险运行层面，构建农业保险精准识别、保险补贴精准利用、产业扶贫与科技扶贫等协作制度；在农业保险监管与风险防控层面，建立农业巨灾保险与再保险制度，实施区域化、规范化监管，开展农业保险经营风险防控。我国颁布的《农业保险条例》对保险经营机构与投保农户的权利与义务进行了明确规定。参保农户在遭受农业风险冲击时有获取赔偿的权利，但在实际执行过程中，参保农户农业保险权利并没有得到有效保障，这与农民保险权利缺乏相应保障有关。农业保险扶贫对象为农村低收入农户，保障农户农业保险权利是构建我国农业保险扶贫制度的基本要求。首先，应明确规定农村农户享有更充分的农业保险权利，并不断扩大农业保险权利种类与范围，包括享受基本农业保险服务权、合理农业保险补贴权、农业保险参与权、农业保险知识教育权、农业保险扶持权等。其次，对于农户需求强烈的农业保险服务给予单方强制缔约权，以确保在特殊情况下保障农户农业保险可获得性。考虑到单方强制缔约可能会给保险机构带来一定程度的经营风险，保险机构可通过再保险方式进行补偿。

（五）激励与约束并举机制

建立激励与约束并举机制是完善我国农业保险扶贫机制的关键。首先，建立农业保险机构参与农业保险扶贫激励机制。政府应在农业保险机构设立、税收及农业保险补贴等方面制定系列优惠政策，激发农业保险机构参与农业保险扶贫积极性并获取合理收益。其次，建立地方政府参与农业保险扶贫激励机制。将地方政府推动农业保险扶贫的成效与地方政府政绩绩效考核及职务晋升等挂钩。最后，建立农户参与农业保险扶贫激励机制。政府及保险机构通过提高农业保险覆盖率与农业保费补贴标准，推进农业信贷与农业保险扶贫联动，激发农户参与农业保险扶贫的积极性。在建立激励机制的同时，还要建立农业保险扶贫约束机制。我国农业保险扶贫要取得成效，确保农户稳定脱贫增收，既是政府义不容辞的责任，也是保险机构应承担的社会责任。构建农业保险扶贫约束机制，首先，应明确规定农业保险机构在农村机构设置、平台搭建、农业保险产品开发等方面的基本义务，保障农户农业保险的需要，从制度上强化对其农业保险扶贫的约束。其次，要明确规定政府有效履行职能与义务，例如，政府要及时、足额提供农业保险扶贫保费补贴，加强对农户农业保险权利是否得到保障的监管，加强农业保险扶贫基础设施建设，组织开展农业保险扶贫政策知识的宣传与培训等。对于政府履行职能存在的“错位”“缺位”“越位”行为，应严格落实责任追究，以强化政府农业保险扶贫约束。

（六）扶贫协作机制

农业保险扶贫与产业扶贫、信贷扶贫相互协作，形成扶贫合力，可以有效增强农业保险扶贫效应。首先，建立农业保险扶贫、产业扶贫及信贷扶贫联络机制。在政府统一领导下，组织政府机构、银行金融机构、保险机构等召开扶贫联席会议，构建农业保险扶贫与产业扶贫、信贷扶贫、财政扶贫等联动工作机制。其次，建立农业保险扶贫、产业扶贫及信贷扶贫联动机制。农业保险机构要与财政部门、扶贫机构、金融机构加强联动，开发小额信贷保险、特色优势农产品保险、产量保险、收入保险等多种保险产品，不断满足农户多样化农业保险需求。

三、农业保险扶贫政策减贫的政策建议

（一）加大农业保险补贴政策扶持力度

1. 优化农业保险财政补贴政策

财政补贴和支持政策是农业保险发展的推动力，也是政府引导和发展农业保险的主要手段，《关于加快农业保险高质量发展的指导意见》（以下简称《指导意见》）确定了到2022年和2030年农业保险发展的阶段性目标。要实现这些目标必须优化农业保险财政补贴政策，主要包括：第一，加大农业保险财政补贴力度。适应国际农业补贴制度发展趋向和遵循世贸组织规则，对农业补贴政策进一步完善，将农业的直接补贴逐步转变为间接补贴，加大财政对农业保险的支持力度，充分发挥农业保险保障的杠杆效应和市场化运营机制，提升政府财政支农资金的使用效率。第二，细化农业保险产品和区域补贴政策。中央政府应站在国家角度综合平衡国家农业农村发展、区域协调发展及社会公平公正等多项政策目标，依据中央与地方政府各自权责划分，完善农业保险补贴政策。中央财政应提高粮食和大宗重要农产品保险保费补贴比例，保障国家粮食安全和重要农产品有效供给，地方财政应重点支持地方农业支柱产业和特色农产品保险发展，扩大地方保费补贴险种和加大补贴力度，因地制宜推进地方特色农业发展；

细化中央农业保险保费省际补贴比例，体现农业保险补贴区域差异化特点，向深度贫困地区倾斜。

2. 完善农业保险补贴方式

针对目前农业保险补贴机制不完善的问题，为更好发挥农业保险财政补贴的政策功效，实现《指导意见》提出的2030年达到“补贴有效率”目标，《指导意见》明确要求“探索完善农业保险补贴方式”。一方面，要改革农业保险补贴结构。借鉴国际先进经验，将农业保险财政补贴方式由保费补贴的单一方式逐步转变为保费补贴、管理费补贴和再保险补贴等多项补贴方式，充分发挥多元化补贴的激励导向作用，优化农业保险补贴结构，拓展农业保险补贴的政策空间。另一方面，要提高农业保险补贴弹性。结合不同产业和不同类型生产经营主体的风险保障需求，研究建立多元化风险保障责任和多层次风险保障水平相结合、普惠型和高保障型保险产品共同发展的农业保险产品体系，实行差异化费率和差异化保费补贴政策，按照高风险高费率和高保障水平低保费补贴比例的原则，细化不同风险区域和不同保险产品的费率和保费补贴比例，实现精细化和更具弹性的保费补贴制度。这样既能适应农户基本风险保障要求，又可以满足农业新型生产经营主体更高风险保障的需求；既可以满足市场产品多样化和个性化的要求，又能减轻政府的财政补贴压力。

3. 做好农业保险相关财政补贴政策统筹工作

我国政策性农业保险发展已经有十几年，农业保险发展相关的财政政策、金融政策和产业政策出台了很多，但不同类型政策分属不同部门制定和实施，基本上是各自为政、独立运作，在政策管理上也是条块分割，统筹协调和相互衔接不够，导致政策效能相互叠加或冲突，综合效果不佳。为了更好地发挥农业保险财政补贴政策效能，需要统筹协调好三类政策间关系：一是农业保险相关财政政策间关系，加强农业直接补贴政策、农业价格支持政策、农业财政投资政策等与农业保险财政补贴政策的统筹。二是农业保险政策与农业产业政策间关系，做好农业相关产业发展政策和区域发展政策与农业保险政策的衔接。三是农业保险政策与农业金融政策的关系，增强农业保险政策与相关金融政策的协调性。如《指导意见》强调的“加强农业保险相关财政政策统筹衔接”“农业农村、林业草原等部门在制定行业规划和相关政策时，要注重引导和扶持农业保险发展”“探索‘农业保险+’，建立健全保险机构与灾害预报、农业农村、林业草原等部门的合作机制，加强农业保险赔付资金与政府救灾资金的协调运用”“推进农业保险与信贷、担保、期货（权）等金融工具联动”。

（二）提高农业保险服务能力

1. 扩大农业保险覆盖面

推进政策性农业保险改革试点，在增强农业保险产品内在吸引力的基础上，结合实施重要农产品保障战略，稳步扩大关系国计民生和国家粮食安全的大宗农产品保险覆盖面，提高小农户农业保险投保率，实现愿保尽保。探索依托养殖企业和规模养殖场（户）创新养殖保险模式和财政支持方式，提高保险机构开展养殖保险的积极性。鼓励各地因地制宜开展优势特色农产品保险，逐步提高其在农业保险中的比重。适时调整完善森林和草原保险制度，制订相关管理办法。

2. 提高农业保险保障水平

结合农业产业结构调整和生产成本变动，建立农业保险保障水平动态调整机制，在覆盖农业生产直接物化成本的基础上，扩大农业大灾保险试点，逐步提高保障水平。推进水稻、小麦、玉米完全成本保险和收入保险试点，推动农业保险“保价格、保收入”，防范自然灾害和市场变动双重风险。稳妥有序推进收入保险，促进农户收入稳定。

3. 拓宽农业保险服务领域

满足多元化的风险保障需求，探索构建涵盖财政补贴基本险、商业险和附加险等的农业保险产品体系。稳步推广指数保险、区域产量保险、涉农保险，探索开展一揽子综合险，将农机大棚、农房仓库等农业生产设施设备纳入保障范围。开发满足新型农业经营主体需求的保险产品。创新开展环境污染责任险、农产品质量险。支持开展农民短期意外伤害险。鼓励保险机构为农业对外合作提供更好的保险服务。将农业保险纳入农业灾害事故防范救助体系，充分发挥保险在事前风险防预、事中风险控制、事后理赔服务方面的功能。

4. 落实便民惠民举措

落实国家强农惠农富农政策，切实维护投保农民和农业生产经营组织利益，充分保障其知情权，推动农业保险条款通俗化、标准化。保险机构要做到惠农政策、承保情况、理赔结果、服务标准、监管要求“五公开”，做到定损到户、理赔到户，不惜赔、不拖赔，切实提高承保理赔效率，健全科学、精准、高效的勘查定损机制。鼓励各地因地制宜建立损失核定委员会，鼓励保险机构实行无赔款优待政策。

（三）提高农业保险运行效率

1. 明晰政府与市场边界

地方各级政府不参与农业保险的具体经营，在充分尊重保险机构产品开发、精算定价、承保理赔等经营自主权的基础上，通过给予必要的保费补贴、大灾赔付，以及提供信息数据等支持，调动市场主体积极性。基层政府部门和相关单位可以按照有关规定协助办理农业保险业务。

2. 提升大灾风险分散能力

加快建立财政支持的多方参与、风险共担、多层分散的农业保险大灾风险分散机制。落实农业保险大灾风险准备金制度，增强保险机构应对农业大灾风险能力。增加农业再保险供给，增强农业再保险承保能力，完善再保险体系和分保机制。合理界定保险机构与再保险机构的市场定位，明确划分中央和地方各自承担的责任与义务。

3. 规范农业保险市场

加强财政补贴资金监管，对骗取财政补贴资金的保险机构依法予以处理，实行失信联合惩戒。进一步规范农业保险市场秩序，降低农业保险运行成本，加大对保险机构资本不实、大灾风险安排不足、虚假承保、虚假理赔等处罚力度，对于未达到基本经营要求、存在重大违规行为和重大风险隐患的保险机构，坚决依法清出农业保险市场。

4. 鼓励探索开展“农业保险+”

建立健全保险机构与灾害预报、农业农村、林业草原等领域相关部门的合作机制，加强农业保险赔付资金与政府救灾资金的协同运用。推进农业保险与信贷、担保、期货（权）等金融工具联动，扩大“保险+期货”试点，探索“订单农业+保险+期货（权）”试点。建立健全农村信用体系，利用农业保险的增信功能提高农户信用等级，缓解农户“贷款难、贷款贵”问题。

（四）推动农业保险省际均衡发展

1. 转变观念、明确权责

相对于某些地区的整体经济发展水平，其农业保险发展水平明显滞后，其中固然有当地政府绩效评价体系中农业农村指标占比较小的原因，亦有当地农业保险发展观念落后、政府重视程度不够、部门之间组织协调混乱等原因。其中，农业保险发展观念落后根源在于地方政府没有找好农业在地方经济发展中的契合点，认为农村代表落后生产力，而城市代表先进生产力，因而地方政府绩效评价指标体系更倾向于经济发展指标而忽略了农业农村指标。政府部门组织协调机制不健全则表现为中央层面一直没有明确农业保险领导协调专门机构。农业保险业务经营需要保监、气象、财政、税务、民政、农业、畜牧兽医、林业及县乡基层政府等协调，在展业、防灾、定损、理赔等环节给予大力协助，但是各部门从自身角度制定农业保险政策和规则导致了协调成本增加和管理混乱。责任归属不明确亦削弱了地方政府推行农业保险的动力。建议对农业保险重视程度不够的地区转变观念，根据地方农业生产特色因地制宜制定地方农业产业发展战略，研究制定新时期地方农业保险发展原则，服务地方农业产业转型升级和乡村振兴战略的实施。对于政府部门组织协调混乱的情况，建议尽快建立农业保险领导协调专门机构，明确各部门在农业保险推行过程中的权责边界。

2. 创新完善农业保险市场供给方式

市场竞争程度的加剧在过去几年间推动了我国农业保险省际差异的减小，而我国农业保险市场集中度的下降也验证了市场竞争的趋势。目前，我国东北、华北、华南地区农业保险市场集中度相对较低，而西北、华东及西藏地区农业保险市场集中度较高，因而这些地区的政府应着手考虑开放市场，引入竞争。浙江等农业保险实施方式存在问题的省份更应该创新改进农业保险的实施方式。本研究认为，统一制度框架与分散决策相结合是不错的模式，即在政府集中统一管理框架下引入竞争，充分发挥市场的活力。结合我国目前农险财政分级补贴，本研究认为，应在县级层面推行一家保险公司经营模式，而在省级和市级层面有所放活，可以与多家保险公司共同合作经营。这样做既能释放市场竞争活力，又能规避多家保险公司为争夺市县层面较小的农业保险市场带来的不合理的经营费用支出，同时避免发生在基层的政府和保险公司合谋骗保、寻租等行为。采用“进退无障碍理论”建立健全农业保险市场的准入和退出机制，对进入地区农业保险市场的保险公司进行事前的经营资质审查和事后的服务质量监督，打破“分盘子”的实施方式，给保险公司施加无形的竞争压力，促使其提升经营质量和水平。除此之外，政府亦要探索农业保险财政多种补贴方式，运用激励机制为保险公司提供经营费用补贴和再保险补贴，增强市场主体进入经营的动力，同时增加政策操作空间，引导保险公司经营农业保险业务突出绿色导向、生态导向和质量导向，建立生态促进型、环境友好型农业保险经营体系。

3. 因地制宜制定特色农业保险政策

第一，针对区域内工业基础薄弱、经济落后、农业生产基础薄弱的问题，中央应该进一步加大对这一地区农业保险财政补贴倾斜的力度，降低基层政府及农民的农业保险负担。第二，针对这一区域农业保险规模不够，保险公司开展保险业务经营风险高、运营成本高从而供给意愿不强的情况，建议增加对当地保险公司经营农业保险业务的费用补贴和再保险补贴，增强市场主体进入动力。加快科技在农业保险承保理赔业务流程中的应用，以降低运营成本。第三，针对这一类型地区农业发展以地方特色型农业为主的特点，建议综合运用“以奖代补”支持区县政府因地制宜开展地方特色型农业保险，加大对地方开展特色农业险种的补贴力度。运用“保险 + 担保 + 信贷”机制进行扶贫开发，促进地方特色农业产业发展。第四，针对这一类型地区地理地形的特点，农业保险推行应以小范围统保的特色型“立体农业保险”为主，即保险责任应涵盖下层种植业保险、中上层林业保险与养殖业保险，通过产品创新、扩展保险责任增加农业保险需求。

（五）加强农业保险基础设施建设

1. 完善保险条款和费率拟订工作

加强农业保险风险区划研究，构建农业生产风险地图，发布农业保险纯风险损失费率，研究制订主要农作物、主要牲畜、重要“菜篮子”品种和森林草原保险示范性条款，为保险机构产品开发、费率调整提供技术支持。建立科学的保险费率拟订和动态调整机制，实现基于地区风险的差异化定价，真实反映农业生产风险状况。

2. 加强农业保险信息共享

加大投入力度，不断提升农业保险信息化水平。逐步整合财政、农业农村、保险监督管理、林业草原等部门，以及保险机构的涉农数据和信息，动态掌握参保农民和农业生产经营组织相关情况，从源头防止弄虚作假和骗取财政补贴资金等行为。

3. 优化保险机构布局

支持保险机构建立健全基层服务体系，切实改善保险服务。经营政策性农业保险业务的保险机构，应当在县级区域设立分支机构。制订全国统一的农业保险招投标办法，加强对保险机构的规范管理。各地要结合本地区实际，建立以服务能力为导向的保险机构招投标和动态考评制度。依法设立的农业互助保险等保险组织可按规定开展农业保险业务。

4. 防范和化解各类风险

强化保险机构防范风险的主体责任，坚持审慎经营，提升风险预警、识别、管控能力，加大预防投入，健全风险防范和应急处置机制。督促保险机构严守财务会计规则和金融监管要求，强化偿付能力管理，保证足够的风险吸收能力。加强保险机构公司治理，细化完善内控体系，有效防范和化解各类风险。

第二节 农村医疗保险扶贫政策减贫的路径优化

农村医疗保险扶贫政策减贫的创新模式:“基本医疗保险+大病保险+医疗救助”扶贫模式、“医疗互助保险+商业医疗保险+护理保险”扶贫模式、“医疗能力培养+医疗公益性诊疗+慈善力量资助”扶贫模式等;农村医疗保险扶贫政策减贫的优化机制:动态识别机制、医疗保障机制、医疗资源管理机制、医疗保险扶贫政策衔接机制、医疗保险扶贫考核评价机制。在对上述模式和机制说明的基础上,本节提出坚持医疗保险准公共产品属性、处理好医疗保险扶贫中政府与农民之间的关系等政策建议。

一、农村医疗保险扶贫政策减贫的模式创新

(一)“基本医疗保险+大病保险+医疗救助”扶贫模式

基本医疗保险是依据规定的药品目录和条例确定医疗费用给付比例的一项社会保险。实施基本医疗保险,既要化解和防范疾病风险,也要求个人承担相应责任,形成合理的责任分担机制,避免道德风险带来的危害。基本医疗保险通常解决农户的多发及常见病的门诊用药和住院问题,不同级别的门诊和医院报销比例各异。如2020年城乡居民个人基本医疗保险缴费标准为每人250元。特殊困难群体中的特困供养人员、计生特殊家庭、农村计生“两户”家庭成员等由医疗救助资金全额资助缴费;脱贫人口每人资助120元,最低生活保障家庭成员资助不低于100元;低收入家庭中的老年人、未成年人、重病患者、重度残障人士每人资助标准不低于30元。基本医疗保险报销比例确定标准:一级、二级、市内三级、市外三级;医院政策范围内费用报销比例分别为80%、75%、70%、60%,起付线分别为200元、500元、1000元、3000元;脱贫户报销比例分别提高5个百分点,年度最高支付8万元。大病保险是对大病患者高额医疗费再次

补偿的一项制度安排，它是针对患者年度累计负担的合规医疗费用超过当地农民年人均纯收入所给予高额医疗费用的补偿，换言之，经过基本医疗保险报销后，大病患者发生的高额医疗费用可以进行二次报销。在报销比例上，大病患者在基本医疗保险报销后仍然需要个人承担的医疗费用，最低给予 70% 的报销，避免因病致贫或因病返贫。例如，2020 年普通居民大病治疗起付线 5000 元以上，医疗费用按 0 ~ 1 万元报销比例 60%；1 万 ~ 2 万元报销比例 65%；2 万 ~ 5 万元报销比例 70%；5 万 ~ 10 万元报销比例 75%；10 万元以上报销比例 80%。对脱贫户执行倾斜保障政策，起付线为 2500 元，报销比例分别比其他居民高 5 个百分点。“医疗救助”扶贫模式以五保户、低保户、优抚对象，以及因灾致贫和因病致贫农户为救助对象。这部分人虽有医疗需求，但不具备医疗费用的负担能力，此时，医疗救助就需要发挥“托底救急”的功能。医疗救助包括参保救助和医疗服务与费用救助两部分。参保救助是为那些无力参保的农户提供参保缴费救助，根据个体情况的不同部分或全部减免参加医疗保险的费用；医疗服务与费用救助是在医疗保险报销以外的政策范围内的医疗费用的救助或提供直接的医疗服务，这类救助具体分为：普通疾病门诊医疗救助、普通疾病住院医疗救助、特殊病种医疗救助和大额费用医疗救助。因为各地情况不同，所以并没有统一的补助标准，但大病救助标准均不得低于 70%。此外，农村大病患者还可以享受民政部门的医疗救助和临时救济政策。通过上述措施可以有效降低农村大病患者实际自付的费用。

（二）“医疗互助保险 + 商业医疗保险 + 护理保险”扶贫模式

医疗互助保险是由农户自愿组织，缴纳一定的互助金，用于农户风险损失补偿的保险形式。医疗互助保险集中了互助农户的共同意愿，是自发兴办和自筹资金的互助行为，具有公益性、灵活性、群众性和互济性等特征，成为化解农户疾病风险的有效手段，对减轻农户自付治病费用负担及防范疾病风险起到“拾遗补缺”的作用。商业医疗保险以盈利最大化为目标，其特点是经营范围广泛、经营方式灵活、保险覆盖面大、保障程度多样化等，能够为农户提供多样化的医疗服务保障。由此可见，商业医疗保险在保障作用、保障范围及实施方式上与基本医疗保险具有较强的互补性。基本医疗保险只能在一定范围内进行保障；商业医疗保险则能满足农户更高、更丰富的医疗需求，如重大疾病医疗保险、生死两全险、意外保险等。基本医疗保险无需审核参保农户的健康及经济状况等，而商业医疗保险则要求投保农户健康状况良好并具有保费缴纳能力，有利于控制逆向选择及道德风险问题。所以，在基本医疗保险制度的基础上，引导农户购买商业医疗保险及护理保险有助于提高农户抗击疾病风险的能力，降低农户重大疾病治疗自付风险。护理保险是在较长时期内为患有慢性病者或伤残人士提供护理的服务，包括生活照料、康复护理、精神慰藉、社会交流和临终关怀等。护理费用由社会保险系统承担。目前，我国无论是医疗保险还是商业保险都不能从根本上解决因疾病、年老而导致失能或半失能的患者长期护理所需的资金问题。因此，构建护理保险势在必行。建立护理保险不仅可以降低家庭人力负担，也能有效减轻家庭经济负担。目前，我国已经进入了人口老龄化快速发展时期，因年老和疾病导致生活不能自理的老人不断增加，客观上给社会带来了巨大压力，尤其是对低收入家庭，已大大超出其能够承受的范围。所以说，在我国建立照护保险扶贫模式是一条值得探索的道路。

（三）“医疗能力培养 + 医疗公益性诊疗 + 慈善力量资助”扶贫模式

医疗能力培养扶贫模式主要是借助现代信息技术及加强医疗配套设施建设提高农村农户医疗保障服务能力，确保医疗扶贫效果。例如，针对低收入农户治疗面临交通不便、村级卫生所诊断困难、医疗费用高昂等问题，为乡村卫生站提供远程医疗可穿戴健康监测设备包。运用“互联网 +”手段，通过 AI 医生实现快速、精准的诊疗，既快捷高效又节省费用。例如，为了保证医疗扶贫的可持续性，提高乡村医疗扶贫的“造血”能力，政府除为农村卫生所配备一批医疗设备器械、医疗药品及医疗扶贫基金外，还帮助卫生所与县（市、省）医院建立对接帮扶机制，从而有效提升农村医疗水平和村级卫生站室的治疗水平。医疗公益性诊疗扶贫模式指充分发挥社会力量为农民提供形式多样的医疗扶贫活动，帮助农民有效抵御因病致贫、因病返贫。该模式主要依托各地扶贫开发协会组织实施的面向广大低收入农户的大型公益项目，通过广泛动员社会医疗力量，依托各地医疗扶贫定点医疗单位对低收入群体实施各类优惠活动，如减免诊疗费、医药费等，为低收入农户提供常用药包，帮助其有效治疗疾病和降低医疗费用。慈善力量资助扶贫模式是介于商业医疗保险与医疗救助之间的一种扶贫方式，主要通过吸引社会慈善力量来增强医疗救助实力。通过社会广大慈善力量提供大量资金，可以有效帮助脱贫户应对重大疾病，避免“因病返贫”。由此可见，通过动员社会慈善资源为农户提供帮助是多层次医疗保障体系的重要组成部分。

二、农村医疗保险扶贫政策减贫的机制优化

（一）动态识别机制

传统因病致贫、因病返贫贫困人口识别是在政府主导下开展的，在后扶贫时代，这种识别方式应进行相应调整。要充分调动农民主体参与识别的积极性和主动性，强化以农民为主体、政府配合的方式识别因病致贫、因病返贫的农户。与此同时，政府扶贫机构要对农户健康状况进行实时跟踪分析，对患者的疾病种类、致贫原因、严重程度、治疗状况、医疗费用等进行详细记录并实时更新。通过建立因病致贫、因病返贫农户“进入—退出”动态识别机制，明确动态识别的主要指标、健康标准等，按程序确认医疗保险扶贫类别及标准等。从操作层面来看，要继续为因病致贫或因病返贫的农户建立医疗档案，针对心血管系统疾病、呼吸系统疾病、血液系统疾病等慢性病和重大疾病的贫困患者，为其建立动态健康信息库，为医疗保险扶贫提供坚强保障。对于已脱贫农户，其家庭成员一旦患重大疾病，即刻启动再识别机制，将其重新纳入贫困户。

（二）医疗保障机制

在有效识别的基础上，首先，提高医疗保障水平。当前，虽然我国城乡居民医保覆盖范围较广，但对低收入农户大病医疗倾斜力度还不够。因此，当务之急是建立低收入农户大病医疗保险的倾斜性支持政策，进

一步加大医疗费用个人缴费部分财政补贴力度，以降低其医疗保费支出负担。与此同时，还要提高大病保险报销水平，以降低其医疗支出负担。此外，要提高医疗救助水平，扩大医疗救助范围，提高医疗救助申请效率。其次，开展分类施策。重点对重病及慢性病患者开展分类救治，如对社会关注度高、影响大、治疗费用高的大病患者开展专项救治，在治疗方法、治疗费用等方面作严格规定，不断提高治疗效果，降低大病患者的医疗费用；治疗出院后，还需对大病患者开展定期跟踪治疗和观察，直至其完全康复。对于慢性病患者，由基层医疗卫生机构、疾病预防控制机构等开展长期治疗和保健康复。最后，制定稳定增长的财政医疗保障支持政策。医疗保险扶贫需要有雄厚的人力、物力及财力才能有效开展，中央财政及省、市两级财政部门医疗保险扶贫项目资金要进一步向贫困地区倾斜，并设立医疗保险扶贫专项资金，明确其使用范围和使用程序。

（三）医疗资源管理机制

医疗保险扶贫本质上是对医疗保险扶贫资金、人员、设备等进行科学管理，使有限的扶贫资源尽可能发挥最大效益。这就决定了医疗保险扶贫资源的管理要与其他商业化医疗资源区别开来。在具体管理过程中，各地要针对不同区域的实际情况，自主制订差异化的医疗保险扶贫方案，统筹使用医疗保险扶贫资源。要对医疗保险扶贫资金进行科学化管理，积极开展成本绩效分析，杜绝医疗保险扶贫资金大量使用但农民健康状况并没有得到有效改善的情况。医疗保险扶贫还要不断提高农村的医疗水平，包括医务人员的医疗能力、医疗机构医疗设备等。省、市医疗机构可派专家团队对农村医疗机构定期开展定点帮扶，使优质医疗方法和先进设备有效下沉，通过临床进修培训、驻点医院传帮带等形式提高农村医疗服务能力。此外，通过制订符合农村实际的医疗人才招聘引进管理办法、提高薪酬待遇、搭建个人发展平台等方式加强农村医疗人才队伍建设，不断提高农村医疗水平。

（四）医疗保险扶贫政策衔接机制

医疗保险扶贫是一项系统工程，从纵向来看，涉及从中央到农户多个层级。各层级在履行自身职责的基础上开展有效衔接和配合，形成一套环环相扣且完整统一的医疗保险扶贫体系，对提高农村农户医疗保障水平至关重要。从横向来看，医疗保险扶贫还涉及乡村振兴部门、卫生部门、民政部门、财政部门等。建立由乡村振兴局牵头，其他部门密切配合的衔接机制，坚持统一部署、明确分工、各司其职等原则，确保各项医疗保险扶贫工作有效推进。建立全国医疗保险扶贫互联网信息平台，促进各类政策及相关信息及时发布和共享，降低运行成本，提高工作效率，最大程度地发挥政策的作用效果。在医疗保障制度上，要实施基本医疗保险、大病保险、医疗救助 3 项医保制度全覆盖，对低收入农户在基本医疗保险、大病保险及医疗救助等方面加大政策倾斜力度，实施先诊疗后付费和一站式结算的治疗方式，形成多层次、有机衔接的医疗保障制度体系，确保医疗保险扶贫政策落地生根。

（五）医疗保险扶贫考核评价机制

建立一套完整的医疗保险扶贫考核评价体系对于有效控制医疗保险扶贫进程，确保医疗保险扶贫绩效具有重要意义。按照中央统筹、省（自治区、直辖市）负责、市（地）县抓落实的医疗保险工作机制，各地应将医疗保险扶贫纳入政府目标管理重要考核内容，细化职责分工，明确任务要求，对医疗保险扶贫实施情况进行定期检查和结果反馈，并建立惩处机制。考核责任主体的目标是确保提升低收入人群的健康水平和降低农户的医疗费用负担，具体包括患者的就医情况、身体康复情况、医疗费用支出情况等。

三、农村医疗保险扶贫政策减贫的政策建议

（一）坚持医疗保险准公共产品属性

改革开放前，我国医疗保险制度主要坚持以预防为主、注重公共卫生与基本医疗保健。改革开放后，特别是党的十八大后，绝大多数行业和领域都进行了商业化和市场化运作，但卫生医疗和医疗保险领域仍然是政府实施强有力干预的少数关键领域之一。政府为公共医疗卫生及医疗保险制

定了一系列倾斜性政策，确保全民的健康需求。长期以来，我国一直坚持把基本医疗保险作为公共产品，坚持预防为主，建立以县级医院为龙头、乡镇卫生院为依托、村卫生室为延伸的农村三级医疗卫生服务体系，不断整合村级卫生资源，将村卫生室纳入城乡居民医疗保险定点医疗机构体系，实行医药统一招标、统一配送药品、统一业务培训，不断提高医疗、预防、保健等医疗服务质量，充分发挥村卫生室在农民疾病防治中的基础性作用，真正做到“小病在社区，大病到医院”，有效抵御农村人口因病致贫和因病返贫。在后扶贫时代，我国要继续坚持把医疗保险作为准公共产品，持续加大政策倾斜力度，通过国家力量确保农村弱势群体得到基本医疗保障。

（二）处理好医疗保险扶贫中政府与农民之间的关系

在医疗保险扶贫过程中，政府和农民之间既有分工协作关系，又有监督约束关系。如果政府与农民之间协作失当，医疗保险扶贫资金没有进行合理配置，医疗保险扶贫效果就会大打折扣。因此，在医疗保险扶贫政策实施效果不理想时，要充分赋予农民权利，引导其采取合法合理的方式提出相应的意见和建议，以便医疗保险扶贫政策重回正轨。如果农民在医疗保险扶贫政策实施过程中出现“败德行为”，影响医疗保险扶贫可持续发展，政府也要采取有效的措施予以调整。因此，从这个意义上讲，政府和农民的关系是一种相互依赖、相互影响的分工协作与监督约束关系。在政府与农民的关系中，政府要充分履行好引导职责，重点要加强组织建设，组建权威性的医疗保障管理机构，并协调各方关系；在制度建设方面，根据各地区域经济社会发展的差异，制定更加精细化的农村医疗保险扶贫制度，确保制度的科学性和针对性；在财政支持方面，坚持政府财政支持为主、居民个人出资为辅，建立满足居民基本医疗保障的财政支持体系；在人才队伍建设方面，通过定点支援、人员培训、人才引进等措施不断优化农村医疗人员队伍结构，提高农村地区医疗水平；在医疗服务基础设施建设方面，要投入财政资金，加强对农村公共卫生室或医疗保健站的建设，保障农民获得基本医疗卫生保健服务的有效性；要充分发挥农民在医疗保险扶贫中的主体地位。在农村医疗保险扶贫政策制定及实施过程中，要坚持“还权于民”，让农民主动参与医疗保险扶贫政策制定和实施等环节；要坚持“施惠于民”，让农民能够在医疗保险扶贫中获取应得的权益；要坚持“取信于民”，按医疗保险扶贫合同保障农民利益。在医疗保险扶贫过程中，要确保农民享有知情权、参与权、就医权及报销权等。

（三）构建农村多元化医疗服务保障体系

相比于城市，农村医疗服务保障体系相对滞后，表现为农村医疗服务供给保障水平低，农民多样化医疗服务保障需求未能被较好满足，城乡医疗资源的不平衡性、不充分性尤为突出。为此，构建农村多元化医疗服务保障体系势在必行。具体而言，农村多元化医疗服务保障体系包括以下几个方面。

1. 健全对农民的医疗救助体系

医疗救助制度主要通过政府实施转移支付来实现。该制度既能保障农民享有医疗保健，又能确保农民摆脱因病致贫或因病返贫。主要是指农民因患重大疾病无力治疗，政府给予医疗救助，采取无偿援助或大额资助的办法，确保农户能看得起病。通常来说，实施医疗救助的对象主要为无稳定收入、没有生活依靠或处于农村最低生活保障线以下的农民。对农民的医疗救助内容包括常规救助和大病救助两种。其中，常规救助主要针对传染病、地方病、妇幼保健等疾病患者，救助方式不仅包括资金资助，而且资助农民参与城乡居民医疗保险及为大病患者提供医疗费用资助。此外，对农民的医疗救助还包括医疗费用减免、专家义务巡诊及社会慈善救助。大病救助主要是对患者在大病治疗过程中发生的巨额医疗费用予以资助。通过常规救助与大病救助相结合确保农民医疗救治得到保障。

2. 建立针对农民的大病医疗保险制度

由于经济发展水平相对落后，农民抵御疾病风险冲击的能力较弱，一旦疾病发生，农户家庭就会致贫或返贫。因此，建立针对农民的大病医疗保险制度尤为重要。当然，大病的标准要根据对农户家庭的实际影响程度而定，而非简单地以医疗费用高低来确定。建议建立大病统筹基金，包括住院统筹基金、特殊重大慢性病大额门诊统筹基金及住院分娩补助基金等，分别用于农民住院补偿、特殊重大慢性病大额门诊补偿及正常住院分娩补助。在具体实施过程中，要充分借鉴先进省域的做法，例如，山东、山西等省份确定了城乡居民大病保险的筹资比例，加大对低收入群体的补贴力度，降低或减免其医保缴费数额，取消或降低住院起付线，使大病患者能住得起院、吃得起药，使农村家庭的生产能力得到有效恢复与保护，从而切断因病致贫或因贫致病的恶性链条。

3. 建立以商业医疗保险为补充的医疗保障制度

在确保基本医疗服务有保障的基础上，通过广泛的宣传与发动，鼓励农民自愿购买商业医疗保险，推动农村医疗保险服务多元化。国务院办公厅发布的《关于开展城乡居民大病保险工作的指导意见》提出，必须制定商业保险机构的基本准入条件，规范大病保险招投标与合同管理，建立以保障水平和参保人满意度为核心的考核办法，提升大病保险管理服务的能力和水平，引导和鼓励商业医疗保险机构参与农村医疗保险。在农村医疗保障体系中，政府、市场及社会等提供医疗保险的覆盖人群不同，三者在功能上实行优势互补，共同构成完整的农村医疗保险供给体系，不断满足农村居民日益增长的多样化医疗服务需求。

（四）建立农民工医疗保险制度体系

长期以来，农民工的医疗保险制度没有被足够重视。随着工业化、城市化进程快速推进，我国农民工的规模日益扩大，因此，要尽快建立农民工医疗保险制度，确保为农民工提供基本医疗服务。由于农民工类型多样，对医疗保险需求也具有差异化特征，所以，建立农民工医疗保险制度要采取不同的保障方法。对于已经移居城市的农民工，即市民化的农民工，要将其逐步纳入城镇基本医疗保险制度范围。对于既要在城市打工，又要在农村务农的农民工，即兼业型农户，应在尊重其参保意愿的基础上，将其逐步纳入农村医保制度体系。对于低收入农民工，应降低准入门槛，允许其缴纳部分医疗保险费，享受相应比例的统筹基金支付待遇。考虑到农民工的特殊身份，建议在全国范围内建立针对农民工的医疗保障网络，凭借居民身份证为参保农民工设立个人账户，同时发放医保卡，便于农民工在全国范围内的医疗缴费与报销。

第三节　农村养老保险扶贫政策减贫的路径优化

农村养老保险扶贫政策减贫的创新模式包括："统账结合" + "个人账户"的制度模式、"个人缴费" + "财政补贴"的筹资模式、"待遇确定" + "财政兜底"的给付模式等。农村养老保险扶贫政策减贫的优化机制包括：缴费激励机制、资金保障机制、社会监督机制等。在对上述模式和机制说明的基础上，本节提出完善法律支撑体系和普及金融科技，提升业务开展便捷性以及多层次升级运作模式，调动居民参保积极性等政策建议。

一、农村养老保险扶贫政策减贫的模式创新

（一）"统账结合"+"个人账户"的制度模式

统账结合模式有利于发挥制度的激励功能。基于养老保险制度长期理性与个人经济选择行为短期理性之间的矛盾，有必要建立缴费激励制度，鼓励农民参保，并长期缴费。完全的现收现付制度由于缺乏固定时点上个人收支的对应关系，很难对参保者产生吸引力。个人账户制度有利于使参保者直观地了解到政府对其缴费的补贴，以及个人养老保险权益的不断累积，由此产生缴费激励。统账结合模式有利于与城镇职工基本养老保险制度相衔接。在快速城镇化和工业化的过程中，大量农民会转变为从事第二产业或第三产业的劳动者，统账结合的制度模式可以确保其在身份转变的同时，养老保险权益不受损害。

（二）"个人缴费"+"财政补贴"的筹资模式

与第二、第三产业劳动者有稳定的劳动关系，并由此形成劳资双方缴费格局不同，农业劳动者的劳动特征决定了其长期处于自雇佣状态，如果

缺乏雇佣方的缴费，社会保险将丧失其福利性，并由此丧失对农民的吸引力。考虑到农业在一国中的重要地位，世界上绝大多数建立农民养老保险制度的国家都由政府承担农民的雇佣责任和缴费义务。建议参照城镇职工基本养老保险缴费标准，按照农民实际收入的一定比例缴纳养老保险费，同时由政府扮演农民雇主的角色，给予相应的财政补贴。

（三）"待遇确定"+"财政兜底"的给付模式

在养老金计发办法方面，农民养老保险制度可以参照城镇职工基本养老保险制度。凡是满足一定年龄要求，缴费满足一定年限的农民，就应当发给养老金。发放养老金的标准应当综合考虑当期的农民平均收入水平及参保者的缴费情况，参保者缴费时间越长、缴费基数越高，其养老金水平就越高，农民基本养老金替代率（包括老年津贴和基础养老金）应当控制在50%左右。在养老金水平调整方面，农民养老保险制度则不能参照城镇职工养老保险制度与物价水平挂钩，这与农民特殊的消费结构相关。在城镇，生活水平与物价直接关联，物价提高必然会导致老年人生活成本的提高，因此养老金水平应当随物价变动；但农村不同，农村老年人的日常消费往往是自给自足的，一般不受物价水平的影响，甚至物价水平的提高还可能促进农民收入水平的提高，因此应当探索符合农民消费特征的待遇调整机制。

随着人口老龄化程度的不断加深及农民数量的持续减少，以个人缴费为基础的农民基本养老保险制度必然在未来产生基金缺口。这个缺口应当由各级财政分担，以充分体现财政对农民基本养老保险制度的支撑作用。结合我国现行财政分权制度，建议由中央、省和县三级财政分担，在省级统筹的情况下，由省级财政承担主要责任，中央财政可以对经济欠发达地区通过转移支付给予补贴。转移支付规模应当综合考虑当地农民的老龄化程度和地方的财政能力，在实现全国统筹后，由中央财政承担最终责任。

二、农村养老保险扶贫政策减贫的机制优化

（一）缴费激励机制

针对农民参与意识偏弱问题，可通过设计激励机制予以优化。一方

面，优化农民个人缴费激励设计。缴费方式对于缴费档次的高低将产生直接影响，通常情况下，一次性缴费机制会促使参保人产生较强抵触心理。政府可选择更为灵活多变的缴费模式，使参保人从心理层面更容易接受。例如，在年付、季付或月付期间，可以规定参保人只上缴部分费用。此种方式将使更多参保人愿意选择更高缴费档次，有助于提升部分资金来源稳定性，促使农村养老保险所筹资金实现可持续化发展。另一方面，实行长缴多得激励机制。现有的一些鼓励性缴费政策只是从金额上有所激励，如多缴多得。这可能在短期内会助推农村养老保险资金收入上涨，但并不利于农村养老保险制度长期推行。政府应适当出台长缴多得激励政策，从时间维度上给予参保人一定鼓励；依据各地区实际经济发展情况，由中央及地方财政部门对限定年龄层的参保人实施养老金奖励机制。这样，将在很大程度上鼓励农村适龄及高龄农民持续长时间缴费。

（二）资金保障机制

一是健全资金筹集机制。政府应提前做好预算、征地补偿金相关安排，推动农村养老保险制度顺利实施，促使社保效用发挥到最大程度，真正保障农民生活水平。例如，各地政府可依据不同地区实际发展状况，适当发行政府债券或社保彩票，然后将已筹集资金扣除部分管理费后二次投资运作，再提取出部分资金作为农村养老保险基金。另外，地方政府还可以在农村建立农民专业合作社，并不断扶持一些乡镇企业扩大发展，以为参保人日后在合作社中获得一定额度的集体资金补助提供保障。二是健全资金运营机制。首先，有关金融机构应不断完善参保人个人账户信息的电子化管理。随着近年农村人口流动性越来越强，以及互联网的不断发展，农村养老保险参保人账户实现信息化管理将为农民查询信息提供更大便利，会进一步提升有关部门处理农村养老保险相关事项的效率。基于此，政府也要不断加强对参保人个人账户信息的保护，提高重视程度。其次，中央政府需要逐步扩大统筹规模，强化上级政府部门对资金的统筹力度。为加快实现“全国统筹”，中央政府需逐步介入，协调资金管理、技术规范，以健全农村养老保险资金机制。最后，地方政府应制订一套规范的农村养老保险资金运营条例。例如，依据各地实际情况设置专门的养老基金管理机构，招聘相关专业人才对资金运营进行专业化管理。条例的设置可以确保农村养老保险资金在事前、事中、事后实现保值或增值，进而提高参保人保障水平。

（三）社会监督机制

一方面，政府应加快出台与农村养老保险制度密切相关的部门规章，对相关行业、各级部门监管机构职能进行详尽规划。总体思路：审计职能部门应按期对农村养老保险养老金运用及筹集情况进行审查；监察部门应对农村养老保险基金管理与行政部门开展抽查监督；社会各界媒体部门可以充分发挥自身追踪报道职能，提升农村养老保险信息透明度，履行社会监督职能。另一方面，借鉴日本、德国农村养老保险发展经验，鼓励农民主动参与农村养老保险的执行监督。部分经济条件好的地区可考虑开设农民社会保险经办机构试点，让农户参与到一线管理工作中。与此同时，推进政府信息公开举报投诉机制落实，并围绕农村养老保险专门开设投诉板块，形成社会监督机制。

三、农村养老保险扶贫政策减贫的政策建议

（一）完善法律支撑体系

在中央立法层面，中央有关部门应发布相应文件。全国人大常委会可针对农村养老保险制度当前面临的问题制定有关法律法规。基于此，国务院应拟定相关条例作为补充，以进一步细化农村养老保险制度内容，具体可从总则、保障范围、基金运作模式等方面着手。在地方立法层面，各地方政府可依据当地实际情况，出台适合本区域发展的地方性法律法规。在归纳和总结农村养老保险制度实施情况相似区域的经验基础上，从分散立法逐步向集中立法转变和发展，避免立法权力太过分散，进而推动立法前瞻性与全局性显著提升。具体来说，地方政府部门应制订具备辅助性能的部门规章，及时将农村养老保险工作纳入《中华人民共和国劳动法》《中华人民共和国社会保险法》范围。另外，在农村养老保险立法过程中，应注重对其他相关法律（《中华人民共和国刑法》《中华

人民共和国宪法》等）的修订与完善，对农村养老保险制度实施过程中的潜在违规违法行为进行规定，促使农村养老保险实现有法可依。

（二）普及金融科技，提升业务开展便捷性

1. 加强数字金融技术普及教育

针对农村养老保险长期运作目标，需坚持“以人为本”理念，采用线上与线下方式开展数字金融宣教活动，促使农民对各类数字金融技术、应用平台的认知不断深化，提升农村居民养老保险业务开展便捷性。一方面，在农村养老保险服务站内，管理人员应加大关于养老保险的新媒体信息投入，提高居民对微信、支付宝等平台的了解与应用程度，促使其全面了解有关农村养老保险信息。另一方面，乡镇级政府或保险机构应在关联平台发布农村养老保险相关政策、新闻及防骗措施信息，并上传乡村宣传金融诈骗的各类知识与案例，提高广大居民的风险防范意识，使得居民可在安全的金融环境中享受便捷服务。

2. 完善农村金融组织建设

一是积极完善城乡保险组织体系。地方政府应有序建立以保险业为主的城乡金融组织体系，完善区域保险组织机构建设，为居民应用新型金融科技软件提供基础服务。二是推进农村保险服务组织建设。政府应通过支持与引导鼓励保险公司在乡村设立专门服务机构，并辅以配套设施，做好各类养老保险应用软件操作实地讲解准备。三是深耕农村居民保险运作模式。政府需鼓励保险公司、银行与科技企业形成合力，匹配农村居民应用实际，丰富农村居民金融科技应用产品，推动相关农村养老保险新型技术软件高效应用。

3. 创新适老化金融技术服务产品

受限于一些因素，农村居民在开展养老保险各项业务过程中面临技术应用不畅问题，这在一定程度上增加了农村居民养老保险业务开展难度。因此，政府、保险公司与研发机构间应建立长期战略合作，构建农村居民金融信息反馈平台，形成农村居民养老保险信息反馈机制，收集居民实际应用需求信息。在此基础上，针对农村居民实际需求开发“适老化”应用

软件，创造“适老化”金融技术服务产品，提升居民对各类养老保险软件、小程序的应用能力。此外，立足于居民长期应用实际，政府部门应注重农村地区通信基础设施建设，提升居民使用宽带与网络的比例，进而提高保险业务办理效率。

（三）多层次升级运作模式，调动居民参保积极性

1. 强化农村养老保险的普适性宣传

首先，地方政府部门应采取多元化形式广泛宣传农村养老保险制度。具体可通过不定期举行座谈会、倡导党员干部积极下乡开展演讲等方式将农村养老保险制度的总则方针、目标、运营管理模式传达至每个农民，使农村养老保险制度宣传实现全方位覆盖。其次，强化对农村养老保险制度管理机构工作人员的培训。村干部应以身作则，熟悉政策要求，做到将农村养老保险制度有关内容表述清楚、透彻，充分发挥带头引领作用，帮助农民树立正确参保意识和社会保障意识。最后，关切农民切身利益。一方面，政府部门应加大对农民教育的资金补贴力度，鼓励农民主动接受各项技能教育，提升农民受教育水平。同时要兴办校舍，完善多媒体建设、教师配置等教育配套，为农民创设良好受教育环境。另一方面，县政府应积极组织开展文化下乡活动，在村阅览室放置宣传手册，组织农民共同学习农村养老保险政策，形成良好的文化学习氛围，使农民群体切实感受到农村养老保险制度的优越性。

2. 注重农村养老保险经济功能发挥

各地区实施农村养老保险制度的具体内容与实施条件应适合当地社会经济发展实际情况，让农村居民切实体验到参保能够带来的经济收益。以经济发展水平较为落后区域为例，地方政府部门应大力挖掘当地特色产业，以产业带动经济发展，形成“政策支持 + 产业扶持”特色养老模式，夯实居民养老保险制度运作基础。若地区农村养老保险制度推行获得一定成果，当地政府应立足于特色产业发展优势，鼓励关联产业与保险机构建立合作，形成契合农村居民养老保险制度推行的模式，深耕区域农村养老保险制度运作基础，为居民养老提供多方位保障。另外，针对从事农业生

产的农户，政府应将农村养老保险制度缴费方式、收益模式等与农业生产经营连接，在保障居民参与分享农业生产根本收益的同时，提升农村经济社会发展水平。

3. 提高养老金风险管理能力

一方面，有关部门应转变管理理念，对市场利率、人口增长率、通货膨胀率进行深入研究，预测未来3年农村养老保险可能的资金收支。同时，相关部门还要逐步强化农村养老保险资金待遇支付的模拟测算与试行，以此为政府部门预留出足够的时间安排准备金，从而提升其对资金投入的研判及测算能力、对突发情况的解决能力。另一方面，社保部门与财政部门间应搭建中长期科学论证机制，设置合理财政风险预警线；通过妥善解决收支矛盾，全方位综合考量农村养老保险收入增长压力与财政支出需求间的增长速度，设置合理的农村养老保险财政支出标准上限，形成科学有效的财政风险预警机制。

参考文献

[1] 柏正杰. 农民收入对农业保险需求的影响分析:基于甘肃省黄土高原区 1028 户农户的调查数据[J]. 甘肃社会科学,2012(4):225 - 228.

[2] 柏正杰. 政策性农业保险需求的影响因素分析:一个文献综述[J]. 西北大学学报(哲学社会科学版), 2012,42(4):32 - 36.

[3]白重恩,李宏彬,吴斌珍. 医疗保险与消费:来自新型农村合作医疗的证据[J]. 经济研究, 2012(2):41 - 53.

[4] 鲍震宇,赵元凤. 农村居民医疗保险的反贫困效果研究——基于 PSM 的实证分析[J]. 江西财经大学学报,2018(1):90 - 105.

[5] 曹前进. 农业保险创新是解决农业保险问题的出路[J]. 财经科学,2005(3):155 - 160.

[6] 曹艳春. 我国城市居民最低生活保障标准动态变迁实证研究[J]. 当代财经,2007(4):35 - 40.

[7] 曹卫芳. 农业保险与农业现代化的互动机制分析[J]. 宏观经济研究,2013(3):106 - 111.

[8] 初文丽,崔果. 农户农业保险需求影响因素分析:基于 16 省农户的调研[J]. 农业展望,2017,13(10):113 - 116.

[9] 仇焕广,栾昊,李瑾. 风险规避对农户化肥过量施用行为的影响[J]. 中国农村经济,2014(3):85 - 96.

[10]陈泽育,凌远云,李文芳. 农户对农业保险支付意愿的测算及其影响因素的分析:以湖北省兴山县烟叶保险为例[J]. 南方经济,2008(7):34 - 44.

[11] 陈妍,凌远云,陈泽育. 农业保险购买意愿影响因素的实证研究[J]. 农业技术经济,2007(2):26 - 30.

[12]陈璐. 我国农业保险业务萎缩的经济学分析[J]. 农业经济问题, 2004(11):32 - 35.

[13]陈璐. 农业保险产品定价的经济学分析及我国实证研究[J]. 南开

经济研究,2004(4):100-103.

[14]陈之楚,吴静瀛. 提升中国医疗保障水平与公平性研究[J]. 现代财经(天津财经大学学报),2007(1):24-28.

[15]陈华帅,曾毅."新农保"使谁受益:老人还是子女?[J]. 经济研究,2013(8):55-67.

[16]谌迪,沈立荣. 从全球食品保障指数探讨食品安全[J]. 食品安全质量检测学报,2014(4):1219-1227.

[17]邓晓兰,鄢哲明,杨志明. 农村土地影响农民消费的实证研究——基于CHARLS微观数据的分析[J]. 中南财经政法大学学报,2013(5):150-156.

[18]邓微. 整合各种力量构建多层次医疗保障体系[J]. 湖南师范大学社会科学学报,2014(5):116-120.

[19]丁少群,李梦莹. 2012年政策性农业保险发展报告——种植业保险发展报告[A]//中国农业保险发展报告[M]. 北京:中国农业出版社,2013:81-94.

[20]丁少群,许志涛. 社会保障水平、收入分配与经济增长的互动关系研究——基于VAR模型的实证分析[J]. 中国经济问题,2013(6):3-12.

[21]杜伟岸,杨天琦,陆晨辉. 政策性农业保险补贴效率及区域差异研究——基于三阶段DEA模型[J]. 武汉理工大学学报(社会科学版),2016(3):381-387.

[22]杜芳芳,李正龙,李琳琳. 我国社会保障水平现状的实证分析[J]. 劳动保障世界(理论版),2012(4):4-7.

[23]杜鹏. 农户农业保险需求的影响因素研究:基于湖北省五县市342户农户的调查[J]. 农业经济问题,2011,32(11):78-83,112.

[24]段昆. 美法日农业保险制度的国际比较[J]. 金融经济,2006(6):118-119.

[25]方蕊,安毅,刘文超."保险+期货"试点可以提高农户种粮积极性吗:基于农户参与意愿中介效应与政府补贴满意度调节效应的分析[J]. 中国农村经济,2019(6):113-126.

[26]樊增强,张迎涛. 农村土地流转制度下农业保险发展路径的现实

选择[J]. 当代经济研究,2012(2):57 -61.

[27]樊丽明,解垩. 公共转移支付减少了贫困脆弱性吗?[J]. 经济研究,2014(8):67 -78.

[28]封进,宋铮. 中国人口年龄结构与养老保险制度的福利效应[J]. 南方经济,2006(11):7 -11.

[29]封进,余央央. 中国农村的收入差距与健康[J]. 经济研究,2007(1):26 -35.

[30]费清,江生忠,丁宁. 技术进步、保险保障与农民收入——基于东中西部地区级单位的面板 GMM 方法[J]. 财经理论与实践,2018(4):100 -104.

[31]费友海. 我国农业保险发展困境的深层根源——基于福利经济学角度的分析[J]. 金融研究,2005(3):133 -144.

[32]冯登艳. 农业保险是私人物品吗[J]. 江西财经大学学报,2009(1):35 -39.

[33]冯俭,张立明,王向楠. 农业保险需求的影响因素及财政补贴调节效应的元分析[J]. 宏观经济研究,2012(1):60 -66.

[34]冯静生. 借鉴国际经验促进我国农业保险发展[J]. 中国发展观察,2008(2):60 -62.

[35]冯静生. 农业保险:国际经验借鉴与我国的发展对策[J]. 湖北农村金融研究,2008(5):36 -40.

[36]冯文丽. 我国农业保险市场失灵与制度供给[J]. 金融研究,2004(4):124 -129.

[37]付小鹏,梁平. 政策性农业保险试点改变了农民多样化种植行为吗[J]. 农业技术经济,2017(9):66 -79.

[38]谷景志. 美国、日本、菲律宾 3 国农业巨灾保险法律制度比较[J]. 世界农业,2013(12):81 -85.

[39]官兵. 农业保险是公共品吗?——既有理论的反思与修正[J]. 财经科学,2008(4):21 -29.

[40]郭军,马晓河. 农业风险、农业保险与农村民间信仰选择[J]. 上海

财经大学学报,2014(3):70－77.

[41]郭翔宇,张美玲,刘从敏. 农户购买农业保险意愿的影响因素分析:基于巴彦县万发镇336个农户调查[J]. 农业经济与管理,2015(2):33－40.

[42]郭永利. 法国农业保险制度及经验[J]. 中国保险,2010(2):58－59.

[43]郭玉坤. 城镇住房保障水平研究[J]. 生产力研究,2008(7):45－48.

[44]郭忠义. 农业风险区划的必要性与可行性[J]. 中国保险,2010(4):42－44.

[45]惠献波. 农产品价格指数保险及其影响因素研究:基于对河南省农户需求的实证分析[J]. 价格理论与实践,2015(10):81－83.

[46]侯玲玲,穆月英,曾玉珍. 农业保险补贴政策及其对农户购买保险影响的实证分析[J]. 农业经济问题,2010(4):19－25.

[47]侯玲玲. 我国农业保险补贴政策研究[J]. 农村金融研究,2010(7):68－73.

[48]洪秋妹,常向阳. 我国农村居民疾病与贫困的相互作用分析[J]. 农业经济问题,2010(4):85－94.

[49]胡炳志,彭进. 政策性农业保险补贴的最优边界与方式探讨[J]. 保险研究,2009(10):96－101.

[50]黄延信,李伟毅. 加快制度创新推进农业保险可持续发展[J]. 农业经济问题,2013(2):4－9.

[51]黄英君,林俊文,邹盛银. 我国农业保险需求的模型构建及理论反思[J]. 华东经济管理,2010,24(6):48－52.

[52]黄英君. 我国农业保险发展的市场运行机制研究[J]. 保险研究,2009(11):44－51.

[53]黄英君,邹小宇. 农业保险的性质和经营原则之立法探讨[J]. 保险职业学院学报,2009,23(1):59－63.

[54]黄英君,李江艳. 农业巨灾保险行为主体博弈分析及对策研究[J]. 探索,2014(1):101－104.

[55]黄寿峰. 财政支农、金融支农促进了农民增收吗?——基于空间面板分位数模型的研究[J]. 财政研究,2016(8):78－90.

[56]黄薇．医保政策精准扶贫效果研究——基于 URBMI 试点评估入户调查数据[J]．经济研究,2017(9):117－132.

[57]黄薇．保险政策与中国式减贫:经验、困局与路径优化[J]．管理世界,2019(1):135－150.

[58]黄枫,甘犁．医疗保险中的道德风险研究——基于微观数据的分析[J]．金融研究,2012(5):193－206.

[59]景鹏,郑伟,贾若,等．保险能否助推脱贫并守住脱贫成果?[J]．经济科学,2019(2):104－116.

[60]冷静静,夏益国,盛新新．我国农业保险需求影响因素实证分析:基于 1985—2012 年数据[J]．安徽工业大学学报(社会科学版),2015,32(6):11－14.

[61]李彧挥,孙娟,高晓屹．影响林农对林业保险需求的因素分析:基于福建省永安市林农调查的实证研究[J]．管理世界,2007(11):71－75.

[62]李婷,肖海峰．农户对中国政策性农业保险开展状况的评价:基于吉林、江苏两省农户问卷调查的分析[J]．中国农村经济,2009(6):83－89.

[63]李晓洁,魏巧琴．破解贫困农民保费支付之困:收入约束与保险需求[J]．财经研究,2012(12):4－13.

[64]李军．农业保险的性质、立法原则及发展思路[J]．中国农村经济,1996(1):55－59,41.

[65]李非,李京徽,崔颢．精准扶贫背景下新型农业经营主体对农业保险需求的研究:以内蒙古自治区包头市固阳县为例[J]．农村金融研究,2018(6):32－38.

[66]李勇斌．农业保险对农民收入影响的动态研究——基于系统 GMM 及门槛效应检验[J]．浙江金融,2018(4):52－59.

[67]李筱菁,任金政．印度农业保险的发展历程及启示[J]．世界农业,2008(11):53－55.

[68]李亚青．社会医疗保险的真实保障水平研究——兼论“保障水平幻觉”[J]．人口与经济,2012(5):65－71.

[69]李傲,杨志勇,赵元凤．精准扶贫视角下医疗保险对农牧户家庭消

费的影响研究——基于内蒙古自治区 730 份农牧户的问卷调查数据[J]. 中国农村经济,2020(2):118-133.

[70]刘冬姣,张旭升. 我国农业保险需求的相关因素分析[J]. 江西财经大学学报,2011(5):53-59.

[71]刘宽. 我国农业保险的现状、问题及对策[J]. 中国农村经济,1999(10):53-56.

[72]刘亚洲,钟甫宁. 风险管理 VS 收入支持:我国政策性农业保险的政策目标选择研究[J]. 农业经济问题,2019(4):130-139.

[73]刘亚洲,钟甫宁,吕开宇. 气象指数保险是合适的农业风险管理工具吗?[J]. 中国农村经济,2019(5):2-21.

[74]刘生龙. 教育和经验对中国居民收入的影响:基于分位数回归和审查分位数回归的实证研究[J]. 数量经济技术经济研究,2008(4):75-85.

[75]刘从敏,张祖荣,李丹. 农业保险财政补贴动因与补贴模式的创新[J]. 甘肃社会科学,2016(1):94-98.

[76]刘蔚,孙蓉. 农险财政补贴影响农户行为及种植结构的传导机制——基于保费补贴前后全国面板数据比较分析[J]. 保险研究,2016(7):11-24.

[77]刘子宁,郑伟,贾若,等. 医疗保险、健康异质性与精准脱贫:基于贫困脆弱性的分析[J]. 金融研究,2019(5):56-75.

[78]路锦非,曹艳春. 支出型贫困家庭致贫因素的微观视角分析和救助机制研究[J]. 财贸研究,2011(2):86-91.

[79]罗永明,罗荷花. 消费效用视角下农户购买农业保险的影响因素研究[J]. 财务与金融,2017(3):81-87.

[80]罗向明,张伟,丁继锋. 地区补贴差异、农民决策分化与农业保险福利再分配[J]. 保险研究,2011(5):11-17.

[81]卢盛峰,卢洪友. 政府救助能够帮助低收入群体走出贫困吗?——基于 1989—2009 年 CHNS 数据的实证研究[J]. 财经研究,2013(1):4-16.

[82]卢飞,张建清,刘明辉. 政策性农业保险的农民增收效应研究[J].

中国保险,2017(12):67 - 78.

[83]吕春生,王道龙,李茂松. 我国农业保险需求不足的原因分析[J]. 农业经济问题,2008(1):97 - 100.

[84]吕开宇,张崇尚,邢鹂. 农业指数保险的发展现状与未来[J]. 江西财经大学学报,2014(2):62 - 69.

[85]吕涛,丁巍伟,方美琴. 电煤库存保障指数编制方法及应用研究[J]. 能源技术与管理,2011(5):34 - 37.

[86]吕旺实,朱善利. 中国农村社会保障制度建设研究[J]. 经济研究参考,2011(58):2 - 18.

[87]廖文梅,彭泰中,曹建华. 农户参与森林保险意愿的实证分析:以江西为例[J]. 林业科学,2011,47(5):117 - 123.

[88]林光华,汪斯洁. 家禽保险对养殖户疫病防控要素投入的影响研究[J]. 农业技术经济,2013(12):94 - 102.

[89]马宇贝,陈慧. 农业保险投保意愿的影响因素研究:以江苏省油菜种植为例[J]. 安徽农业科学,2017,45(14):218 - 221.

[90]马述忠,刘梦恒. 农业保险促进农业生产率了吗? ——基于中国省际面板数据的实证检验[J]. 浙江大学学报(人文社会科学版),2016(6):131 - 144.

[91]孟德锋,李长越. 政策性农业保险的农户需求与满足程度调查研究[J]. 经济纵横,2011(10):73 - 76.

[92]孟圆,周荔,吴涵希. 天气指数保险需求的影响因素分析[J]. 中国市场,2018(19):49 - 50.

[93]孟宏斌. 新中国成立 70 年来农村医疗保障制度变迁及其经验启示[J]. 中国农业大学学报(社会科学版),2019,36(5):90 - 99.

[94]聂荣,沈大娟. 影响农户参保农业保险决策的因素分析[J]. 西北农林科技大学学报(社会科学版),2017,17(1):106 - 115.

[95]潘勇辉. 蕉农对香蕉保险的支付意愿分析和支付能力测度:来自海南省 1167 户蕉农的经验证据[J]. 中国农业科学,2008(11):3596 - 3603.

[96]潘勇辉. 香蕉风灾保险的最优财政补贴规模测度——来自海南省

681 户蕉农的经验证据[J]. 中国农业科学,2009,42(12):4372 - 4382.

[97]彭超. 中国农业补贴政策的影响研究:宏观效果与微观行为[M]. 北京:中国农业出版社,2013.

[98]彭建林,徐学荣. 我国农业指数保险的探索研究——兼论对美国的经验借鉴[J]. 价格理论与实践,2014(7):92 - 94.

[99]皮立波,李军. 我国农村经济发展新阶段的保险需求与商业性供给分析[J]. 中国农村经济,2003(5):68 - 75.

[100] 秦涛,田治威,刘婉琳. 农户森林保险需求的影响因素分析[J]. 中国农村经济,2013(7):36 - 46.

[101] 秦国伟,罗龙兵. 林改中农户参与林业保险的意愿研究:以江西省宜春市为例[J]. 林业经济问题,2010,30(2):165 - 169.

[102] 钱建娣. 我国农业保险面临的突出矛盾及解决途径[J]. 江淮论坛,2005(6):15 - 18.

[103] 邱昊颙. 印度农业保险发展研究及启示分析[J]. 新疆农垦经济,2012(6):90 - 92.

[104] 桑晴川,贾强. 农业保险的国际比较与借鉴[J]. 农业发展与金融,2012(12):84 - 86.

[105] 施红. 美国农业保险财政补贴机制研究回顾——兼对中国政策性农业保险补贴的评析[J]. 保险研究,2008(4):91 - 94.

[106] 施红. 财政补贴对我国农户农业保险参保决策影响的实证研究——以浙江省为例[J]. 技术经济,2008(9):88 - 93.

[107] 宋博,穆月英,侯玲玲,等. 基于 CVM 的我国农业气象指数保险支付意愿分析——以浙江柑橘种植户为例[J]. 保险研究,2014(2):54 - 63.

[108] 宋丽智,韩晓生,王研. 我国农业保险发展影响因素研究——基于地区面板数据的实证分析[J]. 宏观经济研究,2016(11):122 - 130.

[109] 孙蓉,费友海. 风险认知、利益互动与农业保险制度变迁——基于四川试点的实证分析[J]. 财贸经济,2009(6):35 - 40,68.

[110] 孙蓉,韩文龙,王向楠. 中国农业保险公司的规模经济和范围经济研究[J]. 保险研究, 2013(12):29 - 38.

[111] 孙蓉,朱梁. 世界各国农业保险发展模式的比较及启示[J]. 财经科学,2004(5):108 - 111.

[112] 孙善功,李嘉晓,陈盛伟. 农业保险:发展历程、启示与思考[J]. 哈尔滨工业大学学报(社会科学版),2009,11(2):78 - 84.

[113] 孙香玉,钟甫宁. 对农业保险补贴的福利经济学分析[J]. 农业经济问题,2008(2):4 - 11.

[114] 孙香玉. 保险认知、政府公信度与农业保险的需求:江苏省淮安农户农业保险支付意愿的实证检验[J]. 南京农业大学学报(社会科学版),2008(1):48 - 54.

[115] 孙香玉,钟甫宁. 福利损失、收入分配与强制保险——不同农业保险参与方式的实证研究[J]. 管理世界,2009(5):80 - 96.

[116] 邵全权,柏龙飞,张孟娇. 农业保险对农户消费和效用的影响——兼论农业保险对反贫困的意义[J]. 保险研究,2017(10):65 - 78.

[117] 宋丽智,韩晓生,王研. 我国农业保险发展影响因素研究——基于地区面板数据的实证分析[J]. 宏观经济研究,2016(11):122 - 130.

[118] 粟芳,方蕾. 中国农村金融排斥的区域差异:供给不足还是需求不足?——银行、保险和互联网金融的比较分析[J]. 管理世界,2016(9):70 - 83.

[119] 唐德祥,周雪晴. 中国农业保险有效需求的影响因素研究:基于2007—2013 年省际面板数据的实证检验[J]. 南方金融,2015(6):60 - 67.

[120] 汤丽丽. 美国农业保险的成功经验及几点启示[J]. 科技情报开发与经济,2005(22):115 - 117.

[121] 汤颖梅,侯德远,王怀明,等. 母猪补贴与母猪保险政策对养殖户决策的影响分析[J]. 中国畜牧杂志,2010(14):17 - 20.

[122] 庹国柱,王芳华. 中国农业保险发展报告 2012[M]. 北京:中国农业出版社,2012.

[123] 庹国柱,朱俊生. 关于我国农业保险制度建设几个重要问题的探讨[J]. 中国农村经济,2005(6):46 - 52,74.

[124] 庹国柱,朱俊生. 完善我国农业保险制度需要解决的几个重要问

题[J]. 保险研究,2014(2):44－53.

[125] 王凯,段胜. 影响我国农业保险发展的多因素实证分析[J]. 保险研究,2009(4):101－105.

[126] 王敏俊. 影响小规模农户参加政策性农业保险的因素分析:基于浙江省613户小规模农户的调查数据[J]. 中国农村经济,2009(3):38－44.

[127] 王秀芬,李茂松,王春艳. 不同类型农户农业保险需求意愿影响因素分析:以吉林省为例[J]. 吉林农业大学学报,2013,35(3):364－368.

[128] 王露,沈炳珍. 农产品价格指数保险的需求及其影响因素分析:基于浙江省示范性农民专业合作社农户的调查[J]. 生产力研究,2018(10):54－58.

[129] 王颖冰,陈盛伟,孙乐. 家庭农场对农业保险需求的影响因素分析:基于山东省291个省级示范家庭农场调查数据[J]. 海南金融,2019(4):11－17.

[130] 王守贞,许可. 小额保险保费收取策略研究[J]. 南方金融,2008(9):50－52.

[131] 王韧,黄渊基,刘莹,等. 中国省域农业保险发展水平的时空格局及影响因素[J]. 经济地理,2018(6):117－125.

[132] 王业鸿,刘德. 我国农业保险的发展现状分析及建议[J]. 山西农经,2018(18):40.

[133] 王国军,李京徽. 基于新型农业经营主体需求导向的农业保险供给侧改革研究[J]. 农村金融研究,2018(6):21－26.

[134] 王步天,林乐芬. 政策性农业保险供给评价及影响因素——基于江苏省2300户稻麦经营主体的问卷调查[J]. 财经科学,2016(10):121－132.

[135] 王洪波. 保费补贴对农业保险需求与供给的影响研究[J]. 科技与经济,2016,29(4):41－45.

[136] 王克,张峭. 农作物单产风险分布对保险费率厘定的影响——以新疆3县(市)棉花单产保险为例[J]. 中国农业大学学报,2010(2):114－120.

[137] 王克,张峭,Shingo Kimura. 我国种植业保险的实施效果:基于5省份574个农户数据的模拟分析[J]. 保险研究,2014(11):42-55.

[138] 王向楠. 农业贷款、农业保险对农业产出的影响:来自2004—2009年中国地级单位的证据[J]. 中国农村经济,2011(10):44-51.

[139] 王娜加. 广东政策性农业保险存在的问题与对策研究[J]. 前沿,2011(17):99-102.

[140] 王振军. 不同保险方式下农户购买农业保险的意愿分析——陇东黄土高原区524户农户问卷调查[J]. 兰州大学学报(社会科学版),2014(2):132-138.

[141] 王翌秋,刘蕾. 新型农村合作医疗保险、健康人力资本对农村居民劳动参与的影响[J]. 中国农村经济,2016(11):68-81.

[142] 王翠琴,李林,薛惠元. 改革开放40年中国医疗保障制度改革回顾、评估与展望[J]. 经济体制改革,2019(1):25-31.

[143] 王弟海. 健康人力资本、经济增长和贫困陷阱[J]. 经济研究,2012(6):143-155.

[144] 汪三贵,刘明月. 健康扶贫的作用机制、实施困境与政策选择[J]. 新疆师范大学学报(哲学社会科学版),2019(3):82-91.

[145] 万广华,刘飞,章元. 资产视角下的贫困脆弱性分解:基于中国农户面板数据的经验分析[J]. 中国农村经济,2014(4):4-19.

[146] 吴雪平,梁芷铭. 美国农业保险政策对农业经济的影响[J]. 世界农业,2014(1):64-67.

[147] 吴钰,蒋新慧. 保险业服务农业现代化有效路径分析[J]. 保险研究,2013(12):23-28.

[148] 武拉平,郭俊芳,赵泽林,等. 山西农村贫困脆弱性的分解和原因研究[J]. 山西大学学报(哲学社会科学版),2012(6):95-100.

[149] 夏益国. 美国联邦农作物保险:制度演进与运行机制[J]. 农业经济问题,2013(6):104-109.

[150] 鲜祖德,王萍萍,吴伟. 中国农村贫困标准与贫困监测[J]. 统计研究,2016(9):3-12.

[151] 谢瑞武．充分发挥政策性农业保险作用推动都市现代农业加快发展：以成都市政策性农业保险试点为例[J]．西南金融，2014（11）：7－9.

[152] 谢远涛，杨娟．医疗保险全覆盖对抑制因病致贫返贫的政策效应[J]．北京师范大学学报（社会科学版），2018（4）：141－156.

[153] 谢明明，李琴英，鲁一鸣．扶贫补充医疗保险缓解贫困脆弱性的效果研究——基于河南焦作托底救助数据[J]．金融理论与实践，2020（12）：1－8.

[154] 解垩．医疗保险与城乡反贫困：1989—2006[J]．财经研究，2008（12）：68－83.

[155] 解垩．农村家庭的资产与贫困陷阱[J]．中国人口科学，2014（6）：71－83.

[156] 解垩．公共转移支付与老年人的多维贫困[J]．中国工业经济，2015（11）：32－46.

[157] 肖卫东．公共财政补贴农业保险：国际经验与中国实践[J]．中国农村经济，2013（7）：13－23.

[158] 肖顺武．我国倾斜性农业保险支持法律机制研究[J]．西南政法大学学报，2019，21（1）：26－36.

[159] 肖卫，肖琳子．二元经济中的农业技术进步、粮食增产与农民增收——来自 2001—2010 年中国省级面板数据的经验证据[J]．中国农村经济，2013（6）：4－13，47.

[160] 肖卫国，张宝辉，贺畅，等．公共财政补贴农业保险：国际经验与中国实践[J]．中国农村经济，2013（7）：13－23.

[161] 肖宏伟．我国新型农村合作医疗发展现状及对策[J]．保险职业学院学报，2014（5）：72－75.

[162] 邢鹂，黄昆．政策性农业保险保费补贴对政府财政支出和农民收入的模拟分析[J]．农业技术经济，2007（3）：4－9.

[163] 徐超，李林木．城乡低保是否有助于未来减贫——基于贫困脆弱性的实证分析[J]．财贸经济，2017（5）：5－19.

[164] 杨一帆，张霞．健康水平、医疗保险与不健康行为的异质性[J]．

财经科学,2017(9):58－71.

［165］叶明华,汪荣明．收入结构、融资约束与农户的农业保险偏好——基于安徽省粮食种植户的调查［J］．中国人口科学,2016(6):107－117,128.

［166］叶朝晖．关于完善我国农业保险制度的思考［J］．金融研究,2018(12):174－188.

［167］尹成杰．关于推进农业保险创新发展的理性思考［J］．农业经济问题,2015(6):4－8.

［168］余新平,熊皛白,熊德平．中国农村金融发展与农民收入增长［J］．中国农村经济,2010(6):77－86,96.

［169］余洋．基于保障水平的农业保险保费补贴差异化政策研究——美国的经验与中国的选择［J］．农业经济问题,2013(10):29－35.

［170］袁琼．推进我国政策性农业保险的策略研究［J］．上海农村经济,2012(8):33－36.

［171］钟甫宁,宁满秀,邢鹂,等．农业保险与农用化学品施用关系研究:对新疆玛纳斯河流域农户的经验分析［J］．经济学(季刊),2007(1):291－308.

［172］张伟,郭颂平,罗向明．风险演变、收入调整与不同地理区域农业保险的差异化需求［J］．保险研究,2013(10):32－41.

［173］张伟,黄颖,易沛,等．政策性农业保险的精准扶贫效应与扶贫机制设计［J］．保险研究,2017(11):18－32.

［174］张小东,孙蓉．农业保险对农民收入影响的区域差异分析——基于面板数据聚类分析［J］．保险研究,2015(6):62－71.

［175］张虎,孔荣．农户农业保险支付意愿影响因素研究:以福建省龙岩市413户烟农的调查为例［J］．西北农林科技大学学报(社会科学版),2014,14(3):76－82.

［176］张红梅,杨明媚．湖北省农业保险需求影响因素的实证分析［J］．统计与决策,2010(9):84－86.

［177］张峭．我国畜产品市场价格风险度量与分析［J］．经济问题,

2010(3):90－94.

[178] 张峭,王克,李越. 从风险保障视角审视和推动我国农业保险的发展[J]. 保险理论与实践,2017(6):1－15.

[179] 张玉环. 中国农业保险的功能和作用[J]. 社会科学家,2018(11):39－46.

[180] 张跃华,顾海英,史清华. 1935年以来中国农业保险制度研究的回顾与反思[J]. 农业经济问题,2006(6):43－47.

[181] 张跃华,顾海英,史清华. 农业保险需求不足效用层面的一个解释及实证研究[J]. 数量经济技术经济研究,2005(4):83－92.

[182] 张跃华,施红. 补贴、福利与政策性农业保险:基于福利经济学的一个深入探讨[J]. 浙江大学学报(人文社会科学版),2007(6):138－146.

[183] 张欣. 收入不足是否制约农业保险的有效需求:机理分析与实证检验[J]. 贵州财经大学学报,2013(2):79－84.

[184] 张祖荣. 农业保险补贴问题的经济学分析[J]. 江西财经大学学报,2009(2):42－46.

[185] 张祖荣. 农业保险供求与适度保费补贴率的确定[J]. 财经科学,2014(11):31－40.

[186] 张祖荣. 我国农业保险保费补贴资金使用效果评价:方法与证据[J]. 财政研究,2017(8):101－111.

[187] 赵莺,谢婷婷. 农户农业保险需求的影响因素实证分析:来自新疆400个农户的调查[J]. 新疆农垦经济,2016(6):18－23.

[188] 赵婉男,宋凤娇,占凌微. 农机保险需求影响因素分析[J]. 农机化研究,2013,35(12):36－39.

[189] 赵学军,吴俊丽. 政府干预与中国农业保险的发展[J]. 中国经济史研究,2004(1):89－98.

[190] 赵长保,李伟毅. 美国农业保险政策新动向及其启示[J]. 农业经济问题,2014(6):103－109.

[191] 张哲晰,穆月英,侯玲玲. 参加农业保险能优化要素配置吗?——农户投保行为内生化的生产效应分析[J]. 中国农村经济,2018

(10):53 – 70.

[192] 郑军,袁帅帅. 新型城镇化、保费补贴与农业保险需求[J]. 重庆工商大学学报(社会科学版),2018,35(2):1 – 11.

[193] 周稳海,赵桂玲,尹成远. 农业保险发展对农民收入影响的动态研究——基于面板系统 GMM 模型的实证检验[J]. 保险研究,2014(5):22 – 33.

[194] 周振,张琛,彭超,等. 农业机械化与农民收入:来自农机具购置补贴政策的证据[J]. 中国农村经济,2016(2):68 – 82.

[195] 朱俊生,庹国柱. 中国农业保险制度模式运行评价——基于公私合作的理论视角[J]. 中国农村经济,2009(3):14 – 19.

[196] 朱铭来,胡祁. 中国医疗救助的对象认定与资金需求测算[J]. 社会保障评论,2019(3):132 – 146.

[197] 左璇,张峭,王克. 保障指数在农业保险保障水平评价领域的应用[J]. 农业展望,2016,12(7):22 – 24 + 28.

[198] 左璇,张峭,王克. 基于保障指数的农业保险保障水平评价[J]. 保险理论与实践,2016(5):29 – 36.

[199] 左停,徐小言. 农村"贫困—疾病"恶性循环与精准扶贫中链式健康保障体系建设[J]. 西南民族大学学报(人文社会科学版),2017(1):1 – 8.

[200] AHMAD,EHTISHAM. Social security in development countries [M]. Claredon Press, 1991.

[201] AHSAN S M. Toward a theory of agricultural insurance [J]. American Journal of Agricultural Economics, 1982(64):520 – 529.

[202] ALDRICH. The earninbs replacement rate of old – abe benefits in 12 countries[J]. Sociwl Security Bulletira , 2013,45 (11):3 – 11.

[203] ASFAW A. The role of health insurance in poverty reduction:empirical evidence from senegal[J]. International Journal of Public Administration, 2007,30(8):835 – 858.

[204] ARYEETEY G C,WESTENENG J,SPAAN E,et al. Can health insur-

ance protect against out of pocket and catastrophic expenditures and also support poverty reduction? evidence from ghana's national health insurance scheme [J]. International Journal for Equity in Health,2016,15(1):116 -127.

[205] BABCOK B A, HART C E. Influence of the remium subsidy on farmers' crop insurance coverage decisions[R]. Center for Agricultural and Rural Development,Ames:Iowa State University,2005.

[206] BARNETT B J. Agricultural index insurance products:strengths and limitations [C]. Agricultural Outlook Forum,2004:1 -41.

[207] BINGFAN K. An assessment of risk management strategies for grain growers in the Pacific northwest[J]. Agricultural Finance Review, 2002(62): 117 -133.

[208] BLBBS A. Alternate measures of replacement rates for social security benefits and retirement income[J]. Sociwl Securtiy Bulletira , 2008,68 (2):1 -19.

[209] CARRIKER G L. Yield and income risk reduction under alternative crop insurance and disaster assistance designs[J]. Western Journal of Agricultural Economics, 1991(16):238 -250.

[210] CHAMBERS R G. Insurability and moral hazard in agricultural insurance markets[J]. American Journal of Agricultural Economics, 1989, 71 (3): 604 -616.

[211] CHEN C C. The impact of weather on crop yield distribution in Taiwan:some new evidence from panel data models and implications for crop insurance [J]. Agricultural Economics,2005, 33(3):503 -511.

[212] COBLE H K. Modeling farmer lever crop insurance demand with panel data [J]. Amen J. Agr. Econ, 1996(78):439 -447.

[213] DERCONAND S , KIRCHBERGER M. Literature review on microinsurance[D]. Oxford University and European Development Research Network, 2008:213 -242.

[214] DICK W J. Government interventions in agricultural insurance [J]. Agriculture and Agricultural Science Procedia, 2010(1):4 -12.

[215] DROR D M, RADERMACHER R, KHADILKAR S B. Microinsurance: innovationsin low - cost health insurance [J]. Health Affairs, 2009, 28(6): 1788 - 1798.

[216] FINKELSTEIN A, TAUBMAN S, WRIGHT B, et al. The oregon health insurance experiment: evidence from the first year [J]. Quarterly Journal of Economics, 2012, 127(3): 1057 - 1106.

[217] FORTIES K J. A reassessment of the relationship between inequality and growth [J]. American Economic Review, 2000, 90 (4): 869 - 887.

[218] GLAUBER J W. Crop insurance reconsidered [J]. American Journal of Agricultural Economics, 2004, 86(5): 1179 - 1195.

[219] GOODWIN B K. An empirical analysis of the demand for multiple peril crop insurance [J]. Amer. J. Agr. Econ, 1993(75): 425 - 434.

[220] GOODWIN B K. Premium rate determination in the federal crop insurance program: what do averages have to say about risk? [J]. Journal of Agricultural and Resource Economics, 1994, 19(2): 382 - 395.

[221] GOODWIN B K, MATTHEW C. Measurement of price risk in revenue insurance: implications of distributional assumptions [J]. Journal of Agricultural and Resource Economics, 2000, 25(1): 195 - 214.

[222] GOODWIN, B. K. Problems with market insurance in agriculture [J]. American Journal of Agricultural Economies, 2001, 83(3): 643 - 649.

[223] GOODWIN B K. An empirical analysis of acreage effects of participation in the federal crop insurance program [J]. American Journal of Agricultural Economics, 2004, 86(4): 1058 - 1077.

[224] GROSS T, NOTOWIDIGDO M J. Health insurance and the consumer bankruptcy decision: evidence from expansions of medicaid [J]. Journal of Public Economics, 2011, 95(7 - 8): 767 - 778.

[225] HARRI A. Crop yield distributions: a reconciliation of previous research and Statistical tests for normality [J]. Review of Agricultural Economics, 2009, 31(1): 163 - 182.

[226]JANET H. Health economics and the economics of education:specialization and division [J]. Economics of Education Review,1998(97):237 -244.

[227]KER A P, GOODWIN B K. Nonparametric estimation of crop insurance rates revisited [J]. American Journal of Agricultural Economics, 2000(83):463 -478.

[228]KNIGHT T O, COBLE K H. Survey of US multiple peril crop insurance literature since 1980 [J]. Review of Agricultural Economics, 1997, 19(1):128 -156.

[229] KNIGHT T O. Developing variable unit - structure premium rate differentials in crop insurance[J]. American Journal of Agricultural Economics, 2010, 92(1):141 -151.

[230] KORENMAN S D,REMLER D K. Including health insurance in poverty measurement: the impact of Massachusetts health reform on poverty [J]. Journal of Health Economic,2016,50(12):27 -35.

[231]LOEHMAN N A. Further toward a theory of agricultural insurance [J]. American Journal of Agricultural Economics, 1987, 69(3):523 -531.

[232]MCCORD M J. Visions of the future of microinsurance and thoughts on getting there [D]. United States Agency for International Development,2008: 9 -21.

[233]MIRANDA M J,FARRIN K. Index insurance for developing countries [J]. Applied Economic Perspectives and Policy, 2012, 34(3):391 -427.

[234]MIRAND M J. Area - yield crop insurance reconsidered [J]. American Journal of Agricultural Economics, 1991, 73(2):233 -242.

[235]PLATTEAU J P,BOCK O D,GELADE W. The demand for microinsurance:a literature review[J]. World Development,2017:356 -372.

[236]RADERMACHER R,DROR I,NOBLE G. Challenges and strategies to extend health insurance to the poor [J]. Social Sci - ence Electronic Publishing,2007(29):65 -93.

[237]ROSENZWEIG M R,BINSWANGER H P. Wealth,weather risk and

the composition and profitability of agricultural investments [J]. Economic Journal,1993,103(416):56 –78.

[238] SHERRICK B J. Factors influencing farmers' crop insurance decisions [J]. American Journal of Agricultural Economics, 2004, 86(1):103 –114.

[239] SKEES J R,REED M R. Rate making for farm – level crop insurance: implications for adverse selection [J]. American Journal of Agricultural Economics, 1986, 68(3):653 –659.

[240] SKEES J R. The bad harvest: crop insurance reform has become a good idea gone awry [J]. Regulation,2001,24(1):16 –21.

[241] SMITH V H. Almost ideal area yield crop insurance contracts [J]. Agricultural and Resource Economics Review,1994(4):75 –83.

[242] TIM E. Health economics in low income countries: adapting to the reality of the unofficial economy[J]. Health Policy, 2001(57):1 –13.

[243] WAN K,LONG W. Theory and model of agricultural insurance subsidy[J]. Chinese Journal of Population Resources and Environment, 2007(4): 42 –48.

[244] WANG H H. The effects of crop yield insurance designs on farmer participation and welfare [J]. American Journal of Agricultural Economics, 1998, 80(4):806 –820.

[245] WRIGHT B D,HEWITT J A. All – risk crop insurance: lessons from theory and experience[J]. Economics of Agricultural Crop Insurance: Theory and Evidence,1994:73 –112.

[246] YAARI M E. Uncertain lifetime,life insurance and the theory of the consumer[J]. Review of Economic Study, 1995(32):137 –150.